周仲高 著

教育人口学

EDUCATION
DEMOLOGY

社会科学文献出版社
SOCIAL SCIENCES ACADEMIC PRESS (CHINA)

本书研究得到广东省社会科学院青年课题资助
本书出版得到广东省社会科学院出版基金资助

序 一

30 多年前，我综合前人的研究成果，提出了两条教育基本规律。其中之一是教育外部关系规律，也就是教育作为社会大系统的一个子系统同社会系统及其他子系统的"本质之间的关系"，在教育发展与社会发展中，存在必然性的互动关系。这条规律的简短表述是"教育必须与社会发展相适应"。社会的其他子系统主要有政治系统、经济系统、文化系统，等等。这条规律也可引申表述为"教育要受社会的政治、经济、文化等所制约，并对政治、经济、文化的发展起作用"。其后，我不断地运用这条规律来考察高等教育的宏观现象，解决高等教育的宏观问题，预测高等教育的发展趋势，获得了满意的实证性验证。许多高等教育理论工作者和高等教育决策者运用这条规律来考察高等教育宏观问题，也能从规律的理论高度上认识事物，解决实践中所提出的问题，获得比较满意的研究成果。同时，对这条规律的认识也在逐步加深与泛化。例如，将政治、经济、文化的影响因素，分解组合为生产力与科学技术、社会制度、文化系统，以及泛化至教育同人口、资源、地理、生态环境、民族、宗教……诸多因素复杂的关系。随着研究的深入，教育外部关系规律成为教育学众多分支学科产生的源头或依据，教育学的学科体系日益庞大，新兴学科层出不穷。在这个背景下，早在 20 世纪 80 年代，国内关于教育与人口关系的研究已有所关注，一些教育学者和人口学者从理论上认识到人口与教育之间存在着一定的规律性关系。但当时研究的主题比较分散，研究力量也比较薄弱。到2000 年，田家盛教授主编的国内首本《教育人口学》，标志着教育人口研究领域开始走向体系化和学科化。遗憾的是，自该学科创建以来，虽然有关教育与人口关系的研究文章不少，但有关此学科的系统化研究成果几近空白，教育人口学的学科发展缓慢。究其成因，大致有两方面。一是教育学者对人口研究不够深入，仅把人口作为影响教育发展的一个基础变量纳入分析视野，难以深入揭示教育与人口的内在规律。例如，在教育人口学的学科定位上，认为它是教育科学的分支学科，偏重于从教育学的视角研究教育与人口的关系。二是人口学者对教育研究关注不够。长期以来，我国人口研究重点在人口数量方面，有关教育对人口发展的综合性研究较少，特别是针对不同受教育程度的人口进行单独分析的文献更少。欣慰的是，此书作者在前人研究的基础上，基于学科发展的内在规律，提出教育人口学作为一门新学科，它的主题应当是研究教育与人口的内在关系，并对教育人口的变动过程进行科学分析。它的研究范围应以教育学与人口学的交叉领域为主，进而在教育人口领域又形成了独立的研究领域。这种学科定位，不仅拓展了教育人口学的研究范围，也为教育人口学作为一门相对独立的学科的创新与发展奠定了理论基础。

此书构建的教育人口学，分别以教育人口学基本理论、教育与人口关系、教育人口分析为基本框架，形成了教育人口学的学科基本体系。教育人口学既满足了新知识拓展要求，也对现实教育与人口的关系问题提供了理论与方法指导。特别是此书的最后三章，通过对教育人口的数量、结构和分布的科学分析，从人口学的角度对教育人口学的学科拓展与创新进行了重要探索，也充分显示了作者的扎实功底与创新勇气。作为一门新兴的以应用为主的学科，作者在注重学科理论构建与学科合理性论证的同时，也十分重视学科研究结论对实践的指导作用，既注重从现实问题中寻找理论来源，也注重从理论创新中满足实践诉求。

作为一个青年学者，作者从硕士开始持续关注人口与教育的关系研究，并基于对此领域的浓厚兴趣，从教育学专业"跨行"转入人口学专业攻读博士学位，毕业后持续关注此领域的研究，这种探索精神值得鼓励。此书所涉及的研究领域十分宽广，虽然研究框架已基本搭建，但后续的研究工作依然繁重。因此，此书的研究应当只是一个开始，希望作者能在今后的研究之中，不断加以充实、完善，取得更加深入的研究成果。

潘懋元

2013 年 10 月 4 日

序　二

迄今为止，中国仍是世界上人口最多的国家，人口对社会经济发展有着举足轻重的作用和影响。要想全面解决中国人口问题，尽可能多地为发展输送正能量，减少负能量，就要有一个目标明确、重点突出、阶段分明的人口发展战略，以及与之相适应、与时俱进的人口政策。对此，笔者在相关论著中，提出并阐发将人口数量控制、素质提高、结构调整整合到一起，实行"控制""提高""调整"相结合，不同时期重点有所不同的人口发展战略，概括为人口发展战略"三步走"。即第一步，把高生育率降下来，降到更替水平以下，实现人口再生产由高出生、低死亡、高增长向低出生、低死亡、低增长类型的转变。第二步，稳定低生育水平，直至实现人口的零增长；同时注重人口素质的提高和结构的调整，逐步完成由以人口数量控制为主向以素质提高、结构调整为主的转变；还要注重人口与经济、社会、资源、环境的协调和可持续发展，为第三步发展战略打下基础。第三步，人口零增长以后，由于惯性作用总体人口将呈一定程度的减少趋势，再依据届时的经济、社会发展状况以及资源、环境状况，做出全方位理想适度人口的抉择。所谓全方位适度人口，不仅指人口的数量是适当的，而且人口质量是比较高的，年龄、性别、城乡、地域分布等的结构是合理的；还包括人口与经济、社会、资源、环境是相适应的，发展是可持续的。

上述"三步走"人口发展战略目标，第一步已于 20 世纪 90 年代中前期达到，生育率下降到更替水平以下，完成向"低、低、低"人口再生产类型的转变。第二步也已经走过 20 年的路程，预计可在 2030 年前后完成。第三步则是实现人口零增长以后的事情，现在能够做到的，是测算出其后的人口变动趋势，以及人口与经济、社会、资源、环境之间演变的态势，

3

寻求可持续发展的路径选择。适应人口发展战略"三步走",中国人口科学研究也必须逐步实现研究重点的转移。即从以往以人口数量控制为主,逐步完成向以数量控制与人口素质提高、结构调整并重的转变,再由并重转变到以素质提高和结构调整为主上来;由传统带有统计意义的狭义人口学(Demography),向人口与发展广义的人口学(Population Study, Population and Development)转变,推进人口学边缘、交叉、综合性研究更快地发展。

令人高兴的是,近年来特别是进入 21 世纪以来,人口科学研究正在向着这样的方向转变:在继续人口数量研究的同时,人口素质、人口结构研究得到加强;在继续人口自身变动研究的同时,人口与经济、社会发展以及资源、环境的研究显著进步,不少新作面世。广东省社会科学院副研究员周仲高的《教育人口学》,就是这样的新作之一。多年来,周老师关注人口学与教育学的交叉研究,承担 2006 年国家社科基金青年项目"中国人口转变的教育学视界"、浙江省哲学社会科学基金重点项目"浙江省受教育程度人口的地域性研究"、广东省社会科学院首批青年基金项目"教育人口学"等,发表多篇论文和专著,取得积极研究成果。在实践方面,他从 2008 年起承担广东省社会科学院人口学硕士点"教育人口学"教学任务,将研究成果运用到讲授中去,颇得教益。在此基础上完成是书,拟由社会科学文献出版社公开出版发行。

《教育人口学》在积极吸纳国际社会已有成果的基础上,注重调查研究,注重人口普查和人口调查数据资料的梳理和分析,从中国实际出发,构建出教育人口学学科体系,对人口变动与教育之间的关系,教育人口数量、结构、分布变动与发展的规律等,做出有自己独立见解的阐发。在一定意义上说,教育人口学还是一门新的分支学科,系统的论著尚不多见;周老师潜心研究完成本书相当不易,其求索治学精神难能可贵。在我国,《教育人口学》不仅在学科建设上具有创新性质,而且具有很强的实证研究价值。如前所述,当前人口发展战略处于第二步,正在经历由人口数量控制为主向人口素质提高、结构调整为主转变,包括教育在内的人口素质的提高意义非比寻常。就人口转变而言,虽然人口年龄结构变动的"黄金时代"尚未结束,但是已经越过"人口盈利""人口红利"峰值进入衰减期，对社会经济发展的支持力度将一步步减弱，则是没有异议的。在这种情况下，后人口转变对社会经济发展的最大支持，寄希望于第二次"人口盈利""人口红利"，主要是由人口教育素质提升带来的人力资本积聚的增强。众所周知，无论是原来所提工业、农业、科技、国防"四个现代化"，还是新近所提工业化、信息化、城镇化和农业现代化——新的"四个现代化"，"科技是关键、基础在教育"则是根本。何谓人力资本？笔者以为，人力资本是人的知识、技能、经验和健康具有的价值。增强人力资本积聚来自人口健康的增进，科学、文化水平的提高，技术能力和经验积累的增强，归根结底主要来自人口教育素质的提升。十年树木，百年树人。提高人口教育素质是百年大计、千年大计，研究和推动教育人口学的深入发展，就是为这种百年大计、千年大计出力献策的具体行动。

田雪原

2013 年 9 月

目
录
CONTENTS

第一章 概述

本章对教育人口学的学科概念、学科源起、学科研究的历史与现状、学科发展的趋势进行系统概括与总结，为本书提出全新的教育人口学体系奠定理论基础。以学科形态构建的教育人口学，是知识增进与现实问题解决的共同需求。作为一门新建立的学科，教育人口学的学科发展仍然不成熟，是一个需要更多学者关注并有待深入研究的学科领域。

第一节 教育人口的概念

明确概念是立论之基，也是学科范围划分的基本依据。清晰的概念内涵与外延是讨论问题的基本前提。鉴于教育人口学是一门新学科的创建，并且在本书中首次提出教育人口的概念，在开篇之际，厘清教育人口的概念，梳理教育人口概念的来源，辨明教育人口概念与相近概念的差异，是很有必要的。从学科发展过程来看，教育人口学是教育学与人口学的交叉学科，因此，说明教育人口概念得先从教育与人口的概念开始。

一 教育

教育（Education）是指培养新生一代准备从事社会生活的整个过程，主要是指学校对儿童、少年、青年进行培养的过程[①]。教育概念的内涵包括两个方面：其一，教育是以人为直接对象的社会活动，它不同于其他以物或以精神产品的生产为直接对象的社会生产活动，如社会物质生产活动

[①] 中国社会科学院语言研究所词典编辑室编《现代汉语词典》（修订版），商务印书馆，1997，第 640 页。

和精神生产活动；其二，教育是以对人的身心发展产生影响为直接目标的活动。这就把教育活动和以保护人的身心健康、抵御疾病对人的身心危害为直接目标的医疗活动，以满足人的各种需要为直接目标的社会服务活动等区别开来了。教育是有意识地以影响人的身心发展为直接目标的社会活动①。

可见，教育是以促进人的发展、社会的进步为目的，以传授知识、经验为手段，培养人的社会活动。广义上讲，凡是增进人们的知识和技能、影响人们的思想品德的活动，都是教育。狭义的教育，主要指学校教育，其含义是教育者根据一定社会（或阶级）的要求，有目的、有计划、有组织地对受教育者的身心施加影响，把他们培养成为一定社会（或阶级）所需要的人的活动②。

二　人口

人口（Population）是指一定地域、一定时点的个体的总数（Total Number）③。Population 本意是指总体的意思，是一个复数的概念。人口、人与人类三个概念之间既有联系，又有区别。《现代汉语词典》解释：人是"能制造工具并使用工具进行劳动的高等动物"④，人类则是"人的总称"⑤。人、人类完全是抽象意义的概念，没有数量的含义，而人口则与具体的规模相联系，人口是由一定规模的人所构成的。

人口概念是人口学研究的最基本范畴。人口学就是以人口为研究对象的。所以，不同的人口概念导致人口学研究对象的差异，界定人口概念的重要性也就不言而喻。纵观历史上的不同观点，人口概念基本上可分为广义与狭义两种。狭义的人口是按自然或生理属性来划分的。如美国的社会学家多纳尔德·J. 布格来说，人口即是居住在一定地域的人的

---

① 叶澜：《教育概论》，人民教育出版社，1991，第 7 页。
② 南京师范大学教育系编《教育学》，人民教育出版社，1984，第 2 页。
③ 田雪原主编《人口学》，浙江人民出版社，2004，第 3 页。
④ 中国社会科学院语言研究所词典编辑室编《现代汉语词典》（修订版），商务印书馆，1997，第 1061 页。
⑤ 中国社会科学院语言研究所词典编辑室编《现代汉语词典》（修订版），商务印书馆，1997，第 1063 页。

总和①。这种观点就是从人口的地理区划方面来谈的。广义的人口则把人口的自然属性和社会属性都统一在一起，而且从某种程度上更强调人口的社会属性。如前苏联的乌尔拉尼斯说："人口，即曾经和现在属于确定的境域中的，也就是居住在一定地理和历史界限之内的人的总和。"② 在此，他强调人口不仅具有地域的规定性，而且也具有历史的规定性。

另外，我国学者郭志刚认为在使用人口概念时存在把人口与人混淆的现象③。人口是一个抽象概念，原义是统计学的概念，代表人类群体在定量方面的属性。从词源考察，人口（Population）在英文中同时也是统计学中总体的概念。所以，人口这一概念在英文语境中是确定的，指的就是人类群体在定量方面的属性。而在中文语境中，由于强调人口多方面的社会属性，存在着把人口概念与人、国民、人类和人民等概念相混淆的可能。在我国，对人口概念的界定基本上是从自然属性与社会属性相统一的维度来分析的，如在刘铮主编的《人口理论教程》中："人口是生活在一定社会生产方式下，在一定时间、一定地域，由一定社会关系联系起来的，具有一定数量与质量的有生命的个人所组成的不断运动的社会群体。"④ 另据《人口学辞典》中"人口"条目规定：人口是"生活在一定社会生产方式、一定时间、一定地域，实现其生命活动并构成社会生活主体，具有一定数量和质量所组成的社会群体。"⑤ 由此可见，在我国，人口概念一般取其广义的范畴，但也确如郭志刚研究所言，人口概念同人的群体概念不易区分。另一方面，在研究过程中，特别是在定量分析方面，事实上也有以狭义的人口概念来进行研究的，当然这种研究的前提是基于人口概念的完整性理解。

概而言之，人口概念从本质上来说是以社会属性为基本特征的概念，它构成马克思主义人口学的理论基础。但从西方人口学研究对象来看，他们认为人口本质上是一个定量方面的概念，从而构成狭义人口学（Demog-

① 转引自梁中堂《人口学》，山西人民出版社，1983，第4页。
② 转引自梁中堂《人口学》，山西人民出版社，1983，第4页。
③ 郭志刚：《人口理论与可持续发展理论中有关问题的思考——关于"人口"定义的反思》，《南方人口》1998年第3期。
④ 刘铮：《人口理论教程》，中国人民大学出版社，1985，第9页。
⑤ 刘铮：《人口学辞典》，人民出版社，1986，第21页。

raphy；Demographic Analysis）的研究对象，即研究传统的人口变量：如人口规模、人口结构、人口发展与人口分布等变量以及各变量之间的相互关系。但另一方面，西方人口学者在研究过程中也发现，由于人口本身与社会各方面紧密相连，所以人口概念的外延也在不断扩大，从而也使得人口学的学科体系趋于庞大，从而构成了人口研究（也称交叉人口学）（Population Studies，Borderline Subject）这一综合领域，即研究人口变量与其他非人口变量（主要是经济与社会的变量）之间的关系。狭义人口学与交叉人口学以及人口理论（Population Theories）共同构成人口学的学科体系。正是基于对人口的概念界定，人口学研究的对象是人口，而不研究人或人类。由此，"人口学是研究人口变动及其发展规律的科学"①；也有学者认为，"人口学是研究人口各种变量的现象和过程，研究人口诸变量之间的相互关系及其发展变化规律，研究人口变量与社会经济、生态环境等变量之间的相互关系的一门科学"②。

三　教育人口

教育人口概念的提出，是尝试在人口分类中确立一个新的分类标准，即以人口的受教育程度作为分类标准对人口进行划分。根据教育层次的不同，教育人口可以分为小学人口、初中人口、高中/中专人口、大学人口和研究生人口等。教育人口作为一个新概念提出经过了较长时间的酝酿。20 世纪 80 年代初，已有学者论述教育与人口的关系③。到 2000 年，田家盛先生主编了国内首本《教育人口学》，但书中没有明确界定教育人口概念，也没有对教育人口本身进行专门的研究，其研究内容侧重于研究人口与教育之间的相互关系④。同年，何齐宗、戚务念提出"教育人口学是一门亟待开拓的新学科"⑤，但仍没有把教育与人口结合成"教育人口"来思考。事实上，把教育人口的研究限定在教育与人口的关系研

①　田雪原主编《人口学》，浙江人民出版社，2004，第 4 页。
②　邬沧萍：《人口学在 21 世纪是一门方兴未艾的朝阳科学》，《人口研究》2002 年第 1 期。
③　基俊：《试论我国的人口与教育》，《教育研究》1982 年第 3 期。
④　田家盛主编《教育人口学》，人民教育出版社，2000，第 57 页。
⑤　何齐宗、戚务念：《教育人口学：一门亟待开拓的新学科》，《江西师范大学学报》（哲学社会科学版）2000 年第 2 期。

究，使得教育人口研究本身缺少了关键词。"教育人口"作为一个新概念的提出，是对教育与人口关系研究的概括与深化，也有利于拓展本领域的研究空间。

在国际上，教育人口（Educated Population or Education Attainment in the Population）是指根据人口接受学校教育的程度对人口的一种分类，与国内常用的"人口受教育程度"概念相近。"人口受教育程度"是对人口的教育属性进行描述，"教育人口"则指受过教育的人口。尽管教育人口与人口受教育程度只是译名不同，但它对教育人口研究具有重要的意义，作为名词译法的教育人口概念，是教育人口研究领域形成的概念基础。

根据"教育"概念的内涵，教育人口概念有广义与狭义之分。广义的教育人口是指所有接受过（包括正在接受）不同程度教育水平的人口总和，这里所指的教育，既包括学校教育，也包括业余培训、社会教育等，教育人口在量上与一定时期的人口总数相等。在我国人口统计中，教育人口统计尚未把文盲与半文盲人口纳入，但从教育本质来看，所有人都是教育的产物，差别只在程度上，故在定义中仍把文盲与半文盲人口纳入。在计量文献中，常把教育人口定义为接受小学及以上教育的人口总和；狭义的教育人口则指所有接受过（包括正在接受）不同程度学校教育水平的人口总和。在实际研究中，由于广义的教育人口指标难以统计，常以狭义的教育人口为研究对象。

第二节　教育人口的研究综述

作为一个新领域的教育人口研究，对教育学与人口学两大学科领域均有一定涉及，教育人口的研究植根于这两大学科研究，通过整合、深化、拓展并形成一个相对完整的研究框架。因此，与新兴的交叉学科形成机制一样，在教育人口学初创阶段，必然是先从教育人口的相关研究起步，从而逐步形成自己相对独立的研究对象与话语体系。

一　教育人口研究的源起

国内最早较为系统地研究人口与教育的关系是从人口教育研究开始

的。1979 年教育部决定，在高等院校建立人口学研究体系。20 多所高等院校陆续建立了人口研究机构。这些研究机构举办了人口科学讲习会、学习班，开展了人口教育。从一般意义上说，"人口教育就是以人口科学知识为主要内容的教育活动"。① 在人口教育过程中，已有不少学者注意到人口与教育之间存在一些规律性的关系。如田家盛认为人口与教育之间存在如下关系：人口与教育是互为前提、互相影响、互相制约的。人口的年龄构成，标志着需要接受各级教育的人数；人口的职业构成，影响教育的内部结构；人口的地域分布，决定着学校的分布。另一方面，教育也影响着人口的数量与质量②。基俊也提出我国人口与教育的关系问题③。经过学者们的不断探讨，到 2000 年，何齐宗、戚务念提出教育人口学是一门亟待开拓的新学科，对建立教育人口学的依据、研究对象与科学性质、教育人口学与邻近学科的关系、教育人口学的功能与研究方法等方面进行了系统的阐述④。同年，由田家盛主编的国内第一本《教育人口学》著作出版，标志着教育人口学作为一门学科形态正式形成⑤。在该书中，首次较为完整地确定了教育人口学的研究对象与研究内容，强调了教育人口学的教育学科性质，提出教育人口学的指导思想与研究方法。

鉴于该书的开创性意义，下面对该书的学科体系做一个简述，以便为本书的研究提供借鉴。该书认为，教育人口学是以人口状况为背景，探讨教育与人口相互关系及其规律的科学。教育人口学着重研究的是教育与人口的直接关系，如人口各年龄组的数量与各级教育发展目标的关系；人口迁移过程与人口的地区分布及教育的地区布局结构的关系，而不重点研究教育与人口的间接关系，如人口膨胀与人口素质低下、环境污染、生态失衡的关系，尽管教育作为中介变量可以改善人口状况，提高人口素质，从而促进生态环境优化，但这已是教育与人口的间接关系。此外，教育人口学也要探讨教育与人口关系的规律（主要是指教育规律）。基于上述定义，

① 田家盛、李利民：《试论中学的人口教育》，《教育研究》1984 年第 5 期。
② 田家盛、李利民：《论人口与教育》，《人文杂志》1982 年第 5 期。
③ 基俊：《试论我国的人口与教育》，《教育研究》1982 年第 3 期。
④ 何齐宗、戚务念：《教育人口学：一门亟待开拓的新学科》，《江西师范大学学报》（哲学社会科学版）2000 年第 2 期。
⑤ 田家盛主编《教育人口学》，人民教育出版社，2000。

教育人口学的研究对象是：①研究人口状况（人口数量、人口质量、人口结构）对教育的影响；②研究教育为了适应和协调人口发展而进行的目标、规模、结构、方式以及投资方面的调整；③研究人口与教育相互关系的发展规律。就学科性质来说，该书认为教育人口学是教育科学的分支学科，其基本依据有二：其一，从自然人到社会人的发展靠的是教育；其二，在人口与教育的相互关系中着重研究的是相应的教育规律。

学科形态的教育人口学的形成，为系统地研究教育与人口的关系提供了理论基础与方法体系。但是，从知识发展规律和现实需求来看，把教育人口学定位于教育科学的分支学科，强调研究教育与人口的关系研究，是偏重于教育学的视角看待教育人口的研究，忽略了教育人口在人口学视角中的研究领域，"教育人口研究"还有一个尚待研究的领域，即"教育人口"的研究。

二 教育与人口的关系研究

教育与人口的内在关系是学者关注这个领域的切入点，也是当前研究成果相对丰富的领域。无论是在人口学界，还是在教育学界，重视并关注教育与人口关系的研究与日俱增。例如，在人口学界，随着我国人口转变的完成，人口研究的焦点由过去人口数量控制主导逐步转向全方位的人口与发展研究，既包括人口数量的变化，也包括人口结构的调整，人口质量的提升以及人口分布的优化，等等。同样，在教育学界，随着教育与人口的关系日趋紧密，人口的变动直接影响到教育发展战略的调整，人口已经成为教育发展中的一个基础变量。近年来在教育与人口的定量研究上取得了一系列成果，为教育人口研究走向科学化奠定了扎实基础。

教育与人口的关系研究，集中体现在教育与人口诸要素之间的关系上，具体的内容包括人口数量与教育规模、教育经费、教育发展战略等的关系，人口质量与教育发展的关系，人口结构与教育布局、教育结构的关系，人口流动与教育的关系，等等。在研究思路上，既有强调人口变动对教育发展的影响，也有强调教育发展对人口的影响，还有研究两者之间的相互影响。在研究方法上，教育与人口的关系研究以定性研究为主，近年来也出现了不少定量的研究成果。

（一）教育与人口数量

教育与人口数量的研究起步较早，是"人口与教育关系中的主要方面"。[①] 教育与人口数量的关系包括两个方面：一是人口数量变动对教育的影响，即人口数量影响着教育规模、教育投资、劳动人口接受教育的程度、教育结构以及教育水平的提高；二是教育对人口数量的影响，即教育对人口的出生率、死亡率和机械变动等都有影响。其中，人口数量变动对教育的影响在测算方法上已较成熟。代表性研究成果包括：石人炳根据人口预测，对 2020 年前我国各级教育的适龄人口数、在校生数以及专任教师数进行了预测[②]；王金营编制教育生命表对人口未来平均预期受教育年限进行测算等[③]。

（二）教育与人口素质

教育与人口素质存在着许多交叉的内容，人口受教育程度是人口素质的一个重要部分。人口素质包括人口身体素质、科学文化素质和思想道德素质，教育是提高人口素质的基本途径，而人口素质的提高也会促进教育的发展，这两者是相辅相成、相互促进的。具体来说，教育对人口素质的作用体现在教育对人力资源的开发上，"教育是人力资源开发的基本途径"[④]。相反，教育的不足会引起人口素质的"逆淘汰"。[⑤]

（三）教育与人口结构

教育与人口结构之间也存在着许多密切的联系。人口结构一般分为自然结构与社会结构。在人口的自然结构中，人口的年龄结构变动直接影响着适龄教育人口数量的变化，人口性别结构变化对教育教学模式的影响也十分显著。此外，人口社会结构与教育的关系也很直接，人口的文化结构

---

① 田家盛主编《教育人口学》，人民教育出版社，2000。
② 石人炳：《人口变动对教育的影响》，中国经济出版社，2005，第 197～211 页。
③ 王金营：《利用人口普查数据编制教育生命表的技术处理》，《人口研究》，2005 年增刊。
④ 陈金芳、何侃：《教育与人力资源开发》，大象出版社，2005，第 40 页。
⑤ 翟振武、侯佳伟：《人口逆淘汰：一个没有事实根据的假说》，《中国人口科学》2007 年第 1 期。

直接与教育相关，人口职业与行业结构影响着教育的内部结构，而人口的地域结构也影响着教育的分布模式。①

（四）教育与人口迁移

随着我国城市化进程的加快，人口迁移与流动十分频繁，教育与人口迁移的研究也受到关注。在人口迁移过程中，人口受教育程度对迁移可能性有着重要影响，国内国际研究均表明，人口受教育水平越高，其流动的可能性就越大。另外，作为迁移人口，其子女的教育问题也一直受到社会的高度关注。②

（五）特定人口群体与教育

特定人口群体是指一些受社会高度关注，需要单独进行研究的亚人口群体，特定人口群体的划分标准各异，其共同点是受到社会的普遍关注。与教育问题紧密联系的特定人口群体包括独生子女人口、超常儿童人口、残疾人口、未成年人口、老年人口、女性人口、少数民族人口、流动人口以及贫困人口等。这些特定的人口群体多数不能完全按普通的教育模式进行教育，它们的数量、结构、布局与教育之间构成了教育与人口关系研究的另一个独特部分。

三 教育人口的研究

把教育人口作为一个亚人口群体进行单独研究，虽然以此称谓进行研究的文献甚少，但与此相关的研究较多，主要包括人才研究（主要针对高等教育人口），人力资源（资本）研究，在学人口研究，学龄人口研究等。教育人口研究的基本定位是"教育与人口"，而教育人口学的研究对象则是"教育人口"。作为一门学科的教育人口学，不但要研究"教育与人口"之间的基本关系，也要研究"教育人口"的特征。当前我国对"教育与人口"的研究较为丰富，而对"教育人口"的分析则是基本忽视。因

---

① 周仲高：《中国高等教育人口的地域性研究》，中国经济出版社，2009。
② 王涤、范琪：《流动人口子女全纳教育研究——理论与实战》，吉林人民出版社，2006。

此，作为学科形态的教育人口研究，目前缺失了"教育人口分析"这一重要组成部分。显然，从学科发展来看，教育人口学对自身学科建设的研究关注甚少，教育人口学仍处于初创阶段。

教育人口的研究或称为教育人口分析，是指采用人口学的学科方法与措辞，研究受过各级教育的人口的人口学特征。由此，教育人口分析大致需要研究以下四个方面的内容：一是教育人口的数量研究。主要分析各类教育人口的数量现状及其变动情况，特别是根据人口变动趋势与教育发展政策、规律，分析各类教育人口的数量变化趋势与特征，并据此研究教育人口数量变动对经济社会发展的影响。二是教育人口的结构研究。主要包括教育人口的年龄结构、性别结构、城乡结构、区域结构、职业及行业结构等。着重于分析以教育为属性的人口分类在结构上的差异与个性，进而拓展研究教育人口的结构所反映的社会特征及其对经济社会发展的影响。三是教育人口的质量研究。主要包括教育人口的身体健康素质，科学文化素质及思想道德素质以及各种素质之间的内在关系。教育是科学文化素质中的一部分，以受教育程度作为人口分类的标准，并没有全部包括人口质量的所有属性，因而教育人口仍然需要对其质量进行研究，这与以年龄为分类标准的老年人口研究仍然需要研究老年人口的年龄结构是一样的。四是教育人口的分布研究。主要研究各类教育人口在地理上的分布现状与特征，进而探寻各类教育人口的空间分布与流动规律，研究各类教育人口的分布对经济社会其他变量的影响。

从研究现状来看，此领域尚处于起步阶段，以教育人口作为单独研究对象仍处于探索阶段。以"教育人口"为关键词，在中国期刊网搜索，总共仅有 15 篇论文，1 篇博士论文，1 篇硕士论文。其中代表性的论文主要有《高等教育人口刍议》[①]《教育人口预测初探》[②]《教育人口研究新探》[③] 等。博士论文为笔者所著的《中国高等教育人口的地域性研究》[④]，

---

① 周仲高：《高等教育人口刍议》，《江苏高教》2007 年第 3 期。
② 梁燕玲：《教育人口预测初探》，《广西师范大学学报》（哲学社会科学版）2000 年第 1 期。
③ 周仲高：《教育人口研究新探》，《江南大学学报》（教育科学版）2009 年第 1 期。
④ 周仲高：《中国高等教育人口的地域性研究》，中国经济出版社，2009。

硕士论文是马鹏媛的《"高等教育—人口—经济"复合系统协调发展评价研究》① 等。

第三节　教育人口研究的发展趋势

教育人口研究的丰富内容证实了此领域的研究价值。尽管当前教育人口的研究成果尚较零散，教育人口学的学科建设亟待加强，但教育人口研究所涉及的众多内容已为后续研究留下了巨大空间，无论是学术研究还是问题研究，教育人口研究的前景都是十分乐观的。从发展趋势来看，教育人口研究将在以下两个方面继续深化与拓展。

一　教育人口研究要由跨学科形态走向学科形态

在教育人口研究的起始阶段，以跨学科形式出现的研究范式具有必然性。教育学、人口学、经济学和社会学的学者均可从自己学科视角出发，探讨教育与人口的某一关系。此阶段研究的共同特征是以问题意识来引导研究，研究内容分散，研究问题很少有持续性。到 2000 年，以学科形式出现的教育人口学，标志着尝试把教育人口的研究系统化、体系化，并把它作为一个新兴学科来开展研究。遗憾的是，自创建教育人口学以来，关于教育人口的系统化研究成果几近空白，教育人口学的研究进展缓慢。教育人口研究缘起于跨学科形式，而其未来发展方向不能止步于此，在后续的研究中，超越"教育与人口关系研究"的单一模式，加快建设完整的教育人口学，将成为教育人口研究的必然趋势，教育人口研究要由跨学科形态走向学科形态，由教育人口研究走向教育人口学。

从学科推进现状来看，随着教育人口学母体学科的发展与壮大，加快建立系统的教育人口学学科研究的要求变得十分迫切。从人口学来看，随着人口学研究重点逐步由数量聚焦转向质量和结构聚焦，很多研究开始关注我国人口转型中的人口质量，注重提升我国人力资本储备，开始把人口

---

① 马鹏媛：《"高等教育—人口—经济"复合系统协调发展评价研究》，厦门大学，2008 年硕士毕业论文。

与教育研究联系在一起。从教育学来看，重视人口因素对各级教育发展的影响，逐步成为教育学界关注的热点。在教学实践中，已有部分院校和科研单位开展教育与人口的专题教学，尝试开设《教育人口学》硕士课程。例如，在厦门大学教育研究院的博士生课程专题中，已开设人口因素对高等教育发展影响的研究专题；在广东省社会科学院人口学硕士研究生中，自 2008 年开始，已连续 5 年开设《教育人口学》课程。

二 深化和拓展教育人口学的研究范围

当前的教育人口学研究主要是围绕着"教育与人口的关系"这条主线展开的，这不利于学科的深入发展。作为学科形态的教育人口学研究，至少应包括如下五个方面的内容：一是教育人口学的学科范畴研究，包括确定学科的基本定位、研究对象、学科属性以及研究方法等；二是教育人口的基本理论，包括教育人口的概念分析、知识归属、理论基础、研究性质及研究展望等；三是教育人口分析，它侧重于研究教育人口的人口学特征，主要采用人口学的分析方法，研究教育人口的数量、结构、布局及其变化规律；四是教育与人口的关系研究，它旨在研究教育与人口关系的基本规律；五是教育人口的应用研究，它研究教育人口变化对社会其他子系统的影响，探讨教育人口对现实问题的回应。显然，当前的教育人口学除了对教育与人口的关系研究相对深入，其他部分的内容仍然十分薄弱。随着教育人口学的形成与发展，按学科的方式来系统归纳与整理教育人口研究领域的成果，深化与拓展教育人口学的研究内容，既是学科建设的需要，也是教育人口研究的必然趋势。

教育人口学研究范围宽广，涉及内容丰富。按照学科发展的基本逻辑，教育人口学的学科范畴研究是基础，教育与人口的关系研究、教育人口分析是核心内容。深化和拓展教育人口学的研究范围，要在不断完善上述三大研究领域的基础上，根据现实需求有针对性地拓展。正因如此，本书尝试构建的教育人口学体系，也是在上述三大领域的框架内进行的。当然，随着学科的成熟和完善，教育人口学的其他领域研究也会逐步发展起来。

第二章 教育人口学的学科创建

本章从学科建设的角度，探讨教育人口学作为一门新学科的创建与发展所面临的机遇与挑战，明晰教育人口学的学科现状、存在的问题及未来发展趋势。教育人口作为一个研究领域，并非凭空而来。教育人口学学科的形成，从思想的起源到形成科学、系统的理论，曾经历了一个漫长的酝酿和发展过程。新学科的形成是知识发展与学术权力的共同结果，教育人口学的创建既要符合知识增进的现实需求，也需要积极寻求学科制度（学术权力）的庇护。作为学科形态的教育人口学的形成，需要明确自己的学科性质、研究对象、研究方法及研究内容，并形成自己相对独特的研究领域。

第一节 教育人口的思想发展

教育人口的思想发展，是学科形成的思想基础。梳理教育人口思想发展的历史脉络，可以展现学科形成的历史过程。在时期划分上，按照历史分期的一般划分方法，粗略分为古代、近代和现代三个时期。

一 古代教育人口思想

古代关于教育与人口的思想多蕴涵在教育思想或治国思想中，由于当时知识尚未分化，古代哲人对教育人口的很多思想认识具有系统性、远见性，其中部分关于教育与人口内在关系规律思考和认识的思想火花，对后世的观点产生了重要影响。

（一）中国古代教育人口思想

根据中国历史分期的一般划分，以 1840 年（鸦片战争）为界，在此之前的历史时期为古代。在这个漫长的历史时期中，中国作为人类古代文明的发祥地之一，以其灿烂文化，为世界文明发展作出了重要贡献。在中国历史长河中，出现了许多著名的思想家、教育家，部分著名哲人在阐述自己的哲学观、教育观以及价值观时，也包含着对人口发展的思考与认识，其中不乏关于教育与人口关系的精辟阐述，这些观点是教育人口思想发展的重要起源。其中代表性的观点包括[①]：管子很重视培养人才，提高人口质量，第一次提出了"一年之计，莫如树谷；十年之计，莫如树木；终身之计，莫如树人。一树一获者，谷也；一树十获者，木也；一树百获者，人也"[②] 的著名论点。他认为培养人才，提高人口质量，首先应加强对人民的教化，提高人们的道德风尚。"凡牧民者，使士无邪行，女无淫事。士无邪行，教也；女无淫事，训也。教训成俗，而刑罚省数也。"[③] 这可能是中国最早关于通过教育提升人口质量思想的阐述。孔子十分重视对人口的教化。首先，孔子十分重视增加人口。他从"仁"就是"爱人"[④] 的观点出发，认为"天地之性人为贵，人之行莫大于孝"[⑤]。孔子提出"庶、富、教"的主张，把人口、经济和教育并列为当时立国的三大支柱。其次，在提高人口质量问题上，孔子主张"有教无类"[⑥]，主张人无贵贱贫富，都应当受到教育。孔子提倡"有教无类"，对于提高广大人民的知识才能和道德风尚，进而提高整个人口质量，是有积极作用的。孟子在关于人口教育方面，十分注重人民大众的教化。孟子认为对人民进行教育是君子的三大乐事之一。因此，凡是愿意接受教育的人，都应该对他们进行教育。他自己也亲身实践这一提议，著名的"稷下学宫"就培养了一大批学术斐然的人才。东汉王充大胆否定了关于"上天生人"的神秘人口理论，对人口与教育的关系提出了独到见解。他认为人作为物质的存在，和其他物是相同的，人也是万物之一，并且"人性有善有恶"，人的品行、智能和体质并非由上天决定，而是同遗传有着

---

① 田家盛主编《教育人口学》，人民教育出版社，2000，第27～31页。

② 《管子·权修》。

③ 《管子·权修》。

④ 《论语·颜渊》。

⑤ 《孝经·圣治》。

⑥ 《论语·卫灵公》。

密切关系。他认为影响人口素质的遗传性"亦有三性，有正，有随，有遭。正者，禀五常之性也。随者，随父母之性。遭者，遭得恶物象之故也"。① 也就是说，正性指的是从父母身上所得的最好的思想意识上的遗传；随性是指父母的道德、性格、体形等的遗传；遭性是指母亲在怀胎时受到恶物形象影响。因此，他也重视胎教，但他又认为更重要的是幼儿教育。他还认识到多生会影响母子的健康，因而主张少生优生。王充的人口思想已开始关注到内在遗传、外在环境和人口素质三者之间的关系，是教育人口思想的发展与完善。

（二）西方古代教育人口思想

根据世界历史分期的一般划分，从人类诞生一直到 1640 年英国资产阶级革命之前为古代。在这个漫长的历史时期中，关于教育人口思想最早可以追溯到公元前 5 世纪至公元前 4 世纪的古希腊，当时古希腊涌现了许多杰出的思想家，对后世的影响深远，著名的代表性人物有柏拉图和亚里士多德。

柏拉图的人口思想主要见于其名著《理想国》和《法律论》。柏拉图提出适度人口的思想，认为一个国家的人口应该适当，理想国拥有 5040 人最为适度。他的名言是：必须不使人口过多而显得国家过大，也不可使人口过少显得国家过小。为了调节人口数量，他建议国家应干预人民的婚配，在决定每次结婚人数时，要以人民的多少为准则，要把战争、疾病等影响人口总数的因素考虑在内。要保持人口数量稳定，就要避免人口的膨胀或减少。柏拉图还十分重视人口教育，注意提高人口素质。主张"使优秀的男子和优秀的女子进行婚配，这种婚配愈多愈好；使劣等的男子和劣等的女子进行婚配，这种婚配愈少愈好。对于前一种情况所生育的子女，还要给以良好的教育。因为只有如此才能保证人口中的优秀分子不致退化"。他还认为：女子的结婚生育年龄应为 20 至 40 岁，男子应为 25 至 55 岁。因为这时正是精神上、体质上都最健全的时候，才能生出健壮的后代。如果超过了这个年龄，虽然允许结婚，但不准生育，如果生下残疾或

---

① 《论衡·命义》。

孱弱的孩子，政府就应将其扔掉。

亚里士多德的人口思想具有特殊的代表性，尽管他并非由于对人口思想的贡献才享有盛名，而且也没有专门的人口学论著，其思想仅仅散见于《政治论》《伦理论》等著作中，但这都不足以降低它们在当时的实用性和对后世的影响力。一是提出人口应保持"适宜规模"的观点。亚里士多德继承了柏拉图关于理想国人口适度规模的观点，认为适宜规模是指人们能在其中自给自足地生活而又易于观察的最大数量。包含两层含义：从经济上考虑，人口与疆域比例既要有利于人口自身的发展，又要有利于自给自足的庄园经济的发展；从政治角度考虑，人口不宜过多，应易于观察，能够让所有公民都相互了解，能够在一起召开便于管理的会议。他的上述思想已孕育了"适度人口"思想的种子，他有句广为人知的名言："一个伟大的国家与一个人口稠密的国家不是一回事。"二是关于优生优育的思想。Eugenics（优生学）源于希腊，意为"优美健康的孩子"。他提出了对生育年龄的要求、生育子女数目的限制、新生儿存优汰劣的思想和加强妇女的孕期保健等思想。三是发展教育，提高人口素质。对国家而言，特别重要的事情就是培养公民的性格，使其能适应国家的政体；要对那些能影响幸福的外在环境进行充分考虑，因为只有具备了这样的环境，人们在道德行为的习惯中才能够幸福，而要形成这种习惯，必须凭借天赋性格、经常性的体育锻炼和理性，教育的任务便是运用这个行为的习惯和环境。

在古希腊之后的漫长中世纪，宗教成了当时人们的精神支柱，僧侣垄断了文化和学校教育，有关教育人口的思想也长期处于停滞和衰退状态。

综观古代教育人口思想发展过程，可以看到无论中国还是西方，都普遍重视人口的教育，把教育作为一项国家的事业来做，认为教育对提高人口数量与质量方面有巨大作用，教育对人的思想品质提升、身体素质的提高都有重要影响。而在教育与人口的关系问题上，还停留在教育发展对人口的影响层面，较少有论述人口发展对教育的影响。但若比较中西方教育人口思想的差异，可以看到中国古代更注重从人性角度切入，强调教育对改善人的道德素质的作用，而西方普遍重视的是教育发展对人口身体素质提升的功用，对人的身心发展的综合作用。

二　近代教育人口的思想发展

近代教育人口思想有了重大发展，特别是在西方近代史中，随着人口学作为一门学科的产生，有关人口与教育的思想不断涌现。近代教育人口思想的许多闪光点，依然符合当前的实践，并对当代教育人口思想发展奠定了扎实的理论基础。

（一）中国近代教育人口思想

中国近代史是指 1840 年鸦片战争之后，一直到 1949 年中华人民共和国成立这个历史时期。中国近代史饱经内忧外患，国弱民穷。面对积贫积弱的祖国，仁人志士对国家建设提出的很多思想涉及教育与人口问题的观点，其中代表性的人物有梁启超、孙中山和李大钊等。

梁启超、薛福成和严复被称为中国近代人口思想的启蒙家，他们在中国已经进入半殖民地半封建社会的时代提倡改良和维新变法，把人口问题的研究同挽救民族危亡的全局问题紧密地联系在一起，发展了中国的优良传统，又丰富了研究的范畴和内容，开了 20 世纪研究中国人口问题的风气。梁启超痛感于中国民众素质低下和教育落后，认为这是国弱民穷的根由，故极力强调人口教育的重要性。他说："世界之运，由乱而进于平，胜败之源，由力而趋于智，故言自强于今日，以开民智为第一义。[①]"又说："亡而存之，废而举之，愚而智之，弱而强之，条理万端，皆归本于学校。[②]"他把教育的作用同促进国家强大和摆脱民族危机相联系。

伟大的民主革命先行者孙中山对人口的教育也极为重视，他力主改革封建的旧教育，主张效法西方资本主义先进的教育制度，特别是面对帝国主义列强不断侵略和瓜分中国的危机，孙中山大声疾呼必须对中国人进行民族主义精神的教育。孙中山不仅是教育改革的积极倡导者，也是积极推行者和实践者。辛亥革命后，他领导的国民政府，在很短的时间里，就制定和颁布了许多改革封建教育和发展资本主义教育的法令，促进了包括女

---

①　梁启超：《学校总论》，载《中国近代教育文选》，人民教育出版社，1994，第 125~126 页。

②　梁启超：《学校总论》，载《中国近代教育文选》，人民教育出版社，1994，第 130 页。

子教育在内的学校教育体系的形成，实现了他"女子教育为最要之事"，"女兴平权，然后可成此共和国"的夙愿，使女性人口接受学校教育的级别和范围进一步扩大。1924 年 1 月，国民党"一大"宣言，还把他提倡的"厉行教育普及，以全力发展儿童本位的教育"列入正式条款，也表现出他对社会未来人口寄予的厚望。在人口数量问题上，孙中山认为人口的多寡关系着国家的盛衰。一个国家的兴旺与国家人口的多寡对人口数量的多寡有着深刻的影响。他说："从前满洲人不能征服中国民族，是因为他们只有一百几十万人，和中国的人口比较起来数目太少，当然被中国吸收。①"他反对马尔萨斯关于人口的学说，认为人口的减少会使国家灭亡。

中国共产党创始人李大钊的教育人口思想，集中表现为对劳动人口实施平民教育。他指出，资产阶级并不是要真正的平民主义，"纯正的平民主义，就是把政治上、经济上、社会上的一切特权阶级，完全打破，使人民全体，都是为社会国家作有益工作的人……在教育上，文学上，要求一个人人均等的机会"②。这就意味着，真正的平民教育，必须是包括工人、农民在内的劳苦大众的教育，扩大平民人口的教育机会，使教育人口不再是特权人口。应将国家和民族的存亡放在首位，以振兴中华为己任。

（二）西方近代教育人口思想

西方近代史是指 1640 年英国资产阶级革命至 1917 年俄国十月社会主义革命这段历史时期。在这段时期，随着工业革命在欧洲国家的相继诞生，机器生产代替了手工操作，开辟了许多新的行业。大工业的发展把劳动者置于物的统治之下，在使劳动者变成工具的奴隶的同时，还提出了对广大劳动人口应具备一定文化技术方面的要求。资产阶级为了追求其榨取最大剩余价值的需要，不得不逐步扩大受教育人口的范围，对无产阶级人口进行适当教育。与此同时，无产阶级自身要求接受学校教育的斗争也日益广泛和深入，资产阶级出于维护自身统治秩序的需要，也不得不对教育

---

① 孙中山：《孙中山选集下卷》，人民出版社，1956，第 600～602 页。
② 李大钊：《李大钊选集》（下册），人民出版社，1984，第 609 页。

进行多方面的改革，如劳动人民子弟获得了一些受教育的机会和权利；女性人口受教育的地位有所提高，女校数量明显增加。特别是 19 世纪末以来，资本主义各国出于相互竞争的需要，不但初等教育之门逐渐向大众敞开，而且还进一步以法令强迫入学，规定入校学习是人人必须完成而不可回避的义务。在此期间，马尔萨斯、马克思和恩格斯的人口思想最具代表性。

英国经济学家马尔萨斯在 1798 年出版《人口原理》一书，该书对人口问题第一次提出系统的理论。其主要内容可以用"两个前提、三个定理"来概括。所谓两个前提，一是食物是人类生存所必需的；二是两性间的情欲是必然的，而且几乎会保持现状。从这两个"人类本性的固定法则"出发，可以得出一个最基本的经济比例：食物或生活资料的增长与人口的增殖之间的关系。马尔萨斯说，人口的增殖比生活资料增长得快，人口是按几何级数增长的，而生活资料则只按算术级数增长。但是，马尔萨斯并不认为这两个级数就是人口规律的反映，他提出，保持两个级数平衡的唯一出路就是抑制人口的增长。他把所谓支配人类命运的永恒的人口自然法则，归纳成以下三个定理。一是人口的制约原理，说明人口与生活资料之间必然存在某种正常的比例，即"人口的增长，必然要受到生活资料的限制"。二是人口的增殖原理，即"生活资料增加，人口也常随着增加"。三是人口的均衡原理，即"占优势的人口繁殖力为贫困和罪恶所抑制，因而使现实的人口得以与生活资料保持平衡"。这个原理与前两个原理是紧密相连的，它说明人口与生活资料之间最终将实现均衡，但是这种均衡不是自然实现的，而是种种"抑制"的产物。① 马尔萨斯及其《人口原理》，在人口学发展历史上曾经有很大影响，也受到广泛的批评。不可否认的是，马尔萨斯关于人口发展的许多观点在当代仍有其现实意义，可以为教育人口思想发展提供理论源泉。

马克思主义的诞生为教育人口思想的发展奠定了科学的理论基础，廓清了一系列在教育人口理论和实践中资产阶级学者试图掩盖或没有认识到的本质，并在教育上为无产阶级的解放指明了出路。以马克思和恩格斯的

---

① 马尔萨斯：《人口原理》，商务印书馆，1992。

人口思想为基础形成的马克思主义人口理论，以辩证唯物主义和历史唯物主义为理论基础，把物质资料生产和人类自身的生产联系起来考察，认为社会生产有两种，即物质资料的生产和人类自身的生产。两种生产的对立统一是人类社会存在和发展的前提。两种生产相互联系、相互渗透、相互制约，因此，必须相互适应。在马克思主义人口理论中，涉及教育人口思想的内容主要表现为如下三个方面[①]：

首先，科学地阐明和揭示了教育与人口间的内在规律。马克思指出在阶级社会里，人口无不打上阶级的烙印，而教育是由一定的社会关系决定的，在阶级社会里，人口的教育也具有鲜明的阶级性。马克思和恩格斯运用大量事实深刻地揭示了资产阶级倡导的所谓"教育共享""教育机会人人平等"的阶级虚伪性和欺骗性，指出对绝大多数人来说不过是把人训练成机器罢了。但是，马克思和恩格斯并不因教育的阶级性而否定教育对人口的作用。相反，他们认为教育对提高整个国家人口的素质有着极其重要的作用，因为教育会生产"劳动能力"，通过对人口的教育与训练，可以改变整个国家人口的劳动能力的性质，使本来只能从事简单劳动的人口，经过教育与训练能从事复杂的劳动。特别是随着科学技术的进步及其在生产过程中的应用，教育与人口的关系会愈加密切，并且发挥日益强大的作用。

为了澄清以往人口观中对教育的种种错误观点和认识，马克思、恩格斯还从遗传、环境和教育三个因素相互间的关系来说明教育在提高人口素质中的作用。他们认为，个体的遗传素质的高低对人口的质量有相当大的影响。但一般来说，人的遗传素质只是人的能力与才能发展的物质前提，从人体的解剖和生理特点来看，每个人的遗传素质的差别是很小的，正如马克思说"搬运夫和哲学家之间的原始差别要比家犬和猎犬之间的差别小很多，他们之间的鸿沟是分工掘成的[②]"。马克思批判了"遗传决定论"的狭隘性，同时在积极肯定欧文等人的"人是环境和教育的产物"的基础上，又指出他们观点的片面性和局限性是没有认识到人以及作为人的群体

① 田家盛主编《教育人口学》，人民教育出版社，2000，第44~46页。
② 《马克思恩格斯全集》第1卷，第124页。

的人口对环境和教育的反作用，从而以唯物辩证的科学思维阐明了教育的独特作用。

其次，强调教育是无产阶级人口群体谋求自身解放的重要武器。马克思、恩格斯以辩证唯物主义和历史唯物主义为理论基础，运用剩余价值学说和资本积累学说，系统地考察了资本主义社会的人口问题，对马尔萨斯歪曲资本主义社会人口问题的性质及产生根源的生物学人口观进行了无情的揭露和批判，深刻地指出资本主义社会中过剩人口产生的原因是资本主义的私有制。他指出：“不同的社会生产方式，有不同的人口增长规律和过剩人口增长规律”，“这些不同的规律可以简单地归结为同生产条件发生关系的种种不同方式①”。因此，马克思指出，无产阶级要为争取受教育权而斗争，把教育斗争作为无产阶级整个政治斗争的一个重要组成部分，并且阐明了把工人的工作时间限制在八小时的重大意义，号召工人群众奋起争取教育权。

最后，主张对全体人口实施全面发展的教育。全面发展的教育，在马克思主义教育理论体系中占有极其重要的地位。它包括对青年一代的德育、智育、体育、美育和综合技术教育。他们认为，只有通过对每个人“体力和智力获得充分的自由的发展和运用”的教育，国家的整体人口素质才能得以提高。恩格斯指出：“教育可使年轻人很快就能够熟悉整个生产系统，它可使他们根据社会的需要或他们自己的爱好，轮流从一个生产部门转到另一个生产部门。因此教育就会使他们摆脱现代这种分工为每个人造成的片面性。”②

马克思、恩格斯从历史考察的角度指出，人口素质的提高受社会生产方式的制约。阶级社会的存在，注定了人口必然在生理、智力和社会方面存在着缺陷，没有高度发展的生产力为全体社会提供丰富的产品，以充分满足全体社会成员的需要并发展高水平的文化教育，个人的全面发展及国家整体人口素质的提高是不可能的。只有在共产主义社会，全体社会成员才能获得全面教育和幸福的生活，实施全体人口的全面教育。马克思特别

---

① 《马克思恩格斯全集》第46卷（下册），第104页。
② 《马克思恩格斯全集》第1卷，第223页。

指出教育要与生产劳动相结合。他认为，"对所有已满一定年龄的儿童来说，生产劳动同智育和体育相结合，它不仅是提高社会生产的一种方式，而且是造就全面发展的人的唯一方式。"①

综述中国和西方近代教育人口思想发展历程，可以看到中国近代开始学习和接受西方的教育人口思想，并结合中国国情进行部分改造，形成了教育人口思想的初步框架，但在当时的历史条件下，重点任务是救国图存，有关教育人口的思想发展均服务于民族大义，更多的是想通过教育发展来改变现状，教育被看成一条救国的路径。而西方近代关于人口思想（包括教育人口思想）的论述，已开始出现系统性的思考，并总结出许多关于教育与人口的一般规律。无论是马尔萨斯的人口论，还是马克思主义人口论，都是较为系统完备的理论学说，为教育人口思想的发展与成熟奠定了良好基础。

三　现代教育人口的思想发展

现代教育人口思想，是在教育与人口两个研究领域交叉发展之后，在理论上开始系统地注意两者的内在关系，更倾向于对问题解决的指导，强调教育人口的研究对实践的作用。

（一）中国现代教育人口思想

现代中国是指在 1949 年新中国成立之后的历史，它经历了新民主主义革命向社会主义革命的转变，许多关注和探索中国未来前途和发展的政治家、思想家、教育家们都分别提出过有关教育及人口问题的主张，并构成了他们救国救民，改造社会宏大思想的一个不可缺少的组成部分。代表性人物有陶行知和马寅初等。

陶行知不仅继承和吸收了以往中国教育人口思想的积极成果，而且作出了新的发展和贡献。主要表现为两个方面：一是初步系统阐述了人口与教育的一般关系。他说："中国几十年来工业为什么不能发达？我们的回答是：一因外国之经济侵略；二因人口太多，把储蓄的财富都吃光了；三

---

① 《马克思恩格斯全集》第 33 卷，第 530 页。

因科学教育重讲不重做。①" 1931 年 7 月，陶行知在题为《中华民族之出路与中国教育之出路》的长篇论文中指出，中国人口太多制约了教育的普及和提高。他以一个 30 亩地的老农家境变化为例说明，倘若该农人家中人数 4 人，每人平均耕地 7.5 亩，则可受初等教育；倘若该农人家中人数 3 人，每人平均耕地 10 亩，则可以受中等教育；倘若该农人家中人数 5 人，每人平均耕地 6 亩，则无力受教育。如此类推，家中人数 6 人或 7 人，则每人平均耕地 5 亩或 4.3 亩，则衣不暖或食不饱。这位老农的"命运便受制于这些地面或他所生的儿女之数目"。进而类推到全中国，他设想如果全国人口从当时的四万万"退到二万万或一万万八千万"，就可以达到"教育线"，即普及初等教育，消灭文盲人口。同时，他也指出，中国人口素质低下，国家贫穷，也主要是因为教育落后，并且认为，只有大力发展教育，才能控制人口数量，提高人口素质，进而"推定国家的命运"，"创造一个四通八达的社会"。二是践行人口教育的积极推动者。陶行知是杰出的人民教育家，他的人口论是他教育理论的重要组成部分。他在人民教育的伟大实践中，认真实践他的人口教育。

马寅初作为我国著名的教育家、人口学家，特别关注新中国人口的发展。在《新人口论》中，他明确提出要"提高人口质量，控制人口数量"。他说："在一穷二白的中国，资金少，人口多，把人民组织起来，利用它作为一种资源，不是没有好处的，但不要忘记亦有人多的坏处。人多固然是一个极大的资源，但也是一个极大的负担。……保全这个资源，去掉这个大负担，方法是提高人口质量，控制人口数量"②。马寅初十分重视教育在提高人口质量上的巨大作用，他认为最主要的就在于要依靠宣传教育，破除宗嗣继承观念，破除"早生贵子、五世其昌、不孝有三、无后为大"等封建残余思想，并辅之以行政和法制手段。马寅初在当时的分析和研究，切中要害，抓住了我国存在的人口问题的本质，并提出了切实可行的办法。可惜这一见解却被说成"中国的马尔萨斯"，曾经遭到错误的批判和排斥。但事实的发展充分显示了马寅初卓越的战略眼光和先见之明。到

---

① 陶行知：《陶行知全集（第二卷）》，湖南教育出版社，1985，第 266 页。
② 马寅初：《新人口论》，北京出版社，1980，第 45 页。

今天为止，通过教育提高人口的发展仍然是我们人口发展战略的重点内容之一。

（二）西方现代教育人口思想

西方现代史是指 1917 年之后的历史。随着新技术革命与世界人口数量的急剧膨胀，教育和人口的关系日益密切，在探讨经济发展模式、社会发展路径等宏大事件中，有关教育人口的观点与思想不断涌现，与教育人口思想发展有关的代表性理论包括人力资本理论和终身教育理论，其代表性人物分别是舒尔茨和郎格朗。

人力资本理论是 20 世纪 50 年代至 60 年代初在西方形成的一种新的经济增长理论。虽然其理论多侧重于研究如何提高经济效益，但一些观点对教育人口思想的发展颇有借鉴之处。人力资本理论的奠基人和最主要的代表人物是美国著名经济学家舒尔茨。他在人口学方面创立了人口质量的理论，即人力资本理论。他指出，"教育远不是一种消费活动。相反，它蕴藏在人体内，会在将来做出贡献"[①]。他认为，当代发达国家收入的大部分是由人力资本带来的。在美国，国民经济收入的 1/5 来自物力资本，即财产，而 4/5 是来自人力资本。他不赞成人的能力是先天赋予的说法，在他看来各国人口的先天能力是趋于平衡的、相近的，各国的人口质量的差异，主要是后天能力的不同。所以他特别重视教育的作用，把教育看作提高人口质量的关键。他把教育投资当作一种生产性投资，教育活动是使人的能力得以增进的生产性活动。他还十分重视卫生保健的支出，因为它提高了人的身体素质，也是一种人力资本的投资。人力资本理论的产生，客观反映了现代生产发展的客观要求，它强调人力资本的形成主要是教育，突出教育对人及人口资源在经济中的巨大作用，认为教育不仅具有文化的和道德的社会价值，还具备经济的价值。这些观点是对教育人口思想的发展，对现实社会产生了广泛的影响。此外，人力资本理论的提出，系统论证了教育发展对经济发展的重大贡献，对世界范围内的教育改革，以及教育经费的持续增加，扩大教育规模均

---

① 〔美〕舒尔茨：《论人力资本投资》，北京经济学院出版社，1990，第 50 页。

有积极的促进作用。

在教育人口思想发展史上，终身教育思想的提出，意味着人口与教育的关系空间拓展了，教育不再仅限于正规的学校教育。终身教育的最早倡导者是法国著名成人教育专家保罗·郎格朗。终身教育思想对传统教育的思想观念、管理体制产生了巨大的冲击，带来了整个教育的全面发展和进步，在教育人口思想发展方面，主要是通过教育形式、教育方法以及受教育对象的变化来实现的。显然，终身教育理念的提出标志着教育人口思想的一个巨大转变和革命。联合国教科文组织已把它作为教育领域活动的指导原则，许多国家已把它作为教育改革的"总政策"，并在教育结构、教育内容和方法、教育管理、师资培训等方面进行了一系列革新和实验，把终生教育从原则和政策转向实际运用。正因如此，在教育人口领域，随着终身教育的普及深化，它对世界教育人口、教育实践的影响越来越清晰地显示出来。

综述中国和西方现代教育人口思想发展历程，可以看到教育人口思想向深度、具体环节、具体规律领域发展。现代教育人口思想普遍注意到教育与人口之间的一般关系，更多地分析教育与人口之间的具体规律，比如教育发展对人口质量提升的具体贡献，人力资本提升对经济发展的贡献等等。随着经济社会的发展，特别是科学技术的进步，教育与人口的关系越来越紧密，教育已成为提升人口素质，促进一个国家或地区持续发展的重要手段。总之，在现代教育人口思想发展过程中，教育人口思想体系趋于完备、内容越加丰富具体，并对实践发挥越来越显著的指导作用。

第二节 新学科形成与教育人口学的创建

学科的形成是知识分化的结果，但随着学科的出现，知识的增进又受到学科的"规范"，此种"规范"既有促进知识发展的积极作用，同时也有着固化知识发展路径，约束知识自由创新的潜在危险。当学科成为现代知识的基本话语规范时，新学科的形成面临着双重的"身份认证"，一方面是符合知识增进的内在要求，确认现有的学科难以包容所需研究的内容；另一方面是符合学科制度的外在规范，简言之，就是要得到学术界

（主要是同行）的认可与支持。因此，教育人口学的创建，就需要在上述两个方面同时推进，从而使得它在学科丛林中生根成长。

一　当代学科演进方式

从历史来看，学科演进是连续的。学科的演进方式理应是一种对学科发展过程的高度情境化的观照，要力图避免过分的抽象，尽可能还原学科发展的历史面目。当然，完全情境化方式并不可能，概观学科演进过程，尝试用四条演进主线来表达。

（一）知识的"整体—分化—综合"演进主线

知识的发展并非一个单纯的逻辑过程，貌似循序渐进的知识累积仅是一种量的表述，质的改观在于知识发生方式与结构的变化。知识的发展经历了一个"由整体化（古代）到专业化（近现代）再到整体（综合）化（当代）的发展过程"[1]。在近代知识专业化之前，所有的知识是整体性的。如"哲学的古典划分（逻辑、伦理和物理）和中世纪的三学科（语法、修辞、辩证）与四学科（算术、几何、天文、音乐）"；在 13 世纪之前，文科七艺涵盖了知识的划分，并且是学习神学——全部知识高峰的必要先修[2]；到 19 世纪，现代的学科形式在学会的启示下才开始出现，自然哲学（物理）演化为各门独立的自然科学（如物理、化学和生物），社会科学稍后在模仿中从道德哲学分裂出来，形成了诸如社会学、政治学、经济学、心理学和人口统计学等新兴学科；"人文学科是 20 世纪对那些被排拒在自然和社会科学之外的学科的简便总称"[3]。上述知识的演进过程是学科演进的内在线索，知识分化事实上是为学科研究领域划定了界限，构建了相对独立的现代学科体系。20 世纪 50 年代以来，知识分化趋势又走向整合，以跨学科研究、科际沟通，交叉学科、地区研究和问题研究等形式出现的

---

① 陈振明：《当代西方社会科学发展的整体化趋势：成就、问题与启示》，《学术月刊》1999年第 11 期。

② 〔美〕华勒斯坦：《开放社会科学》，生活·读书·新知三联书店，1999，第 54 页。

③ 联合国教科文组织：《当代学术通观：社会科学和人文科学研究的主要趋势》（社会科学卷），上海人民出版社，2004，第 483～485 页。

学科融合趋势无论在自然科学还是在人文社会科学中都成了热门话题。由此可见，知识的"分合"主线构成了学科演进的内在逻辑线索。

（二）数学方法在学科中的"分离—核心—融合"演进主线

从近代科学的形成过程来看，数学的革新可以看成是近现代学科分化的方法论根源。在伽利略之前，数学方法还不足以具备普遍性任务，它是分离于其他学科而存在的。而通过伽利略对自然的数学化，自然本身在新的数学的指导下被理念化了。自然本身成为一种用现代的方式来表达的数学的集（Mannigfaltigkeit）。[①] 此种数学化的理念直接导致实证科学的繁荣，"现代人让自己的整个世界观受实证科学支配"。实证科学对事实的精确研究促进了学科的不断分化，但在开始时还只局限于自然科学，人文社会科学对这种趋势进行了不懈的抗拒。最早接受数学方法的社会科学当属经济学与人口统计学，之后社会学科的各个分支至少以三种方式来认同数学方法的应用：一是以规范或思辨的双重传统形式，如机会估算与公理分析，这种应用的直接继承之一就是博弈论；二是数学统计的应用，这实际上是数理逻辑分布的演绎，它在经济学、社会学和人口统计学中得到了大量的应用；三是曲线拟合（Curve – Fitting）传统，它以数学函数配合一个曲线变化，在预测方面得到了大量的应用。[②] 显然，传统数学方法在人文社会科学的成功运用有效地促进了其学科的分化与壮大，并确立了自身的科学性（尽管仍然受到自然科学界的轻视）与应有地位。但人们对数学方法的质疑依然不断，随着高等代数、随机过程理论、图论等数学分支的拓展，数学方法在人文社会科学方面的应用具有了远大的前景。数学自身的发展至少使人文社会科学界逐渐消除以下两种幼稚认识：一是数学只被看成数量科学的教条主义，进而认为人类现象由于某种模糊的原因不是数学处理的对象；二是相信可以把为自然科学编制的一种语言或数学模型应用到人文社会科学中，如哈兰特（Haret）在 1910 年出版的奇书《社会力学》，

---

① 〔德〕埃德蒙德·胡塞尔：《欧洲科学危机和超验现象学》，上海译文出版社，1997，第431 ~ 432 页。

② 联合国教科文组织：《当代学术通观：社会科学和人文科学研究的主要趋势》（社会科学卷），上海人民出版社，2004，第 483 ~ 485 页。

它企图完全严格地用古典力学来分析社会现象。因此，数学方法在学科中由分离到核心并走向融合的过程，实际上也从方法论上对学科演进进行了较好的诠释，并对当前的学科边界壁垒给予沉重的打击。

（三）学科制度的"松散—严格—灵活"演进主线

学科制度的分析框架已纳入我们学科发展的视野。以学科制度的视界对学科发展进行历史梳理，可以看到学科制度呈现出"松散—严格—灵活"的演进脉络。学科制度的背后是"权力—利益"的支撑，即使制度化的学科形式已处于自我封闭与式微的危险之中，但因它适应了知识分化趋势且具备便于管理的优势而成了学科发展的普遍法则。早期的学科制度只是一些松散的约定，严格的学科制度缘起于17世纪英国皇家学会和法国科学院对会员会籍的规定，学会排斥女性，一般也不会从没有机会接受高等教育的阶级中招揽会员①。这种严格的规定逐渐演化成庞大的学科制度结构，并内化为普遍的法则来影响学科的发展。在这个转化过程中，教育学功不可没，它以研讨班、实验室和课室三种载体形式，确定了有关书写、评分和考试的教育实践方式，一个"意想不到的逆转"就这样普遍而深刻地发生了。严格的学科制度以普遍的标准加速了各门学科的分化，但其固有的局限也日渐暴露，如充满偏见与封闭气息的学科准入制度，过细的学科划分制度以及单一的专门人才培养制度，等等②。作为一种应对学科制度束缚的途径，尝试以跨学科形式来打破学科壁垒、促进学术交流的呼声日渐高涨，但实际效果并不理想。其缘由之一在于严格的学科制度没有得到根本性的逆转，一种灵活的有利于跨学科研究的制度形式并没有得以完全构建。

（四）社会阶段的"农业—工业—后工业"演进主线

学科演进总是在宏大社会背景之下进行的，社会阶段的演进与学科演进之间的内在关系常常被忽略。现实需求是促进科学发展的主要动力，忽

---

① 〔美〕华勒斯坦：《学科·知识·权力》，生活·读书·新知三联书店，1999，第58~79页。

② 鲍嵘：《学科制度的源起及其走向初探》，《高等教育研究》2002年第4期。

视学科演进所处的社会阶段显然不利于对学科发展作出正确判断。不可否认，社会阶段演进与学科演进之间无法构成单一的因果关系，但其交互作用是显著的。农业文明与关于世界整体的知识观（直观、思辨、综合）相对应，以工业化为驱动力带来的科学技术飞速发展，既是学科分化的结果，同时也是促进学科分化的原因。随着后工业时代的来临，人们意识到许多问题的解决需要一种全局的眼光，过于专门化的学科对许多现实的复杂性问题束手无策，它需要回归以整体的思维来理解这个世界（是对农业文明知识观的否定之否定），如果学科演进与社会阶段演进之间的交互性能够证实，那么依据"农业—工业—后工业"发展脉络的推理，跨学科研究必将是后工业社会中学科发展的基本形式。

二　新学科形成的基本条件

从学科演进过程可知，新学科的形成不是偶然的，它具有一些最基本的形成条件。对新学科创建条件的研究，在各个学科建立之初，均会有所涉及，但专门就学科如何建立进行系统的研究较少。从一般意义上看，新学科形成的基本条件可分为内在条件与外在条件两大类。所谓内在条件，是从知识分化，新学科形成的内在规律角度提出的。当知识分化到一定程度之后，其母体学科已难以容纳子学科的所有内容，而子学科也需要自成体系以推进其研究内容的深化，这是新学科形成的内在条件；所谓外在条件，是指新学科形成需要一定的制度支持、资金支持、学者支持等，这是从学科制度角度对新学科形成条件的另一种解释。

从学科定义上看，学科的多种功能源于其丰富的内涵，到目前为止，有关"学科"的定义，至少可以列举以下三种。一是知识的分门别类，即"学问的分支（Branches of Knowledge）"①。在知识的分化过程中，新知识的形成既有"经验判断"，也有"验前的综合判断"。但无论是经验拓展，还是纯粹理性的发展，其共同作用是促进知识的繁荣，而学科就是承担着知识分类标准的功能。二是知识的"生产论述的操控体系"，或者是"学科规训（Disciplinarily）"。此层的定义侧重于从制度上对学

---

① 胡建雄：《学科组织创新》，杭州大学出版社，2001，第 243~244 页。

科进行思考，即从现实层面让人意识到"知识可能是建构在意识形态或利益的基础上"①的，学科可能包含着"权力""知识把门人""学科建制"和"学科制度"等意义。三是学科机构。它实际上是把学科的内在规定（知识与规训）转化为具体的载体形式，为学科的具体操作提供了基本模式。如费孝通先生认为一门学科机构大体上要包括以下五大部分：即学会、专业研究机关、大学的学系、图书资料中心和学科的专门出版机构②。类似的，吴国盛认为，"一个学科之所以成为学科，就在于它有自己独特的范式（Paradigm）"，此种范式有观念层面和社会建制或社会运作层面两种，其中社会建制方面的范式建构，"其目的在于形成一个学术共同体（Academic Community），它包含学者的职业化、固定教席和培养计划的设置、学会组织和学术会议的制度的建立、专业期刊的创办等。"③

（一）新学科形成的内在条件

学科关于知识分类标准的定义，正是学科形成内在条件的理论基础。从知识分化角度来看，任何学科都是一门关于问题的学问。在建立一门学科时，一定要明确新学科究竟要解决一个什么样的问题，明确研究问题，就等于明确了学科的研究内容。新学科建立是因为现有知识框架难以承载新知识的发展，或者现有学科框架难以对新出现的问题做出科学准确的回答。正因如此，新学科建立的内在条件是要发现真问题，而且形成了系列解决此问题的研究成果，新学科建立的根本任务就是要不断发现并解决此领域的问题。

（二）新学科形成的外在条件

在学科制度的约束下，新学科的建立更需要外在条件的成熟。学科的建构是一个制度化的过程，学科建构的背后有着复杂的利益和权力关系。学科一旦建立，不但框定了某种精神领地，而且学科本身也逐渐自我稳固。这时，我们说学科形成了自己的学术传统。学科的学术传统一

---

① 〔美〕华勒斯坦：《学科·知识·权力》，生活·读书·新知三联书店，1999，第13页。
② 费孝通：《略谈中国的社会学》，《高等教育研究》1993年第3期。
③ 吴国盛：《学科制度的内在建设》，《中国社会科学》2002年第3期。

旦形成，对于从事该学科的学者将会产生强大的影响力。它通过学科规训指导学生，把学生纳入那个认识世界的特定观点中，并由他们来传播那个观点。学派、研究范式、学术规范都是基于学科产生的。如果说学科的演化是制度建构的过程，那么对现有学科的挑战就是一个制度解构的过程。要改变这个学科划分，试图创造一种新的学科结构，必然要对已建立的正统观念发起挑战。这种冲突会造成对个人地位的潜在威胁。实际上，学术之争的背后是权力之争。有些挑战成功了，产生了新的学科结构，但大部分挑战不会成功，因为传统的力量太强大了①。正因如此，一门新学科要得到发展，需要以下两个外在条件。一是具有一批专门从事此领域的研究学者。一门学科要得到发展需要有知识的探索者、知识的传播者以及学术薪火的承接人。也就是说，一门学科需要持续不断地补充研究人员以提供新知识；需要补充训练有素的教师队伍来引导下一代学生；需要学生源源不断地加入。二是新学科的建立需要有学科制度保障。这种制度保障包括经费支持、学会建立、研究机构以及在大学中相应专业的形成等。

此外，在交叉学科的产生过程中，许多新学科形成并不完全遵循上述条件。人类科学发展重要特点之一表现为研究范围不断从宏观世界深入微观世界，研究内容不断由简单粗略变为复杂精细。具体表现为各学科范围和内容不断细分、扩展和延伸。当细分扩展延伸到一定程度，各学科扩展延伸部分将产生融合与交叉，而在融合交叉地带，新边缘学科就应运而生。新边缘学科构建条件大致包括：一是两门及两门以上学科在各自扩展延伸地带已产生广泛融合与交叉；二是概括新边缘学科所需的自然社会现象已大量存在；三是对这些自然社会现象的研究已开展并积累了相当知识，理论概括时机已经成熟。

三 教育人口学的创建

教育人口学作为一门新学科，其创建需要具备新学科形成的基本条件。从学科发展过程来看，教育人口学属于教育学与人口学的交叉学科，

---

① 卢永利：《简明学科建立学》，http：//xnjyw.5d6d.net/thread-24636-1-1.html。

是教育学与人口学两个学科的交叉重叠部分。正因如此，教育人口学的创造具有天生的优势，即母体学科为新学科的创建提供了基本的研究范式、研究方法，甚至是研究团队。从实践来看，从事教育人口学的学者，几乎全是从其母体学科队伍中独立出来的。这就为这门新学科的创建奠定了较好的学科基础。

（一）教育人口学创建是知识拓展的要求

从新学科形成的内在条件来看，教育人口学创建的时机已经成熟。首先，母体学科已不能覆盖子学科的研究范围。教育人口学是关于教育与人口关系的研究，并对教育人口本身进行系统的分析。教育人口的研究领域无论是在其母体学科教育学，还是在其母体学科人口学中，都难以深入进行研究，需要创建一门独立的子学科以系统概括其研究内容。其次，教育人口学的研究已具备一定基础。教育与人口关系的研究成果已较丰富，自20世纪80年代起，部分教育学者和人口学者已注意到教育与人口的关系，并撰写了不少代表性的研究论文。近十年来，随着对教育规划研究的深化、人口研究内容的拓展，有关教育与人口的关系研究在实践中越来越发挥着重要作用，如何构建此领域的系统理论，确立此领域的研究范式与研究方法，形成系统的学科领域知识已显得十分迫切。因此，作为知识拓展与深化的必然，创建教育人口学符合当代学科发展的趋势，并对现实具体问题的解决具有重要的应用价值。

（二）教育人口学创建逐渐具备学科制度保障

从学科制度来看，教育人口学的创建具备较好的学科制度保障。在学科创建之初，学科机构、学科人才以及学术刊物都依托于其母体学科的学科制度，随着这个学科的成熟，构建独立的教育人口学的学科制度的要求越来越强烈，并在实践中逐步探索前进。首先，教育人口学的研究领域得到学术界的承认。如第一章研究综述所言，近十年来，有关教育人口学的研究成果不断涌现，很多专业的研究机构与研究人员开始关注该领域的研究价值，并着手开始研究。国内较早系统关注此领域的代表性著作是2000年田家盛编著的《教育人口学》，之后在2005年，石人炳在博士论文的基础上出版了《人口变动对教育的影响》一书，2009 年，笔者在博士论文的基础上出版了《中国高等教育人口的地域性研究》一书，对此领域的研究更加深入。其次，教育人口学的研究队伍不断拓展。从近年来的文献分析可知，无论是在教育学领域，还是在人口学领域，越来越多的研究人员开始关注到教育与人口的关系，并在实践中开始探索研究，这就为学科建设提供了良好的研究人才基础。最后，教育人口学作为一门学科在教学中得到实践。自 2008 年起，笔者首次在广东省社会科学院人口学专业开设"教育人口学"课程，该课程作为研究生的专业必修课，分别于 2008 年、2010 年和 2012 年作为一个学期的课程教学得以开展，接受教学的学生总数达到 40 多人，"教育人口学"作为一门学科在研究生教育中逐步成熟完善。

第三节 教育人口学的基本体系

作为一门学科的教育人口学，其学科体系是完整的。本节从教育人口学研究现实出发，提出了教育人口学的基本体系，此体系内容的成熟是教育人口学学科建立的基本前提，而学科体系本身的完整性是学科合理性的重要条件。

一 学科的基本体系

任何一门学科在建立伊始，都需要明确自己的研究对象，并界定学科的研究范围，教育人口学同样也不例外。教育人口学是研究教育与人口的内在关系，并对教育人口的变动过程进行科学分析的一门学科。教育人口学的研究范围以教育学与人口学的交叉领域为主，但同时在教育人口方面又形成了独立的研究领域。基于此，教育人口学的学科基本体系分为三大部分（见图 2 - 3 - 1）。

（一）学科的基本理论

教育人口学作为一门新学科，需要对学科建立的基本理论进行阐述，

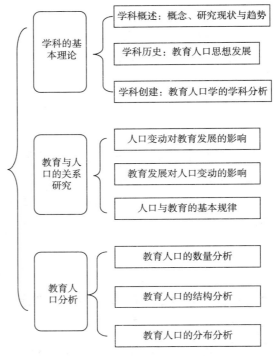

图 2 - 3 - 1　教育人口学的学科基本体系

从而为学科建立的合理性与可行性进行系统论证。因此，在教育人口学的学科体系中，第一部分是关于学科建立的基本理论，为学科创建提供理论指导。学科的基本理论大致包括如下内容。一是关于学科建立的基本概念、研究现状以及研究趋势的概述。此部分重点对学科的基本概念进行界定，评述当前学科领域的研究现状，并对未来的研究趋势进行展望。此部分的研究是学科创建的基础，为学科建立的可行性论证提供现实支持。二是关于学科研究历史的概述，即对中国和西方有关教育人口的研究历史进行系统全面回顾。作为一门新学科，教育人口学在此领域主要对教育人口思想发展史进行回顾，从而为学科建立可行性提供历史支持。三是关于学科创建本身的研究，即从学科生成与发展的角度，对教育人口学作为一门新学科成立的合理性、可行性进行系统论证，从而为学科建立可行性提供理论支持。基于上述分析，本书的第一章和第二章分别对上述三个内容进行阐述，从而构成教育人口学的学科基本理论。

（二）教育与人口的关系研究

"教育与人口的关系研究"是教育人口学研究的重点内容，也是学科建立的基本动力之一。在学科交叉发展过程中，"教育与人口的关系"逐步纳入研究人员视野，从而为学科生成提供了现实可能。本部分的研究内容大致包括三个方面。一是研究人口变动对教育发展的影响，即把人口变动作为自变量，把教育发展作为因变量，研究这两大变量（各自又包括系统内的子变量）之间的内在关系。在这层关系研究中，重点是研究人口变动的现状、特征与趋势将会对教育发展产生何种影响，以及影响的路径、方式和影响力度的大小等。二是研究教育发展对人口变动的影响，即把教育发展作为自变量，把人口变动作为因变量，研究这两大变量之间的内在关系。在这层关系研究中，重点是研究教育发展会对人口变动产生何种影响，以及影响的路径、方式和影响力度的大小等。三是研究人口与教育的基本规律，即基于前述两者的关系研究，总结概括出人口与教育之间的基本规律，从而为全面深入分析这两大领域之间的内在关系提供理论指导，并为教育人口学的学科发展奠定理论基础。基于上述分析，本书的第三章、第四章和第五章分别对上述三个内容进行阐述。

（三）教育人口分析

教育人口分析的研究是本书的特色所在，也是从人口学的角度构建教育人口学学科的重要尝试。教育人口分析的前提是建立教育人口的概念，把教育人口作为人口分类的一种（亚人口），单独分析教育人口的变动过程，从而形成了教育人口学的学科独特研究内容。本部分的研究内容大致包括：一是教育人口的数量研究，即分析各级教育人口的数量现状、特征及变化趋势，并在此基础上分析教育人口数量变动对经济社会发展因素的影响作用；二是教育人口的结构研究，即分析各级教育人口的结构现状、特征及变化趋势，并在此基础上分析教育人口结构变动对经济社会发展因素的影响作用；三是教育人口的分布研究，即分析各级教育人口的分布现状、特征及变化趋势，并在此基础上分析教育人口分布变动对经济社会发展因素的影响作用。在教育人口分析中，采用人口学的分析方法，把教育人口作为一个单独的分析变量，其研究内容属于人口学的分支学科。基于上述分析，本书的第六章、第七章和第八章分别对上述三个内容进行阐述。

需要说明的是，在教育人口学的学科基本体系中，除了按研究内容主线划分的上述结构，还可从理论研究与应用研究的主线进行划分。教育人口学的学科研究内容既包括对此学科基本理论探讨，更侧重于教育人口学的研究结论对实践的作用。因此，教育人口学属于一门应用型为主的学科，其研究结论对实践发展有重要的指导作用。

二　学科的发展方向

教育人口学自从作为一门学科在 2000 年被提出以来，随着研究内容的不断丰富，这门学科体系趋于完整，学科发展趋于成熟，为此笔者提出建立一个体系更加完备、内容更加全面、对现实问题解决更加有效的教育人口学的学科。虽然倡导学科建立容易，但后续的学科完善仍需学界同仁努力。从学科发展方向来看，未来学科发展的重点大致有如下三个方面。

（一）　学科基础理论的深化拓展

教育人口学的学科基础理论仍需深化拓展，主要表现为对建立这个领域的必然性进行论证，梳理学科发展史，特别是从学科制度角度对教育人口学的学科发展提供理论支持与对策建议。加强对教育人口学研究内容的理论提升，形成教育人口学独特的学科研究范式，探寻教育人口学的学科发展具体规律等等。

（二）　丰富教育人口学的学科内容

当前教育人口学的学科研究内容，无论是在人口与教育的关系研究，还是在教育人口分析方面，研究内容都是相对分散无序的，研究侧重点也各不相同。后续研究需要系统地规划教育人口学的学科内容，通过系统研究，不断丰富学科内容，填补部分缺失的研究领域。与此同时，也要继续深化对特定专题领域的研究，通过不断深化研究内容，提升学科的研究深度，提升学科发展能力。

（三）拓展教育人口学的学科应用

教育人口学是以解决现实问题为主导的应用型学科，要重视教育人口学的研究结论对实践中的指导作用。教育人口学的研究内容，对实践有重要的影响，要继续拓展教育人口学的学科应用领域，探索在不同领域和不同学科中充分发挥教育人口学的学科功效，从而提升本学科的实用价值。

第三章　人口变动对教育发展的影响研究

人口因素是社会经济发展过程中的基础性因素，也是社会经济活动中最积极的因素之一。在任何一个社会的发展进程中，人口因素都扮演了双重角色：一方面，人是社会财富最主要的创造者；另一方面，人又是社会财富的主要消费者，也正是人们的消费构成了社会的最终需求。关于人口与经济社会发展的关系，至今仍然莫衷一是，但作为经济社会活动中的主体，人口变动对经济社会发展具有根本性的决定作用是毋庸置疑的。教育作为经济社会发展进程中的一项基础性事业，其发展过程也必然与人口变动紧密相连，人口变动对教育发展的影响具有基础性、先导性和全局性，科学掌握人口变动规律对加快推进教育现代化，促进国民教育健康持续发展具有战略指导意义。

第一节　人口数量变动对教育发展的影响

人口数量变动是人口变动的核心要素，是引导人口结构、分布变动的基本动力。人口数量变动对教育发展的影响是全方位的，它既包括对宏观层面的教育战略和教育规划的整体制约，也包括了对中观层面的学校发展定位和发展模式的科学引导，甚至还包括了对微观层面的家庭教育重点和教育方式方法的潜移默化。因此，科学掌握一定区域内人口数量状况特点及其未来变动趋势，对教育发展战略与规划的制定具有重大的战略意义，对具体的教育实践则有非常重要的现实价值。

一　人口数量变动对教育发展的主要影响

一般来说，对于一个国家或地区来说，一定规模的稳定人口是经济社会发展的前提条件，但现实中的人口规模往往处于动态变化过程中，特别是当经济社会发展处于转型阶段，人口规模的波动性更为突出。因此，在探讨人口数量变动对教育发展的影响时，需要分别从两个方面进行考察：一是在相对稳定的人口规模时期，人口数量的有序变动对教育发展有何影响；二是在人口规模剧烈变动时期，人口数量的剧烈变动对教育发展有何影响。

从理论上看，人口数量的多寡与教育发达与否并无必然关系，两者之间的关系难以找到普适性的规律。从现实上看，人口数量与教育发展之间的内在关系，更多地体现为生产力发展水平、政治体制、社会制度或文化传统等其他变量的共同影响结果。但若不考虑其他变量，在假定其他条件恒定时，人口规模与教育发展水平之间仍然存在着一些规律性的关系（图3－1－1）。

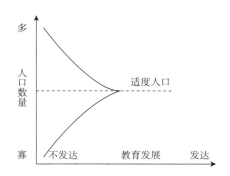

图3－1－1 人口数量变动与教育发展关系的示意图

由图3－1－1可知，在适度人口的条件下，人口规模最适宜于教育发展，两者的关系处于最优状态；而当人口数量过多时，教育发展需要更多的资源投入，并最终影响到教育发展水平的提升；相反，当人口数量过少时，教育发展会陷入规模效应递减和教育资源浪费的困境，同样会影响到教育发展水平的提升。

（一）人口数量有序变动对教育发展的影响

人是教育的主体，人口数量既包括教育者，也包括受教育者，其本身对教育发展的影响是多方面的，人口数量对教育规模、教育结构、教育发展速度都有直接影响。作为人口数量本身，它对教育发展的影响是静态的。即当某一地区的人口数量相对稳定后，该地区就需要形成与人口数量相适应的教育体系以满足需求，一定的人口数量对教育发展的作用是稳定的、长期的。但在现实中，人口数量是不断变化的，人口数量对教育发展的影响主要体现为人口数量变动对教育发展所产生的各种可能结果。因而，人口数量变动对教育发展的影响是动态的，复杂的，并极易受到其他因素（如经济发展水平、区域发展定位、特别的政策制度等）的制约。

在一个相对稳定的人口中，人口数量的变动是有序的、可预测的。人口数量的变动可以根据人口"生死迁"变动规律进行科学预测。例如，通过第六次人口普查的资料，可知某市的分年龄人口数量（表 3 - 1 - 1）。

根据表 3 - 1 - 1 的数据，若该市人口处于相对稳定状态，即假设迁入与迁出人口为零，人口出生率与死亡率保持基本稳定，若已知 2010 年度该市分年龄人口死亡概率，则可以准确推算出未来 10 年内该市分年龄的人口数量，根据人口数量变动结果，可以推算未来 10 年内各个学龄段的适龄人口规模，从而为教育发展规划与战略决策提供科学依据。

人口数量的有序变动集中反映了人口变动的基本规律，它是人口变动的核心内容。正是因为有了人口数量的有序变动，教育发展才有可能进行合理规划。只有准确掌握人口有序变动的规律，才有可能对教育规模进行科学控制，对教育结构进行合理调整，对教育发展速度进行有序调节，对教育质量提升进行全面监控。总之，科学掌握人口数量变动规律是全面统筹规划教育发展的基本前提。

（二）人口数量剧烈变动对教育发展的影响

在现实环境中，人口数量变动受到其他社会变量的影响，其变化幅度往往很大，人口数量的有序变动规律会受到干扰，许多影响人口数量变动的社会变量会作用于人口数量变动规律而展示其影响力。在此方面，需要正确辨明不同社会变量对教育发展的影响层级，从而为科学准确规划教育发展提供依据。以人口城市化为例，在某一特定城市，其户籍人口数量是相对稳定的，但非户籍人口数量的波动性十分强烈。虽然现存的户籍制度

表 3 – 1 – 1　某市第六次人口普查分年龄人口数量

年龄（岁）	人口（人）	年龄（岁）	人口（人）	年龄（岁）	人口（人）	年龄（岁）	人口（人）
0	48169	26	113339	52	67196	78	17902
1	62247	27	122137	53	63384	79	16555
2	65646	28	118268	54	56906	80	14363
3	70095	29	119932	55	52589	81	11981
4	76192	30	125663	56	51539	82	10538
5	80432	31	118415	57	45184	83	9337
6	86298	32	123697	58	46007	84	7640
7	92491	33	96917	59	45005	85	6720
8	92932	34	103682	60	46311	86	5798
9	93038	35	118579	61	43683	87	4505
10	103390	36	121742	62	50138	88	3915
11	107400	37	147136	63	50060	89	3116
12	104843	38	130982	64	51784	90	2475
13	111527	39	83145	65	47507	91	1787
14	110985	40	92568	66	45887	92	1370
15	104280	41	93395	67	47829	93	1054
16	106970	42	109479	68	40317	94	790
17	114459	43	116151	69	38470	95	575
18	126634	44	103976	70	38500	96	398
19	123803	45	109787	71	32313	97	330
20	114865	46	108377	72	33807	98	219
21	111344	47	95027	73	31347	99	168
22	91437	48	90379	74	27534	100 +	219
23	78712	49	80403	75	27261		
24	83474	50	79177	76	21850		
25	95337	51	80411	77	18849		

数据来源：某市第六次人口普查资料汇总。

仍然阻碍着教育机会的均等，但作为基本公共服务的公共教育，为所有学龄人口提供基本均等的受教育权利是必然的。但是，作为波动性剧烈的非户籍学龄人口数量，其变化动力是多元的、复杂的，与人口有序变动规律联系不大。为此，在现实中，由于人口数量剧烈变动的影响动因多样、变化趋势不一，就导致人口变动对教育发展的影响效果难以准确评估，从而在一定程度上造成教育机会的不均等，教育发展的不均衡。但也要看到，从宏观层面来看，人口数量的剧烈变动仍然是有规律可循，有依据可守的。一般来说，科学预测人口数量变动，特别是学龄人口数量的变动，然后遵循人口数量变动规律来制定和调整教育发展规划，是普遍可行的。因此，前期的人口预测就变得十分重要，不同的预测结果对教育发展的规划发挥着基础性的作用。

人口数量剧烈变动对教育发展的影响也与研究范围有关，研究范围越小，其变动的可能性越大，影响变动的变量越多；反之，若研究范围越大，人口数量剧烈变动的可能性就越小，影响变动的变量就越可预测、可控制。具体来说，若要研究一个县区的人口数量变动对教育发展的影响，则需要考虑的影响这个县区人口数量变动的因素就有很多，包括县区发展定位的改变、经济结构的调整、相邻县区的发展变化等都会影响到其人口数量规模；反之，若把研究范围扩大到省域甚至国家层面，人口数量变动的范围是相对稳定的，其变动趋势也是可预测的。总之，人口数量有序变动规律是所有研究的基础，但它是理想的模型，现实中的人口数量变动必然会受到其他社会变量的影响，加入其他可预测的社会变量（如经济增长速度、人口城市化水平等）来共同分析人口数量变动对教育发展的影响，是研究中通行的做法，差别常常在于对特定区域影响人口数量变动的核心变量的识别与模拟。

二 人口数量变动对教育发展影响的实证考察

人口数量变动对教育发展的影响是长期的、也是可以通过实践来检验的。分析人口数量变动对教育发展影响的实证结果，可以明显看到人口数量对教育发展的基础性作用。下面选取部分案例说明人口数量变动对教育发展的各种可能影响，揭示两者之间存在的内在关系。

（一）人口数量变动与人口受教育年限

1. 关于人口受教育年限的估算

衡量教育发展的综合指标有很多，人口受教育年限是比较通用的。人口受教育年限是指在一个时期中人口所接受的教育程度，具体的测度又分为几种不同的方式。国内比较通用的是人口平均受教育年限。国家教委1991年4月颁发的《中国教育评价与监测统计指标体系（试行）》规定，"15岁及以上人口平均受教育年限＝15岁及以上人口所受普通教育的年限总和÷15岁及以上人口总数"，并说明，"普通教育包括普通小学、初中、高中（初中、高中包括职业初中和高中）、中专、技工学校、大学专科、本科、硕士和博士，不包括接受成人教育的年限，年限按学制年限计算。所受普通教育的年限总和等于各级毕业生人数乘以其相应年制后的总和。这一指标反映了过去几十年教育的综合成果，是国民接受教育的平均水平。"事实上，这一指标属于一种历史型指标。15岁及以上人口平均受教育年限的一般计算公式如下：EN＝［不识字（文盲半文盲）×0.25＋小学×6＋初中×9＋高中/中专×12＋大学×16＋研究生×19］／（15岁及以上人口总数），式中，EN指人口平均受教育年限。

　　人口平均受教育年限的提高充分反映了一国国民文化素质的提升。作为一种历史性的指标，它数字简单，能够简略、清楚地表现人口文化教育程度的现状和发展变化，综合反映人口接受教育的程度。1953年我国第一次人口普查时，没有进行人口文化教育程度的调查，自1964年第二次人口普查起，我国历次人口普查中都有针对人口文化教育程度的细致而精确的统计，我国主要年份人口平均受教育年限如表3-1-2所示。

表3-1-2　我国主要年份人口平均受教育年限

年 份	12岁及以上	6岁及以上 （方法A）	6岁及以上 （方法B）	6岁及以上 （方法C）
1953	0.5*			
1964	2.5			
1982	5.23	5.20	4.24	
1990		6.26	5.17	4.49
1995		6.72	5.58	5.05
2000		7.62	6.46	6.90
2001		7.68	6.53	

续表

年　份	12 岁及以上	6 岁及以上 （方法 A）	6 岁及以上 （方法 B）	6 岁及以上 （方法 C）
2002		7.73		
2010		8.76		

注：* 1953 年的数据为估算数。

数据来源：表中"12 岁及以上"数据来源于刘岳、沈益民、奚国金《中国人口分析与区域特征》，海洋出版社，1991；表中其他数据源于中国教育统计网 http://www.stats.edu.cn 。其中，2010 年的数据根据第六次全国人口普查数据计算获得。

在表 3 - 1 - 2 中，人口平均受教育年限存在多种算法，我国普遍采用的算法是计算 6 岁及以上人口的平均受教育年限。方法 A 是将学制年数视为受教育年数。受教育人口只要进入了某一教育等级，就以完成这一教育等级所需要的年数作为已经接受教育的年数。这样确定的系数为：大专以上文化程度 16，高中文化程度 12，初中文化程度 9，小学文化程度 6，文盲 0。此方法对存在的学制差异忽略不计，如大专以上各级教育的差异，高中阶段各类教育学制的差异，以及通过各种类型的成人教育获得的学历等，也不考虑毕业和肄业等状况之间的差异，此方法被普遍采用。方法 B 以实际调查结果为系数，1998 年的人口变动抽样调查在受教育程度项中增加了受教育年限的内容。在要求被调查对象圈填受教育程度后，再填写受教育年数，但不包括非全脱产受教育的年数。在此基础上计算出的系数为：小学 4.23 年，初中 8.12 年，高中（中专）11.06 年，大专以上 14.34 年，此方法得出的结果比较接近实际。在没有数据的年份，需用固定年份的调查数据或推算的数据作为系数；方法 C 以学制为基础设定固定系数，将不同受教育程度的人口分为毕业、肄业和在校等几种情况，为受教育年限的计算设定一套系数。例如，曾经使用的系数如表 3 - 1 - 3 所示，此方

表 3 - 1 - 3　方法 C 对教育年限的估算系数

	文　盲	小　学	初　中	高中（中专）	大　专	大本以上
毕业	0	6	9	12	15	16
肄业、在校等	0	3	7.5	10.5	13.5	14

数据来源：人口社科司社会处：《"人均受教育年限"计算方法探讨》，《统计制度改革研究》2003 年第 5 期。

法是对实际受教育过程中出现的未完成学业的各种情况在计算系数时给予一定的主观扣除。

上述三种方法中，方法 A 计算的实际上是一种未来理想值，在一定程度上高估了实际值。但研究生教育的扩大和自学成才人数的增加将会减低一些高估的成分；方法 B 由于不包括非全脱产教育，可能会低估实际值。每年调整系数存在着实际操作上的困难，而固定系数又不能反映我国教育的快速发展；方法 C 的计算结果应介于前两种方法之间，但系数值的扣除是主观给定的，且分类较细会使计算工作复杂化。①

从表 3 - 1 - 2 可知，1953 年以来，我国人口平均受教育年限呈明显的上升趋势。在我国庞大的人口基数上，我国人口受教育程度大幅度提高，教育成就显著。到 2010 年，不同部门、学者对人口平均受教育年限统计结果如下：世界银行测算为 6.54 年（分母为总人口）；中国统计摘要为 7.11 年（分母为 15 岁及以上人口）；胡鞍钢测算为 6.35 年（分母为 15 岁及以上人口）；本书测算为 8.76 年（分母为 6 岁及以上人口）。若以中国统计摘要的计算结果为比较标准，2010 年，我国人口平均受教育年限比同期世界平均水平 6.66 年高 0.45 年，比发展中国家平均水平 5.13 年高 1.98 年，比发达国家平均水平 9.76 年低 2.65 年。

2. 人口数量对人口受教育年限提升的影响

新中国成立以来我国人口受教育年限的提升，国家重视教育发展显然是主要因素，但人口数量对教育发展的影响也是明显的。从理论上看，在特定阶段，若不考虑人口生产的作用，学龄人口规模庞大，对教育投入的需求量就会增大，从而阻碍人口受教育年限的提升速度。从表 3 - 1 - 4 可以看到，人口数量的增长速度与人口平均受教育年限的提升速度基本呈现反向关系。尽管人口平均受教育年限的提升与教育投入密切相关，但在教育投入相对稳定的时期，人口增长速度放缓，有利于快速提升人口受教育程度。

---

① 国家统计局人口和社会科技统计司社会处：《"人均受教育年限"计算方法探讨》，《统计制度改革研究》2003 年第 5 期。

表 3 - 1 - 4　不同时期我国人口增长率与人口平均受教育年限增长率的比较

时期（年）	人口数量年均增长率（%）	人口平均受教育年限年均增长率（%）
1953 ~ 1964	1.66	15.76
1964 ~ 1982	2.05	4.15
1982 ~ 1990	1.48	2.35
1990 ~ 1995	1.16	1.43
1995 ~ 2000	0.91	2.55

数据来源：笔者计算。

从表 3 - 1 - 4 可以看到，新中国成立以来我国人口数量变动对教育发展的影响，大致可分为两个时期：第一个时期为增长期（1949 ~ 1982 年），其特征表现为人口快速增长，人口受教育程度快速提高，其主要动因是新中国成立后的经济社会的快速恢复，整个社会各个方面都在发生翻天覆地的变化。特别表现为 1953 ~ 1964 年，人口大幅度增加，国家重视教育发展，人口平均受教育年限快速增长；第二个时期为稳定期（1982 ~ 2010 年），其特征表现为人口增长速度放缓，人口受教育程度稳步提升，人口平均受教育年限增长速度快于人口增长速度，人口规模控制对人口质量提升的效应逐年体现出来。最明显表现为 1995 ~ 2000 年，人口增长速度放缓，但人口受教育程度快速提升。根据表 3 - 1 - 4 的数据可以预测，随着我国人口数量增长速度的逐步放缓，在未来较长一段时期内（2010 ~ 2050 年），人口数量变动对教育发展的影响将进入第三个时期，即爆发期，在这个时期内，人口数量增长放缓甚至于出现负增长，人口受教育程度将出现快速的提升，我国人口质量将在这个时期内得到质的改变。

（二）学龄人口规模变动对教育发展的实证分析——以广东省为例

人口数量的变动直接影响到教育发展的规模，这也可从教育发展实践中得到检验。以广东省为例，通过对学龄人口变动的分析，可以明显看出人口变动对各级教育发展规模的影响。所谓学龄人口是指处于受教育阶段的分年龄人口。在全日制学历教育中，小学的学龄人口为 6 ~ 11 周岁，初中的学龄人口为 12 ~ 14 周岁，高中的学龄人口为 15 ~ 17 周岁，大学的学龄人口为 18 ~ 22 周岁，在成人教育中，一般是指 23 ~ 45 周岁的人口，因为超过 45 周岁之后，虽然公民仍然具有接受成人教育的权利，但从实际情况来看，接受教育的机会相对较少。学龄人口的数量变动，是指不同年份不同年龄阶段可能接受教育的人口数量及其发展趋势。它是决定某一时期教育发展的核心变量，为教育规划编制提供基础数据。

1. 学龄人口数量变动对教育规划的意义

人口数量特别是学龄人口数量变动是编制教育规划的基础数据。目前较为系统考虑人口因素对教育发展影响的研究文献较少，且多数研究又集中在教育规划之中。学龄人口的数量及年龄结构变动趋势，是编制教育规划的基本前提。在人口高增长时期，学龄人口数量的急剧增长会给教育发展带来巨大的压力和诸多问题。例如，学龄人口的增加导致教育系统形态的扩张——加大教育投资、建设更多的学校、增加现有学校的设施、大量补充合格的教师及管理人员等，而且，人口的快速增长可能会降低教育质量，因为在力不从心的地区，只好以牺牲质量为代价，因"财"施教。相反，在学龄人口急剧减少时期，前期已初具规模的教育系统同样会面临着重组与调整的困难。例如，学校生源的严重不足，教育设施的大量浪费，教师及管理人员工资支出不堪重负，甚至是部分学校关门倒闭等现象。由此可见，受出生人口波动周期的影响，学龄人口数量变动也有一个波动的周期，了解这个波动周期并分析各个阶段的人口学特征，就可以做到未雨绸缪。

教育计划（规划）的制定是一项国家行为，它衍生于经济计划（规划），已成为一种国际通行的教育决策行为。我国的教育计划自新中国成立后参照苏联制定，在体系与结构上均带有强烈的政治色彩与行政烙印。有学者指出，半个世纪以来，我国教育反复之甚，世所罕见；陷入大规模、高速度、低投入、低效益的恶性循环[①]。从总体上来说，新中国成立后的教育规划在制定与实施上是有脱节的。现阶段，我国教育计划（规划）的理念已逐渐由计划转为规划，这是一个质的转变，也反映了两种不

---

① 周贝隆：《以理智求自由——80 年代以来我国教育规划理论、方法的若干进展》，《上海高教研究》1997 年第 10 期。

同的理念。从计划改为规划，绝不是简单的用语的变化，而是反映了教育体制的重大变革，管理制度的重大变化，反映了计划经济与市场经济的不同理念。计划与规划的区别不在于有没有指标，而在于前者是指令性和层层分解下达的，后者则是指导性和主要靠经济手段引导来实现的，从计划改为规划，含有促进政府职能转换的意思。概言之，计划与规划既在语义上存有差异，也同时反映了制定各种规划的基本价值取向。在教育规划时代，教育规划所依据的是事实，而不是指标及条款，这就需要了解影响教育规划编制的诸多因素，学龄人口的数量变动正是这样一个基础性的因素。

2. 学龄人口估算的研究思路与方法简述

对学龄人口的测算，就是要预测不同年份分年龄的人口数量，主要采用数理人口学的方法，但由于它与教育发展紧密关联，因而又有一些根据教育发展趋势对在校生人数的预测方法，概括国内外关于学龄人口（包括在校生数）的测算方法，大致有如下四类：

第一类：直接测算法。它主要用于各级教育适龄人口的测算，这是直接的人口预测方法，主要采用人口年龄移算及生育死亡的数据，预测不同年龄阶段的未来人口，用这些数据作为教育规划的基础数据。

第二类：在校生人数测算法。它主要用于各级教育在校生人数的测算：一般有两种方法，一个是年级升级比例法（Grade Progression Rations GPR 法），它是根据低年级的在校人数与各年级的升学率来预测未来在校生人数。GPR 法需要以下三方面的准备：一是基期各教育阶段各年级的在校人数；二是对未来各年最低教育阶段最低年级的适龄人口数进行推算；三是对未来各年级的升学率进行调整。因此，此方法一般用于短期的预测比较合适。另一个是队列构成法（Cohort Component Method，CCM 法）。它是先确定预测期内各教育阶段年龄队列人口变动的影响因素（出生、死亡、迁移），以此预测未来各教育阶段适龄人口，再预测各教育阶段的入学率，在此基础上预测各教育阶段的在校生数[1]。

第三类：反推法。即根据预定目标反推教育规划的实施步骤，以总和

---

[1] 石人炳：《人口变动对教育的影响》，中国经济出版社，2005，第 202 页。

在校率为综合指标，通过模拟总和在校率的变化趋势来反推各级教育在校生人数及发展水平[①]。

第四类：综合模型法。即根据人口变动的具体因素对教育规划的影响来测算教育人口的变动，这部分目前综合研究的几乎没有，已有论及生育率、人口流动以及人口年龄结构、产业结构和职业结构对教育的影响，但还仅停留在综述国外文献与展望阶段，可行的测算模型仍待探索。

综上所述，本书主要采用第一类方法，即根据广东省学龄人口的人口学特征，通过对生育、死亡及迁移等变量的估计，对广东省 2009～2020 年的分年龄学龄人口进行测算。

3. 广东省学龄人口的数量变动趋势分析

估算各级学龄人口的数量变动，需要一个基期年的准确数据，根据人口普查的数据特点，本书采用 2000 年广东省人口普查的人口年龄结构数据（年龄结构相对稳定，变化不会太大），采用调整后的广东省 2005 年 1% 人口抽样调查的死亡率数据，基期数据采用 2008 年的人口数，然后通过年龄移算，对 2009～2020 年的各级学龄人口数进行估算，具体测算结果及分析如下：

（1）小学学龄人口的数量变动趋势分析

2009～2020 年 6～11 周岁小学学龄人口数量呈持续下降趋势，2009 年小学学龄人口数量为 1016.25 万人，到 2020 年将减少至 626 万左右（表3-1-5）。持续下降的小学学龄人口数量，一方面有利于巩固和深化义务教育的普及，另一方面也需要对学校布局调整、教师及管理人员配备等做好规划。但也有另一种情况需要注意，随着基本公共服务均等化的推进，外来迁移人口的子女教育若纳入广东省，则小学学龄人口数量剧减趋势就会得到缓解。

（2）初中学龄人口的数量变动趋势分析

2009～2020 年 12～14 周岁初中学龄人口数量整体上相对稳定，但中间波动较为明显，在 2010～2015 年有一个波峰。2009 年初中学龄人口数

---

① 尹文耀：《21 世纪中国人口变动与教育现代化目标预测论证和规划建议》，载国务院人口普查办公室，国家统计局人口和社会科技统计司编《转型期的中国人口》，中国统计出版社，2005，第 571～611 页。

量为 496.31 万人，2011 年升至 520.11 万人，到 2020 年将减少至 320 万左右（表 3-1-5）。与小学学龄人口数量变动结果类似，在义务教育阶段，学龄人口的数量变动直接影响到教育系统各个方面的变化。根据初中学龄人口的变动趋势，在未来几年内，初中阶段的教育投入仍需不断增长，特别是考虑到外来迁移人口子女的数量，初中学龄人口总量增长幅度将更加明显。

（3）高中学龄人口的数量变动趋势分析

2009~2020 年 15~17 周岁高中学龄人口数量一直保持在 500 万人左右，在变化趋势上呈先升后降态势，但变化幅度不大。2009~2015 年，高中学龄人口稳步上升，由 2009 年的 461 万人增到 2014 年的 519.51 万人，之后开始逐渐下降，到 2020 年减少至 457 万人左右（表 3-1-5）。与义务教育阶段的学龄人口数量相比，高中阶段属于非义务教育，学龄人口数量变动并不直接决定在校生数，它与高中入学率直接联系。从广东教育发展实际来看，高中阶段一直是教育发展的瓶颈，2009~2020 年庞大的学龄人口规模对广东高中阶段教育发展的压力很大。从学龄人口数量变动的角度来看，广东省要保持高中阶段入学率持续增长，其困难就在于要应对学龄人口本身的数量持续增长。在高中学龄人口数量增长期，若扩大高中阶段在校生数量小于学龄人口数量的增长量，则高中阶段入学率不升反降。另一方面，即使保持高中阶段入学率不变，在学龄人口数量增长期，同样意味着有更多的适龄人口没有接受高中阶段教育，这对于人口高峰期的人群来说也是不公平的。由此可见，广东省高中学龄人口数量变动的趋势对高中阶段教育持续发展的压力巨大，这应是编制教育规划需要重点关注的焦点问题之一。

（4）大学学龄人口的数量变动趋势分析

2009~2020 年 18~22 周岁大学学龄人口数量持续下降，由 2009 年的 1133.28 万人降到 2020 年的 847 万人左右（表 3-1-5）。与高中阶段教育类似，高等教育在校生数的变动还受到高等教育毛入学率的制约，广东省大学学龄人口的持续减少对广东省提高高等教育的普及率是有利的，这一时期，正是广东省高等教育由大众化走向普及化的转型时期，可以充分利用大学学龄人口缩减这一历史时机推动广东高等教育由数量扩张走向质量提升。此外，高等教育的招生是全国性的，广东省的大学学龄人口会到其他省份的大学就读，而广东省的高校还需要承担着其他省份的生源，故高等教育规划是全国统筹考虑的，受一省的学龄人口变动影响并不直接。

（5）成人教育学龄人口的数量变动趋势分析

2009～2020年23～45周岁成人教育学龄人口数量呈持续增长的趋势，但增长幅度不大，一直保持在4000万～4500万人，2009年成人教育学龄人口约为3827万人，到2020年增至约4435万人（表3-1-5）。在成人教育中，一方面是现代社会知识更新的需要，个体需要不断学习、终身学习；另一方面更多的是由于学历教育阶段受教育机会的不足，在工作之后接受教育进行补偿。成人教育的规模与学龄人口规模是对应的，广东省大规模的成人教育学龄教育数量，特别是缺少技能培训的学龄人口存在，对广东成人教育发展来说既是挑战，同时也为其发展提供了巨大的市场空间。需要特别说明的是，广东省外来务工人口规模庞大，他们所处的年龄也以45岁以下占主体，且缺少技能培训，这部分人口大多属于成人教育的适龄人口。从广东省成人教育的长远发展来说，只要通过合理的方式，开拓这部分人群的教育需求，对广东成人教育的发展是大有裨益的。

（6）关于测算的补充说明

本书对2009～2020年广东省各级教育的学龄人口测算，主要是根据广东人口的变动规律来进行的，但教育发展还要受到教育规律的作用，特别是在校生人数的变动与各级教育的入学率直接关联。因此，本书测算的学龄人口，仅是为编制教育规划提供了一个基础数据，各级教育的发展也要根据教育规律进行调整。此外，在学龄人口测算中，需要补充说明如下四点：

第一，关于人口的统计口径说明。广东省已于2007年成为全国第一人口大省，2007年常住人口达到9449万人，2010年更达到1.04亿人。本书采用的数据是常住人口口径。但在实际统计中，由于外来流动人口会不断转化为常住人口，且这些转化的比例难以估计，因而对这部分人口的估算暂没考虑。

第二，关于各级教育学龄人口存在年龄交叉的说明。本书对学龄人口年龄统计的依据是学制，按学制对应的年龄来进行教育分组，但在实际统计中，不同教育级别的实际入学年龄可能存在提前或延后，其比例也较难估计，本书假定提前比例与延后比例基本相当，互相抵消。

第三，关于各级教育学龄人口在城乡、市县及区域巨大差异的说明。在编制教育规划中，广东省城乡、区域之间教育的巨大差异是客观存在的，而各级教育学龄人口在城乡与区域之间也存在着巨大的差异。本书是对广东全省各级学龄人口的测算，对分城乡与区域的估算暂没考虑。

第四，本研究完成时间在 2009 年度，研究的基础数据为广东省第五次人口普查数据，为更好地把实际数据与预测结果进行验证对比，本节数据没有作更新调整。

表 3 - 1 - 5 2009～2020 年各级教育学龄人口数量变动趋势

单位：万人

年　份	小　学	初　中	高　中	大　学	成　人	合　计
2009	1016.25	496.31	461.47	1133.28	3827.04	6934.35
2010	987.01	512.96	466.34	1067.12	3944.79	6978.22
2011	958.27	520.11	481.27	983.88	4046.05	6989.58
2012	911.95	518.36	495.74	901.47	4163.16	6990.68
2013	835.76	504.80	512.37	822.00	4308.48	6983.41
2014	778.02	499.43	519.51	785.76	4409.66	6992.38
2015	715.94	496.52	517.77	794.28	4482.25	7006.76
2016	665.69	480.88	504.21	833.14	4470.59	6954.51
2017	632.02	457.56	498.86	843.70	4448.86	6881
2018	614.00	414.24	495.95	845.62	4452.47	6822.28
2019	624.91	353.80	480.33	856.02	4435.53	6750.59
2020	626.28	319.47	457.03	846.78	4434.92	6684.48

数据来源：笔者估算。

4. 对广东教育发展的政策建议

由上述可知，2009～2020 年广东省各级教育的学龄人口数量变动呈现出不同的变化趋势。根据前面的估算，广东省各级学历教育的学龄人口变化趋势如图 3 - 1 - 2 所示。可见，2009～2020 年广东省各级教育学龄人口数量变动趋势不一，其变化趋势可概括为：小学教育适龄人口数急剧下

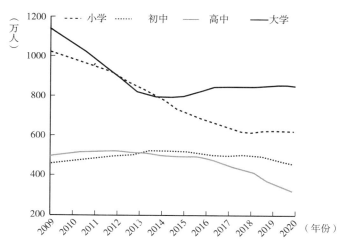

图 3 - 1 - 2 2009~2020 年广东省各级学历教育的学龄人口数量变动

降、初中教育适龄人口数先升后降、高中教育适龄人口数相对稳定，大学教育适龄人口数先降后升。此外，成人教育的适龄人口数也保持相对稳定。根据广东省各级教育学龄人口的数量变动趋势，对广东省教育发展提供如下政策建议。

第一，巩固义务教育的全面覆盖，实施义务教育均衡化战略。从学龄人口数量来看，未来十几年正是义务教育人数逐渐下降时期，要利用这一时期，巩固义务教育的全面覆盖，不能让一个孩子辍学。从义务教育的质量要求来看，要充分利用这一历史时期，对义务教育资源进行重新调整，实施义务教育均衡化战略，具体表现在全面实现城乡免费义务教育，推进县域义务教育均衡发展，提高农村与欠发达地区义务教育的质量，在教育经费投入、办学条件、生师比等方面，使城乡之间、区域之间的教育差距逐步缩小，走出"农村学校像非洲，城市学校像欧洲"的城乡教育巨大反差的格局。

第二，普及高中阶段教育，加快发展职业技术教育。要继续积极发展普通高中，扩大办学资源和优质学位。在未来几十年内，广东省高中学龄人口一直稳定在 500 万人左右，要有充分准备，有条件的地区逐步推进普及高中阶段教育。在高中阶段教育中，要推进职业技术教育战略性结构调整，进一步整合优化职业技术教育资源，扩大办学规模，加强基础能力建设，促进与产业的紧密结合，实现高中阶段普通高中教育和中等职业技术教育在校生规模大体相当。

第三，提高高等教育质量，发挥高等教育的社会服务功能。在未来几年内，广东省大学适龄人口持续下降，这一方面可以加快广东省高等教育毛入学率的提升，在保持当前招生规模的条件下，由于高等教育适龄人口规模的下降，就可以提高高等教育的毛入学率；另一方面，要利用这个适龄人口数量转变时机，提高高等教育的质量，着力解决高等教育规模快速扩张所带来的各种问题。从高等教育发展规律来看，广东省在推进高等教育大众化的同时，要注重提高高等教育质量，充分发挥高等教育服务社会的功能，充分发挥高等教育对社会经济发展的贡献。

第四，拓展成人教育的新模式，加快推进成人教育培训工作。在广东经济转型升级的同时，人力资本的"短板"已成为制约性的瓶颈之一。成人教育与职业培训正是快速提高劳动力素质，解决技能人才紧缺的主要载体，要通过改革与拓展成人教育的新模式，分类别、分人群实施成人教育与职业培训工作。在未来十几年内，广东省劳动力人口规模仍然保持在高位水平，要变人口优势为人力资本优势，成人教育与职业培训工作任重道远。对于农村劳动力，可以探索建立农民职业培训长效机制，建立政府主导，行业、企业、社会团体和个人参与的农民职业培训多元办学格局，建立农村劳动力转移就业技能培训长效机制；对于城镇劳动力，可以采用人才市场的培训载体为主，社会职业培训机构为辅，以市场化运作为主，政府监管和引导，加快推进成人教育与职业培训工作。

第二节　人口结构变动对教育发展的影响

人口结构（Population Structure）是"指某一国家或地区在一定时间内的人口内部状态。"①也可认为是按不同特征"把人口划分成的各组成部分所占的比重②"。人口结构分为广义和狭义两种，狭义的人口结构指的是人

---

① 王洪春、张占平、申越魁：《新人口学》，中国对外经济贸易出版社，2003，第191页。
② 刘铮：《人口学辞典》，人民出版社，1986，第23页。

口的性别、年龄结构，是人口结构研究的最基本内容；广义的人口结构则除了人口的性别、年龄结构之外，还包括人口的社会经济结构[①]。本书对人口结构的定义，是从狭义的人口结构出发，重点分析与教育关系密切的是年龄结构、性别结构、城乡结构和产业结构等。一般而言，人口结构具有三个特点：一是表现为数量关系；二是表现为一定地理范围；三是表现为一个时点概念。人口结构也称为人口构成（Population Composition），这两个概念的差异并不大。结构（Structure）表现为一个整体概念，结构中的每一个组成部分都不可或缺。而构成（Composition）则是一个松散的概念，它表达的是其所有的组成部分，但每一部分之间的关系并不是有机的。在人口研究过程中，狭义人口学常使用人口结构概念，而交叉人口学则使用人口构成这一概念，本书对这两个概念不作详细的划分，在行文过程中，主要是使用人口结构这一概念，同样，在参考前人研究成果时，也把这两个概念等同。

根据人口结构的特点和不同的分类方式，可以把人口结构分为四大类：一是人口的自然结构，它包括人口的性别结构、年龄结构、人种结构和素质结构等；二是人口的地域结构，它包括人口的城乡结构、地理结构、行政区域结构，迁移与非迁移结构等；三是人口的经济结构，它包括经济活动人口与非经济活动人口结构、劳动力年龄人口与非劳动力年龄人口结构、在业劳动力的三次产业结构、在业人口的行业结构、在业人口的职业结构、人口的收入结构和人口的消费结构等；四是人口的社会结构，它包括人口的阶级结构、民族结构、宗教结构、文化教育结构以及婚姻家庭结构等。人口结构是与人口数量、人口质量、人口分布同一层次、同等重要的范畴。研究人口结构，就是从横向维度分析人口的内部特点及其变动趋势。无论是从人口学内部研究来看，还是从人口学的外部研究来看，研究人口结构，都是深化人口研究的必然要求。

一　人口结构变动对教育发展的主要影响

人口结构变动对教育发展的影响，是通过人口结构自身的变化，再把

[①]　邬沧萍主编《人口学学科体系研究》，中国人民大学出版社，2006，第211页。

这种影响力传递给教育而产生的。人口结构变动对教育的影响，内容复杂，分类众多，影响面极广。本书把人口结构分为自然结构、社会结构、经济结构和地域结构四大类，并逐一分析各人口子结构对教育发展可能产生的主要影响。

（一）人口自然结构变动对教育发展的影响

人口自然结构主要包括年龄结构和性别结构。人口年龄结构对教育发展的影响是明显的。从长期来看，不同的人口年龄结构直接影响到人口规模的变化，从而影响到教育发展的规模与速度。从短期来看，特定的年龄结构直接影响到不同学龄阶段的适龄人口规模。人口性别结构对教育发展的影响主要表现在教育资源配置和教学内容设计方面。在性别平衡的人口条件下，对教育发展的顺利推进是有利的，若性别结构失衡或波动较大，就会影响到教育资源的科学配置，影响到教学内容的合理设计。

从现状来看，我国人口年龄结构对教育发展的影响最为显著。当前人口年龄结构变化最突出的特点有两个：一是少年儿童人口迅速减少，人口老龄化加快；二是由于不同时期出生人数的差异形成的各年龄人口数的波动。上述两个特点对教育发展的影响都是极为明显的。一方面，由于少年儿童人口迅速减少，导致教育资源的闲置、中小学师资需求萎缩。而老年人口规模的扩大，主要影响到成人教育的专业设置，在老年护理、养老保障等专业方面的需求会逐步增多，教学内容倾向于卫生医疗保健、休闲娱乐、延年益寿等方面的内容。另一方面，人口年龄结构的波动直接形成入学高峰与低谷，并与之对应造成毕业生就业市场的波动。一般来说，处于人口年龄结构波峰的人群，他们的竞争更为激烈，就业压力更大。为避免激烈竞争，人们往往错开劳动力市场高峰，并以此为原则安排他们的在校时间。

（二）人口社会结构变动对教育发展的影响

人口社会结构包括的内容较多，分类也不统一。本书认为人口社会结构主要包括人口的阶层结构、教育结构、家庭结构和民族结构等。从阶层结构来看，人口阶层结构对教育发展的影响体现为宏观层面，特定的阶层结构对教育发展的需求有所不同。例如，在中产阶层比例较高的社会中，教育发展需要适应中产阶层对教育的期待，重视在教育中落实平等、民主、科学等理念。从家庭结构来看，人口家庭结构对教育发展的影响主要体现在家庭教育方面，受生育政策的影响，大量的"核心家庭"为子女教育提供了丰裕的物质条件，但其消极作用也不可忽视。从民族结构来看，少数民族人口规模的扩大，推进了民族教育的发展，有利于传播与传承少数民族文化，促进各民族共同大繁荣。

人口的教育结构（也被称为质量结构）对子女教育发展的影响是最直接的。一般而言，当人口受教育程度提高时，有助于下一代教育水平的进一步提高，有较高教育背景的上一代倾向于培养高素质的下一代。人口受教育程度越高，人们对多元化教育的需求就越大，对教育质量要求就越高。人口的教育结构对教育发展的影响通过人口质量的提升来体现。

首先，人口身体素质是促进教育发展的基础因素。人口身体素质直接关系到个体接受教育能力的实现，是保障人们接受教育的基础条件，身体素质的优劣直接影响到教育质量的高低。其次，人口科学文化素质是影响教育发展的关键因素。人口科学文化素质的提高关键在于优先发展教育，然而其在一定程度上又影响着教育的发展。较高水平的人口科学文化素质是促进教育的"催化剂"，人口的科学文化素质越高，劳动生产率也越高，创造出的社会财富就越高，从而更能够认识到教育的重要性和不可取代性。相反，较低水平的人口科学文化素质一定程度上会阻碍教育的发展，当没有外界干预的情况下，一个地区科学文化素质越低，教育就越发显得可有可无。最后，人口思想道德素质是影响教育发展的根本因素。人口思想道德素质是人口质量的社会本质，在一定意义上可以说是人口质量的灵魂，它渗透于人口的文化素质和身体素质之中，起着精神支柱的作用，也是衡量一个国家或民族发达与文明程度的重要标志之一。人口思想道德素质高低在一定程度上制约着教育的可持续发展。具有较高思想道德素质的人，其世界观、人生观、价值观相对来说较高，他们更能正确理解教育的价值真谛，能够正确认识教育的作用，因此，具有较高思想道德素质的成人更具有接受教育的倾向，把教育看作个人进步提高的媒介，通过接受教育来提升个人素养、实现个人价值和社会价值，最终实现个体的全面发展。整个人口的思想道德素质越高，就越易于形成尊重知识、尊重人才的良好风气和氛围，就越有利于教育的可持续发展；相反，人口思想道德素质偏低，不尊重知识的价值，就会阻碍教育的健康发展。

（三）人口经济结构变动对教育发展的影响

人口经济结构是基于经济结构在人口方面的反映，包括人口产业结构、人口职业结构、人口行业结构、人口就业结构等。人口经济结构变动对教育发展的影响，是通过经济结构对教育的影响来体现的。人口产业结构是指人口在三次产业中的比例结构，人口产业结构优化对教育发展有促进作用。优化人口产业结构，就是要逐步降低第一产业中的人口比重，促进二产、三产人口比重的提高。人口产业结构的优化，反映着经济结构的优化升级，从而可以利用产业技术创新来推动经济增长，提高政府和居民的教育支付能力；可以利用产业分工细化和专业化的拓展来带动教育需求的增长；也可以利用各产业之间投入和产出比例及其规律性的变化来引导教育投资方向。一般来说，反映产业结构优化升级规律性变动要求的教育，必然有较高的预期收益率，必然对社会和个人的教育投资产生较大的吸引力。人口职业结构是指人口在不同职业中所占的比例，人口职业结构状况直接影响着教育的专业设置与调整，不同的人口职业结构状况反映了当前的社会分工，人口职业结构的变化对教育发展有重要影响。

从整体来看，人口经济结构对教育发展的影响，在教育方面主要表现在职业教育和高等教育上，基础教育属于国民素质教育，与经济的关系并不直接，受人口经济结构的影响不太明显。在职业教育和高等教育中，人口产业结构和人口职业结构的变化对教育的学科与专业设置具有"指南针"的作用，随着第三产业人口比重的提升，从事知识、技术创新类职业人口的增加，对职业教育、高等教育的课程要求提出了更多的要求。在经济结构转型升级的背景下，教育发展必然要与之相适应，而人口的产业结构、人口的职业结构是衡量经济结构转型升级的重要指标，通过对人口产业结构、职业结构的科学分析，为促进教育与经济相适应，促进教育持续健康发展发挥重要作用。

（四）人口地域结构变动对教育发展的影响

人口地域结构与人口分布在概念上有相近之处，但也有所区别。"结构"和"构成"更强调的是从总体的角度看内部各组成部分的情况，而"分布"则偏重于总体内各部分的分配。人口地域结构主要表现为城乡结构，关于人口的地域分布则在人口分布中另加阐述。

人口的城乡结构变动对教育发展的影响，集中表现为城市化进程中的城乡教育差距的扩大，并以流动人口子女接受义务教育问题为重点内容。人口在城乡之间的结构变动，其背后相应的公共服务并没有与之同时流转，从而造成城乡之间、区域之间、不同人群之间的教育机会不均等。随着工业化和城市化进程推进，流动人口规模仍呈不断扩大态势。如何有效解决城市化进程中的流动人口子女公平地接受义务教育问题，不仅需要厘清问题背后的机理，更需要科学的制度设计和相应的政策安排。

二 人口结构变动对教育发展影响的实证考察

人口结构变动对教育发展的影响是客观存在的，既有直接影响也有间接影响，并在实践中经常反映出来。本小节通过案例分析，分别以我国高等教育发展为例，实证考察人口年龄结构变动对高等教育规模的影响；以人口产业结构为例，分析人口产业结构变动与高等教育发展的内在关系。关于其他人口结构变动对教育发展影响的实证考察，仍需深化研究，在此不再赘述。

（一）人口年龄结构变动对高等教育规模的影响

人口年龄结构的变化对高等教育的影响在高等教育迈入大众化阶段后开始得到重视，这一方面是由于过去我国高等教育还处于精英阶段，从生源需求市场来说，高等教育还处于卖方市场，高等教育的发展很少受到生源因素的制约。随着高等教育规模的扩大，一方面使得适龄青年接受高等教育的机会增多，另一方面也使高等学校面临生源问题的困扰。

从理论上说，每一年度在 18～22 岁的人口数是确定的。但由于人口统计难以按每年度进行，事实上，除了普查年度外，其他年度 18～22 岁的人口数是根据不同算法进行估算的，具体估算方法可以根据人口学中的模型生命表方法进行。概而言之，推算高等教育适龄人口数的基本步骤如下。

第一步：利用人口普查数据中分年龄分性别的人口数和死亡人口数，编制完全生命表；

第二步：利用模型生命表中的死亡概率，推算出高等教育适龄人口数。

在编制生命表过程中，涉及较多的方法与技术，其中对死亡率函数的确定是最为关键的一步。国际知名数理人口学家蒋正华教授在 20 世纪 80 年代中期提出的自修正迭代算法，简称 JPOP-1 算法，为中国乃至世界各国人口生命表研制奠定了坚实的科学基础。这种算法可以直接利用某次人口普查的数据编制完全生命表，现把这种算法简介如下。

首先确定一个与死亡概率 q_x 相对应的一个概念——存活概率 p_x 或 SR_x，为区别于以下的实际人口数，在该算法中采用后者。可知 $q_x = 1 - SR_x$，因此，只要求出各年龄组的存活概率，也就可求得其死亡概率，并以此为基础求出生命表的其他指标。下面介绍的就是求取存活概率 SR_x 的迭代算法，先对算法中的符号做以下说明。

1. 各年龄组的存活概率为 SR_x（$x = 0$，1，…，$\omega - 1$），并任取（0，1）之间的值。

2. $P_{x-1,t-1}$ 表示 $t-1$ 年 $x-1$ 岁人口的数量。

3. $P'_{x,t}$ 表示 t 年 x 岁人口的平均数量。

综合以上已知条件，

则有：$P_{x,t} = P_{x-1,t-1} \times SR_{x-1}$

进而导出：$P_{x-1,t-1} = P_{x,t} / SR_{x-1}$，由此公式可以估算出 $P_{x-1,t-1}$ 的值。

另有：$P'_{x-1,t} = （P_{x-1,t-1} + P_{x-1,t}）/2$

由此可以推算出 SR_x 的新值，即：

$$SR^1_{x-1} = 1 - D_{x-1,t-1} / P'_{x-1,t}$$

再用新求出的 SR^1_{x-1} 代替原来的 SR^0_{x-1}，反复利用以上公式进行迭代计算，直到 SR^1_{x-1} 和 SR^0_{x-1} 差值小于 10^{-5}，就得到各年龄组存活概率真值。

通过以上迭代计算，可得出以普查资料为依据的各年龄组的存活概率，从而也就得出各年龄组的死亡概率，并以人口普查数据为依据，估算高等教育适龄人口数。

根据上述算法，从理论上说可以估算出我国 1953～2010 年的高等教育适龄人口数，但由于我国人口普查数据的不完整及其存在数据的准确性问题，仍需对历史数据进行修正。此外，此方面已有部分研究成果①。

另外，根据 2000 年人口普查数据和国家统计局公布的历年人口出生数，米红、文新兰和周仲高已利用 JPOP‒1 生命表方法对我国 2001～2020 年期间 18～22 岁的高等教育适龄人口进行了预测②（表 3‒2‒1）。

表 3‒2‒1   2001～2020 年高等教育适龄人口数

单位：人

年　份	高等教育适龄人口	年　份	高等教育适龄人口
2001	99528742	2011	107454418
2002	100844235	2012	98787520
2003	102810646	2013	89524498
2004	106809152	2014	84646679
2005	109933101	2015	80320258
2006	114377490	2016	76374704
2007	119131084	2017	71355041
2008	124831950	2018	67800236
2009	121679669	2019	69053243
2010	114133178	2020	70555083

数据来源：笔者估算。

从表 3‒2‒1 可知，我国高等教育适龄人口数在 2008 年达到最高峰，自 2009 年起，高等教育适龄人口数将逐年下降，至 2012 年左右，高等教育适龄人口数与 2001 年的水平持平，此后，高等教育适龄人口数开始急剧下降，到 2018 年达到最低点，然后又开始缓慢地攀升。综上所述，人口年龄结构是表征人口结构的一项重要指标，利用人口年龄结构

① 谢作栩：《中国高等教育大众化发展道路的研究》，福建教育出版社，2001，第 139～141 页。

② 米红、文新兰、周仲高：《人口因素与未来 20 年中国高等教育规模变化的实证分析》，《人口研究》2003 年第 6 期。

变动来研究高等教育发展，特别是对高等教育适龄人口数的估算具有重大的意义。当然，高等教育的发展也会对人口年龄结构产生影响，比如某一时期接受高等教育的人口大幅度增加，有可能会延缓女性的平均生育年龄，从而直接影响到特定年龄段的人口结构，有关此方面的研究有待进一步探讨。

（二）人口产业结构变动与高等教育发展的关系

人口产业结构是反映经济发展水平的重要指标，高等教育的发展与人口产业结构之间存在着密切的关系。在变量选取上，人口产业结构选用三次产业人口占在业人数的比重来表示，在高等教育方面，与人口产业结构的数据对应，理论上应取高等教育人口数作为变量，但从统计数据来源上看，此部分数据没有单列，故在此另取高等教育在校生数作为分析变量。高等教育在校生数的变化实际上是反映了高等教育人口数的一个增量，长时段的人口产业结构的变化也是体现了增量变化，所以认为这两者之间依然能反映高等教育发展与人口产业结构变化之间的关系。通过对 1953 ~ 2010 年相关数据的分析，利用 SPSS 统计分析软件，可得到高等教育在校生数与人口产业结构之间的相关关系（表 3 – 2 – 2）。

表 3 – 2 – 2　高等教育在校生数与人口产业结构的相关系数

变量	一产人口比重	二产人口比重	三产人口比重	高等教育在校生数
一产人口比重	1	– 0.962 **	– 0.970 **	– 0.912 **
	0.	0.000	0.000	0.000
二产人口比重	– 0.962 **	1	0.867 **	0.791 **
	0.000	0.	0.000	0.000
三产人口比重	– 0.970 **	0.867 **	1	0.963 **
	0.000	0.000	0	0.000
高等教育在校生数	– 0.912 **	0.791 **	0.963 **	1
	0.000	0.000	0.000	0

** Correlation is significant at the 0.01 level（2 – tailed）.

由表 3 – 2 – 2 可知，高等教育在校生数与人口产业结构之间存在着高度的相关性。第一产业人口比重与高等教育在校生数呈现高度的负相关，

相关系数为 -0.912，在 $a=0.01$ 水平上通过显著性检验。第二产业与第三产业人口比重与高等教育在校生数呈现高度的正相关，相关系数分别为 0.791 和 0.963，均在 $a=0.01$ 水平上通过显著性检验。上述分析表明，人口产业结构的变动对高等教育发展存在显著的影响。

第三节　人口分布变动对教育发展的影响

人口分布是人口结构的一种，即它是人口的地域结构，而不是人口的内部结构。所谓人口分布，是指某个时刻人口在空间的表现形式，即人口的空间分布状态。人口分布可以有广义和狭义两种理解，狭义的人口分布主要是指人口数量的分布，即人口数量在空间的表现形式。广义的人口分布不仅指人口数量的分布，还包括其他人口特征，如人口质量、人口结构、人口变动、人口居住类型等在空间的表现特征和地域差异。总之，人口分布是基于地理空间的人口表现形式，强调的是人口的地域性特征。

"地域"（Region）是地理学的常见概念，通常是指地球表面按自然地理特征而划分的地域单元，该地域单元在内部构成上具有均质性。作为此概念在其他学科的延伸，形成了诸多相近的概念，如"区域"[①]"地区"等；或者拓展了地域概念的外延，使得地域概念在一定程度上超越了自然地理特征均质性的约束，而形成了以诸如语言、文化、经济、民族、资源等为划分标准的概念群。因此，在界定地域性（Regional Characteristics）概念时，既要强调自然地理环境的制约性，也需要关注其他社会经济现象的特殊性。所谓地域性，是指地理环境和社会经济现象在运动中所表现出来的地域分异和组合特征。地域性是同一地域单元中的普遍性与不同地域单元的特殊性的有机统一，是地理学研究所关注的重大问题之一。正因如此，人口地域性是一个综合的研究领域，它是融合时空的有效基点（Site），是构成时空网络中的"结点"。

---

① 在翻译过程中，region 常译为"区域"，本书在释义过程中，视"区域"与"地域"为同义。

基于人口地域性的人口分布变动对教育的影响是从空间维度审视教育发展格局的有效途径，在教育空间分布中，其背后隐藏着的往往是人口分布。以人口分布的科学方法与研究手段来推进教育空间分布的研究，对科学规划教育布局，促进教育资源在空间的合理配置有重要指导作用。

一　人口分布变动对教育发展的主要影响

人口分布变动对教育发展的影响，是指在特定空间范围内，人口的空间布局对教育发展产生的作用。教育资源布局要与人口分布相适应，人口分布一旦发生变动，相应的教育资源也要随之发生改变。本书对人口分布的界定，主要是指狭义的人口数量分布，关于广义的其他人口特征分布，将另有篇幅专门阐述。

（一）　人口分布格局决定了教育分布

我国人口分布具有显著的地域性。胡焕庸先生在 1935 年提出"瑷珲（今黑河）—腾冲线"，此线简要概括出我国人口分布的地域差异："今试自黑龙江之瑷珲，向西南作一直线，到云南之腾冲为止，分全国为东南与西北两部，则此东南部之面积，计四百万方公里，约占全国总面积之百分之三十六，西北部之面积，计七百万方公里，约占全国总面积之百分之六十四；惟人口之分布，则东南部计四万四千万，约占总人口之百分之九十六，西北部之人口，仅一千八百万，约占全国总人口之百分之四，其多寡之悬殊，有如此者。[①]" 1987 年，胡焕庸在去掉版图变动因素外，根据 1982 年的数据对中国人口分界线进行了再次计算，研究表明："东半部面积占目前全国的 42.9%，西半部面积占全国的 57.1%"，"在这条分界线以东的地区，居住着全国人口的 94.4%；而西半部人口仅占全国人口的 5.6%"[②]。它表明在这一分界线两侧的人口比例数字在半个世纪间，仅有 1.6 个百分点的变动。在我国人口分布格局上，东西部人口几乎是同步增

---

① 胡焕庸：《中国人口之分布——附统计表与密度图》，《地理学报》1935 年第 2 期。
② 胡焕庸：《研究人口应该重视地理环境的作用》，《人口研究》1986 年第 2 期。

长，人口分布的格局变化甚微，我国人口分布明显偏集东南半壁。同样地，国内已有学者根据"四普"的数据对中国人口分布进行了新的分析，研究表明"东多西少的格局并未改变"。[①]

人口分布的格局决定教育分布也呈现类似的地域性特征。无论是在历史上还是当代，中国教育发展的区域不均衡现象都是普遍存在的。通常人们总是把造成这种不均衡的原因归结成政治、文化、学术、军事、外来冲击等所发挥的作用不同，并可以在相当抽象层面上提供一些证明或推测[②]。但实证分析表明，与人口分布格局类似，中国教育发展具有纬向分布（集中于中纬度地区）、临海性分布（集中于临海地区）、垂直性分布（集中于低海拔地区）和城乡分布（集中于城市）的特征，地理环境对教育分布有着重要影响，中国教育分布的地域性成因主要是受到自然地理环境的制约。经济、制度等因素在一定条件下可以解释中国教育分布的非均衡性，但它与自然环境的基础性并不矛盾，与人口分布的地域性类似，自然环境对中国教育发展的地域性分布同样起着基础性、前提性的作用。

具体来看，人口分布对教育发展的影响是双向的。一方面，人口密度高的地区，发展教育容易形成规模效益，社会相对充分的就业机会也对当地教育体系有持续的促进作用；但若教育资源配置不合理，又容易造成拥挤现象，如学额过满、教学资源紧张、大班上课、多部制教学等。另一方面，人口密度低的地区，发展教育存在学校布点分散、师资和经费投入的成本较高等实际困难，从而形成学额不足、小班上课，或不得不采用复式教学、巡回教学等方式，不利于教育质量的提高。

（二）人口分布变动引发教育资源重新配置

大规模的人口迁移变动造成人口分布发生变化，进而引发教育资源的重新配置。从 20 世纪 80 年代改革开放以来，随着城市化进程的推进，大量农村人口涌向城市，造成城市教育资源的严重不足。流动人口子女教育问题，实质上就是人口分布变动引发教育资源重新配置的典型现象。当前

---

① 韩惠、刘勇、刘瑞雯：《中国人口分布的空间格局及其成因探讨》，《兰州大学学报》（社会科学版）2000 年第 4 期。

② 吴宣德：《中国区域教育发展概论》，湖北教育出版社，2003，第 2 页。

人口分布变动对教育发展的影响，在流动人口子女教育中反映突出，它主要是通过引导人们接受教育的动机和改变当地学龄人口数量来实现的。人口分布变动对教育的发展既有消极作用，也有积极效果。

从消极面来看，一方面，人口分布变动引发教育资源分配的严重不公。由于人口流动是单纯的个体行为，与人口相连的公共服务并没有随之相应流动，这就造成流动人口子女在流入地中接受教育的条件较差，对当地教育资源供给也造成巨大压力。但另一方面，对于流出地来说，由于生源锐减，造成教育资源闲置、师资流失、教学质量严重下降，不利于当地教育的持续发展。从积极面来看，人口分布变动可以优化教育资源的配置，促进部分流动人口子女接受更好的教育。在流动人口逐步融入城市的过程中，会改变人们对教育的传统观念，提高对子女接受优质教育的重视程度，而城市相对优质的教育资源供给，可以使部分流动人口子女接受更好的教育。

二 人口分布变动对教育发展影响的实证考察

人口分布变动对教育发展的影响，既表现为对教育发展过程的影响，也表现为对教育发展结果的影响。本小节以高等教育人口为例，分析人口分布变动对高等教育发展结果的影响。所谓高等教育人口，是指接受过高等教育的人口与正在接受高等教育的人口的总称。高等教育人口在我国1964 年、1982 年、1990 年、2000 年的人口普查中均有统计。本书选取上述四个年份作为考察时点，分析人口分布变动与高等教育人口发展之间的关系。

(一) 主要数据

本书通过系统搜集整理，根据上述四个年份的人口普查资料，分别整理出各个年份各地区的人口占总人口比例（地区人口比重）、各地区的高等教育人口占总高等教育人口的比例（地区高等教育人口比重），并按各地区各指标值由高到低排列，标出各地区指标值的序位（表 3 - 3 - 1、表 3 - 3 - 2、表 3 - 3 - 3 和表 3 - 3 - 4）。

表 3 - 3 - 1　1964 年各地区人口分布与高等教育人口分布及其序位

地　区	地区人口比重 （％）	地区人口比重 序位（位）	地区高等教育 人口比重 （％）	地区高等教育 人口比重序位 （位）
安　徽	4.52	9	2.81	15
北　京	1.09	24	11.47	1
福　建	2.42	19	2.56	17
甘　肃	1.83	21	1.76	21
广　东	6.19	6	5.37	7
广　西	3.02	13	1.85	20
贵　州	2.48	18	1.38	25
河　北	6.61	4	6.29	5
河　南	7.28	3	3.23	13
黑龙江	2.91	16	4.13	9
湖　北	4.88	8	4.40	8
湖　南	5.38	7	3.40	12
吉　林	2.27	20	3.49	11
江　苏	6.44	5	5.98	6
江　西	3.05	12	2.28	19
辽　宁	3.90	11	6.39	4
内蒙古	1.79	22	1.64	23
宁　夏	0.30	27	0.28	27
青　海	0.31	26	0.47	26
山　东	8.03	2	3.23	13
山　西	2.61	17	2.35	18
陕　西	3.00	14	3.80	10
上　海	1.56	23	8.29	2
四　川	9.83	1	7.28	3
西　藏	0.18	28	—	28
新　疆	1.05	25	1.42	24
云　南	2.97	15	1.65	22
浙　江	4.10	10	2.80	16

数据来源：笔者整理。

表 3 - 3 - 2 1982 年各地区人口分布与高等教育人口分布及其序位

地　区	地区人口比重（%）	地区人口比重序位（位）	地区高等教育人口比重（%）	地区高等教育人口比重序位（位）
安　徽	4.95	8	3.38	14
北　京	0.92	25	7.46	1
福　建	2.58	18	2.62	19
甘　肃	1.95	21	1.79	24
广　东	5.91	5	4.73	7
广　西	3.63	11	2.24	21
贵　州	2.84	17	1.85	22
河　北	5.28	7	3.87	12
河　南	7.41	2	4.08	10
黑龙江	3.25	14	3.74	13
湖　北	4.76	9	5.00	6
湖　南	5.38	6	4.03	11
吉　林	2.25	20	3.30	15
江　苏	6.03	4	6.43	4
江　西	3.31	13	2.64	18
辽　宁	3.56	12	6.05	5
内蒙古	1.92	22	1.82	23
宁　夏	0.39	28	0.43	28
青　海	0.39	27	0.52	27
山　东	7.41	3	4.32	8
山　西	2.52	19	2.52	20
陕　西	2.88	16	4.17	9
上　海	1.18	24	6.83	3
四　川	9.93	1	7.12	2
天　津	0.77	26	2.94	17
西　藏	0.19	29	0.13	29
新　疆	1.30	23	1.39	26
云　南	3.24	15	1.78	25
浙　江	3.87	10	3.03	16

数据来源：笔者整理。

表 3 - 3 - 3 1990 年各地区人口分布与高等教育人口分布及其序位

地 区	地区人口比重（%）	地区人口比重序位（位）	地区高等教育人口比重（%）	地区高等教育人口比重序位（位）
安 徽	4.97	8	3.15	15
北 京	0.96	25	6.39	3
福 建	2.66	18	2.34	20
甘 肃	1.98	21	1.57	26
广 东	5.56	5	5.34	7
广 西	3.74	10	2.12	21
贵 州	2.87	17	1.59	25
海 南	0.58	27	0.52	27
河 北	5.40	6	3.70	12
河 南	7.57	2	4.60	10
黑龙江	3.12	15	4.78	9
湖 北	4.77	9	5.36	6
湖 南	5.37	7	4.38	11
吉 林	2.18	20	3.37	14
江 苏	5.93	4	6.27	4
江 西	3.34	13	2.37	19
辽 宁	3.49	12	6.50	2
内蒙古	1.90	22	2.01	22
宁 夏	0.41	28	0.48	28
青 海	0.39	29	0.42	29
山 东	7.46	3	5.22	8
山 西	2.54	19	2.52	18
陕 西	2.91	16	3.49	13
上 海	1.18	24	5.53	5
四 川	9.48	1	6.54	1
天 津	0.78	26	2.60	17
西 藏	0.19	30	0.08	30
新 疆	1.34	23	1.78	24
云 南	3.27	14	1.89	23
浙 江	3.67	11	3.08	16

数据来源：笔者整理。

表 3 - 3 - 4 2000 年各地区人口分布与高等教育人口分布及其序位

地　区	地区人口比重（%）	地区人口比重序位（位）	地区高等教育人口比重（%）	地区高等教育人口比重序位（位）
安　徽	4.75	9	3.10	15
北　京	1.09	26	5.19	7
福　建	2.74	18	2.30	20
甘　肃	2.02	22	1.53	27
广　东	6.86	3	6.89	1
广　西	3.53	11	2.38	18
贵　州	2.84	17	1.53	26
海　南	0.61	28	0.55	28
河　北	5.37	6	4.09	10
河　南	7.34	1	5.54	5
黑龙江	2.92	15	3.96	12
湖　北	4.79	8	5.27	6
湖　南	5.09	7	4.21	9
吉　林	2.16	21	3.00	16
江　苏	5.88	5	6.50	3
江　西	3.25	14	2.37	19
辽　宁	3.37	13	5.87	4
内蒙古	1.88	23	2.02	22
宁　夏	0.44	29	0.46	29
青　海	0.39	30	0.36	30
山　东	7.24	2	6.82	2
山　西	2.61	19	2.52	17
陕　西	2.85	16	3.38	13
上　海	1.32	25	4.08	11
四　川	6.63	4	4.63	8
天　津	0.79	27	2.01	23
西　藏	0.21	31	0.08	31
新　疆	1.49	24	2.15	21
云　南	3.41	12	1.94	25
浙　江	3.70	10	3.33	14
重　庆	2.46	20	1.95	24

数据来源：笔者整理。

（二）分析结果

综合表 3 - 3 - 1、表 3 - 3 - 2、表 3 - 3 - 3 和表 3 - 3 - 4 的分析结果，可以看出，我国人口分布变动与高等教育人口分布变动，呈现以下两个基本特征：

1. 人口分布在各地区之间的分布是十分稳定的

1964 ~ 2000 年，我国人口分布在各地区之间的变化并不明显。人口分布在部分地区之间的序位发生了一些变化，但总体保持稳定。四川、山东、河南、广东等人口大省依然居前列，而西藏、宁夏、青海、新疆等地区人口规模一直保持在较低水平。人口分布受地理环境的制约性十分显著（表 3 - 3 - 5）。

表 3 - 3 - 5 1964 ~ 2000 年各地区人口分布序位变化

序 位	1964 年	1982 年	1990 年	2000 年
1	四 川	四 川	四 川	河 南
2	山 东	河 南	河 南	山 东
3	河 南	山 东	山 东	广 东
4	河 北	江 苏	江 苏	四 川
5	江 苏	广 东	广 东	江 苏
6	广 东	湖 南	河 北	河 北
7	湖 南	河 北	湖 南	湖 南
8	湖 北	安 徽	安 徽	湖 北
9	安 徽	湖 北	湖 北	安 徽
10	浙 江	浙 江	广 西	浙 江
11	辽 宁	广 西	浙 江	广 西
12	江 西	辽 宁	辽 宁	云 南
13	广 西	江 西	江 西	辽 宁
14	陕 西	黑龙江	云 南	江 西
15	云 南	云 南	黑龙江	黑龙江
16	黑龙江	陕 西	陕 西	陕 西
17	山 西	贵 州	贵 州	贵 州
18	贵 州	福 建	福 建	福 建

续表

序　位	1964 年	1982 年	1990 年	2000 年
19	福　建	山　西	山　西	山　西
20	吉　林	吉　林	吉　林	重　庆
21	甘　肃	甘　肃	甘　肃	吉　林
22	内蒙古	内蒙古	内蒙古	甘　肃
23	上　海	新　疆	新　疆	内蒙古
24	北　京	上　海	上　海	新　疆
25	新　疆	北　京	北　京	上　海
26	青　海	天　津	天　津	北　京
27	宁　夏	青　海	海　南	天　津
28	西　藏	宁　夏	宁　夏	海　南
29		西　藏	青　海	宁　夏
30			西　藏	青　海
31				西　藏

数据来源：笔者整理。

2. 高等教育人口分布在各地区之间的分布也比较稳定

与人口分布特征类似，高等教育人口分布格局变动与人口分布变动具有一致性，高等教育人口分布呈稳定态。人口大省如四川、广东和山东等，因其庞大的人口规模，使得高等教育人口总体规模也比较庞大。而北京、上海等地区，属于人才集聚地，高等教育人口占总人口比例较高，故使得高等教育人口总体规模位居前列。但从总体来看，地区高等教育人口分布格局变化不大，各地区的分布序位保持相对稳定（表 3-3-6）。可见，人口分布格局制约着高等教育结果的布局，对高等教育的发展有极其深远的影响。

表 3-3-6　1964~2000 年各地区高等教育人口分布序位变化

序　位	1964 年	1982 年	1990 年	2000 年
1	北　京	北　京	四　川	广　东
2	上　海	四　川	辽　宁	山　东
3	四　川	上　海	北　京	江　苏

续表

序　位	1964 年	1982 年	1990 年	2000 年
4	辽　宁	江　苏	江　苏	辽　宁
5	河　北	辽　宁	上　海	河　南
6	江　苏	湖　北	湖　北	湖　北
7	广　东	广　东	广　东	北　京
8	湖　北	山　东	山　东	四　川
9	黑龙江	陕　西	黑龙江	湖　南
10	陕　西	河　南	河　南	河　北
11	吉　林	湖　南	湖　南	上　海
12	湖　南	河　北	河　北	黑龙江
13	河　南	黑龙江	陕　西	陕　西
14	山　东	安　徽	吉　林	浙　江
15	安　徽	吉　林	安　徽	安　徽
16	浙　江	浙　江	浙　江	吉　林
17	福　建	天　津	天　津	山　西
18	山　西	江　西	山　西	广　西
19	江　西	福　建	江　西	江　西
20	广　西	山　西	福　建	福　建
21	甘　肃	广　西	广　西	新　疆
22	云　南	贵　州	内蒙古	内蒙古
23	内蒙古	内蒙古	云　南	天　津
24	新　疆	甘　肃	新　疆	重　庆
25	贵　州	云　南	贵　州	云　南
26	青　海	新　疆	甘　肃	贵　州
27	宁　夏	青　海	海　南	甘　肃
28	西　藏	宁　夏	宁　夏	海　南
29		西　藏	青　海	宁　夏
30			西　藏	青　海
31				西　藏

数据来源：笔者整理。

第四章　教育发展对人口变动的影响研究

教育是培育新生一代准备从事社会生活的整个过程，教育以人口为直接培育对象，并通过教育活动直接或间接影响人口变动的全过程。就整体而言，教育发展对人口变动存在制约作用。所谓制约作用，就是指教育发展会引导人口变动的方向，即通过教育的引导和规范，从微观层面上提高社会成员的文化与道德修养水平，使他们能够自觉地约制自己的行为；从宏观层面上促进人口整体的和谐发展，使之能够主动地适应社会变革的要求。具体而言，教育发展对人口数量、人口质量、人口结构和人口迁移流动都有重要影响。

第一节　教育发展对人口数量变动的影响

教育发展对人口数量的影响是客观存在的，也是受到人们普遍关注的问题。要全面分析教育发展对人口数量变动的影响，关键在于发现教育发展对人口数量变动的影响机理，即教育发展是通过什么路径作用于人口数量变动的。在此基础上，还要分析教育的影响力是不是持续的，教育的影响力有没有波动性，教育的影响力呈现怎样的发展趋势与演变轨迹。就当前来说，中国教育发展对人口数量控制的影响有多大，这些影响是通过什么方式呈现的，对后续的人口数量变动会造成怎样的影响等。

一　教育发展对人口数量变动的影响机理

人口数量变动可归结为三个字，即"生、死、迁"。"生"即人口的出生，它是新生命的开始，是保持人口数量稳定的根本力量，常用人口出生率来衡量；"死"即人口的死亡，它是个体生命的结束，是推动人口数量更替的基本动力，常用人口死亡率来衡量；"迁"即人口的迁移流动，它是人口数量在空间位置的转换，是保持人口数量活力的重要力量，常用人口迁移率来衡量。教育发展对人口数量变动的影响，正是通过发展教育，影响个体的"生、死、迁"，从而推进整体的人口数量发生相应变动。

（一）教育发展对人口出生的影响

教育发展导致人口出生率下降是人口与教育关系之中的普遍现象。如何理解教育发展降低人们的生育意愿，不同的学科提出了不同的观点与解释。从一般意义上来看，随着人们受教育程度的提高和科学文化素养的提升，人们对自己的生育行为，对人口再生产的理解也就更加科学全面，这样会直接抑制人们的生育冲动，生育行为就会变得更加理性。也就是说，当人们受到足够的教育之后，生育行为逐步由生理冲动主导型转向社会需求主导型，人们的生育意愿不仅仅由生理需求支配，更由社会发展需求制约。

国外很多人口学者在分析生育率下降的原因时，特别重视教育因素的关键性作用。如 J. L. 西蒙引用 W. 桑德森和 R. J. 威利斯的《生育率的经济模式：实例与含义》的研究结果："妇女文化程度高，丈夫收入多的情况下，增加丈夫收入确实导致增加孩子；但若妇女文化程度低，丈夫收入少，则增加丈夫收入的结果是降低生育率。"[①] 桑德森和威利斯解释说："增加收入给妻子提供了更多的家庭消费品去享受和使用，而且假设她的文化程度很低，以致她没有良好的机会去找一项收入好的工作，她将把更多时间用于家庭消费，如包括有能力去参加旅游和参加社会活动。否则，她的时间就可能消磨在照料孩子身上。"[②] 上述情况下，若多生一个孩子所花的时间的价值将提高，孩子的机会成本将提高，因此宁愿少生孩子。对于发展中国家来说，西蒙认为，受教育机会再分配对生育率的影响主要表现在：①"发展中国家父母受教育机会增加，则生育率下降。"②受教育机会均等有利于生育率下降。"受教育年限的增加，在教育水平低的时候比在教育水平高的时候对生育率更有（否定）作用。……这意味着，教育均

---

① 西蒙：《人口增长经济学》，北京大学出版社，1984 年中译本，第 429 页。
② 西蒙：《人口增长经济学》，北京大学出版社，1984 年中译本，第 419 页。

等的方向转变将减少总生育率，而且这种影响的量级大概不小。"①

澳洲著名人口学家卡德威尔在其财富流理论中指出，在生活方式迅速发生变化的时候，特别重要的是教育。因为这种社会里教育和经济地位有明显的关系，教育可以增强孩子的回报能力，教育被认为是追求回报的最有效投资。结果，教育成为联结传统社会与转变中的社会，并由高生育率转向低生育率的重要纽带。家长追求孩子素质提高，将使他们限制孩子生育数量的可能性迅速增加。②

西方学者对人力资本投资与生育率变动关系的分析，一般可以得出这样的结论：增加人力资本投资有利于降低生育率。因为，增加人力资本投资必然延长受教育和培训的时间，从而会延后、提高初婚、初育年龄；同时会提高孩子生产的机会成本；随着文化教育程度、知识水平的提高，也会提高人们对节育、计划生育的接受程度。③

可见，教育发展对人口出生率的影响，是通过教育转变人们的生育观念，改变育龄妇女的生育意愿，提高育龄妇女的社会地位等方式来实现的。从一般意义上说，人口受教育程度越高，人口出生率就越会稳定在较低水平，且教育发展对人口数量变动的影响机理逐步多样化、复杂化。就我国人口控制政策来说，提升人口特别是育龄妇女的受教育程度，是最安全有效的"避孕药"。

（二）教育发展对人口死亡的影响

教育发展水平与人口死亡率之间的关系在死亡和死亡率理论中普遍受到关注，在西方死亡和死亡率理论的最新研究进展中，可以明显看到其对死亡问题的研究逐步由宏观转向微观、由静态转向动态、由单一或少数因素分析转向多因素综合分析，其研究视野日益扩展。许多西方学者不断扩大了死亡率变动影响因素的内涵，不仅注意家庭经济状况、收入水平等变量，也有不少学者从社会文化、教育、妇女地位，甚至政治的角度来分析

---

① 西蒙：《人口增长经济学》，北京大学出版社，1984 年中译本，第 457 页。
② 卡德威尔：《生育率下降理论》，顾宝昌编《社会人口学的视野》，商务印书馆，1992，第 270 页。
③ 李竞能：《现代西方人口理论》，复旦大学出版社，2004，第 92 页。

问题。教育发展对人口死亡的影响，主要是通过人口受教育程度的提高，使人们懂得了优生优育和卫生保健的知识，从而可以大大降低孕产妇和婴儿死亡率；与此同时，由于人口教育水平的提高，普遍养成良好的卫生习惯，科学的保健医疗知识，增强安全意识，从而降低人口总死亡率。

根据联合国对世界各国教育与死亡关系的研究表明，在与健康和死亡率的差别相关的各种社会—经济可变因素中，教育是最强、最稳定的因素之一。无论何时对这一关系进行调查，教育程度较高的人及其家庭成员似乎总是较健康、较长寿。例如在许多发展中国家，教育程度较高的人更了解如何预防艾滋病毒感染。在较发达的地区，教育给成年人健康和死亡率带来的差距，已有足够资料。证据表明，在发达国家，随着受教育程度较高的人比受教育较差的人的生存优势增加，教育给死亡率造成的差距也在扩大。在发展中国家，研究表明，受教育较少的人产妇死亡率较高，五岁以下儿童死亡率较高，对关键的保健工作的了解较少，免疫覆盖率较低，营养状况较差。在怀孕和生产期间获得适当照料的情况也因妇女的教育程度而有显著差别。[①]

（三）教育发展对人口迁移的影响

人口受教育程度是影响人口迁移流动的重要因素之一。一个国家或地区，人口的迁入、迁出对人口数量的变化具有不同程度的影响。人口迁移流动的"推力"和"拉力"主要是经济因素，但教育也有相当大的作用。实践经验表明，教育程度高的人，迁移到别的国家或地区后，往往具有更有利的就业和定居条件，人口迁移流动的能力更强。我国已有实证研究表明，一方面，教育是公共服务的重要内容。一个地区教育水平越高、教育资源越丰富，预示该地区的公共服务水平越高，对于人口迁入影响越大，通过升学尤其是大学升学途径实现迁移的人数不断增加。另一方面，从个人角度看，受教育程度直接影响就业的期望值与收益、信息搜寻与处理的能力、迁移成本的承受能力，因此受教育程度越高，迁移的可能性就越大，迁移的距离就越远。无论是城乡迁移，还是区域

---

① 联合国经济和社会事务部：《人口、教育和发展简要报告》，2003，纽约，第44页。

间迁移，我国目前迁移人口相对于留守人口的平均受教育水平要高。以农村劳动力迁移为例，外出务工人员初中以上文化程度占 81.6%，比全国农村劳动力平均文化程度高 18.3%。可见，教育水平的提高可能对人口迁入与迁出都会产生影响，而受教育水平较高的人口的迁移对迁入地和迁出地的教育发展水平也会产生影响。一般而言，受教育程度高的人口迁出与迁出地的教育水平呈负相关，受教育程度高的人口迁入与迁入地的教育水平呈正相关[①]。

从国际上看，教育发展对人口迁移的选择具有普遍性。D. 托马斯认为，在向城市的迁移中，受过较好教育的人更容易被选择[②]。D. J. 博格认为，一个地区向外迁移的迁移率，会因为地区教育程度总体水平不同而有很大的差异[③]。M. P. 托罗达指出，一个人受教育程度和他要从农村迁移到城市的倾向之间肯定存在关系，具有较高教育水平的人将获得的农村与城市之间实际收入的差额比教育水平低的人要大，获得现代部门职业的机会也较多。托罗达还认为，由于教育这种促进迁移的作用，在政府资源有限的情况下，超过基本教育范围，过分扩充中高级学校，会过分加剧国内迁移活动，这些人迁入城市会使城市失业率上升[④]。

在国际人口迁移中，教育的作用也日益突出，联合国对教育发展与国际迁移之间的研究表明，教育是那些实行移民入境和居住标准的国家所日益重视的一个关键特点。传统的移民国家（澳大利亚、加拿大、新西兰和美国）早已如此。因此，这些国家比欧洲的接受国能够吸引更多受过教育的移民。然而自从 20 世纪 90 年代后半期以来，欧洲和其他接受国也已立法，强调移民的各种技能；移民的教育程度也因原籍地区或国家不同而有巨大差异。原籍国和目的国的距离、移徙原因以及不同移民群体的年龄结构是造成差别的一些决定因素；在越来越多的情况下，学生移徙为移民劳动力或永久定居开辟了道路。在东道国接受教育的移民如果在当地寻找就

---

① 谢童伟：《中国县级教育水平与县人口迁移相互影响分析——基于 2004～2008 年 31 省（市）县级面板数据的实证研究》，《清华大学教育研究》2011 年第 1 期，第 83 页。

② D. 托马斯：《迁移差别研究实录》，《社会科学研究理事会会报》1938 年第 47 期，第 38 页。

③ D. J. 博格：《国内迁移》，载 P. 豪泽和邓肯主编《人口研究》，1959，第 504 页。

④ M. P. 托罗达：《第三世界的经济发展》，朗曼出版公司，1985，第 235～236 页。

业可能会有优势。在一些情况下，学生移徙是进行秘密劳工移徙的渠道。随着征聘高技能专业人员日益采取竞争方式，外国学生，尤其是那些科学和技术领域的学生，被认为是属于合格移民劳动力；在最近几年，学生的国际流动性已经增加。国际学生主要集中在发达国家。美国、英国、德国和法国是海外升学的主要目的国①。

二　教育发展对人口数量变动的实证分析

教育发展对人口数量变动的影响可从实证中得到检验。从国际经验可知，人口受教育程度的提高，对人口数量的控制是有利的，在一定时期内，人口受教育程度与生育率之间存在反向的关系。教育发展对人口数量变动的影响，集中体现为教育因素在人口转变过程中的作用。本节以世界主要国家的教育发展水平与人口数量变动（人口转变）之间的数据，实证分析两者之间存在的内在关系。

联合国教科文组织在 1999 年 3 月的一份关于教育与人口动力学（Education and Population Dynamics：Mobilizing Minds for a Sustainable Future）的研究报告中②，专章就世界人口转变中的教育因素作了分析，下面试对其中重要的几段翻译如下。

虽然人口对教育系统的影响是直接的、明显的，但相反地，教育对人口的影响是微妙的、复杂的、长时效的。通常地，教育因素不是独立地，而是通过或结合其他变量影响与人口相关的问题。但是，无论是历史经验，还是实证结果都表明教育对人口转变的进程与步伐有强影响力。本部分考察教育对加速人口转变的作用，对死亡率和出生率的影响，以及探讨教育对与人口相关问题的影响，如在许多亚洲国家备受关注的"迷失女孩（Missing Girls）"现象。

18、19 世纪的西欧国家，人口死亡率大幅度下降，而在许多发展中国家，这一现象在 20 世纪发生。持续的高出生率与低死亡率使得这

---

① 联合国经济和社会事务部：《人口、教育和发展简要报告》，2003，纽约，第 44～45 页。

② UNESCO. Education and Population Dynamics：Mobilizing Minds for a Sustainable Future, EPD - 99/WS/1，March, 1999.

一阶段的人口大量增长。从理论上来说，许多因素被认为对确保人口出生率下降有作用——这可使人口达到稳定。这些因素包括工业化、城市化、世俗化，提高收入，增加教育、工资和就业机会，新的生活方式以及在近几十年大力提倡的避孕措施等。

教育在加速人口转变中起到什么作用？提高人口教育水平——特别是妇女的教育水平，已证实对降低出生率有明显作用，教育是减缓人口增长的基本步骤，但是否意味着教育能决定生育率的下降？这个问题很难明确回答，因为人口教育水平的提高不是孤立的，它常常是生活方式改变中的一部分。例如，受过较高教育的妇女，就会有更高的社会地位与收入，倾向于晚婚、上班工作、居住在城市，并同时具有更多减少生育的心理因素——如现代性、积极的自我意识、自制力、预见性，或者可能更有理性。但显然不能很明确地分清这些因素各自的影响程度，但它们确实综合地降低了人口的生育率，促进人口转变的完成。妇女教育程度与生育率的关系十分显著，随着教育水平的提高，生育率普遍下降。教育如何作用于人口？人们争论不一，教育被认为是"心智的燃料（Fuel of the Mind）"。教育不仅提供知识，同时也改变人们的态度、价值观，甚至改变文化传统。正因如此，几乎无论在哪里，与低教育程度的妇女相比，受过更高教育水平的妇女都倾向于生育更少的孩子。

（一）教育发展与人口转变的关系

教育因素在世界各国人口转变中的作用，可借用人口统计学中的时期分析思路，以世界各国相关指标的时期数据为基础，假定这些指标为某一队列的数据（即编制人口生命表的基本思路），通过横向维度的实证分析，探讨教育因素在世界人口转变中的功用。课题对世界银行和国际统计年鉴的数据综合整理，以 2002 年度为分析年度，教育类指标分别采用文盲人口占总人口的比例（％），按受过 1～6 年教育的人口占总人口的比例（％），受过 7～12 年教育的人口占总人口的比例（％），受过 13 年及以上教育的人口占总人口的比例（％），人口平均受教育年限（分母为总人口数）（年）；人口转变类的指标分别采用出生率（‰），死亡率（‰），自然增长率（‰），总和生育率，出生预期寿命（岁）。按可获得的原则，2002年世界主要各国上述指标如表4－1－1和表4－1－2所示。根据上述数据，采用相关分析法，可得知教育类指标与人口转变类指标之间的相互关系。用SPSS软件分析后的结果如表4－1－3所示。

表4－1－1　2002年世界主要国家人口转变类指标

国　　　　家	出生率（‰）	死亡率（‰）	自然增长率（‰）	总和生育率（‰）	出生预期寿命（岁）
中　　　　国	12.9	6.4	6.5	1.9	71.4[1]
孟 加 拉 国	28.2	8.2	20.0	3.0	62.1
印　　　　度	24.0	8.5	15.5	2.9	63.4
印 度 尼 西 亚	20.2	7.3	12.9	2.3	66.7
以　色　列	20.2	6.0	14.2	2.7	78.7
日　　　　本	9.3	8.1	1.2	1.3	81.6
哈 萨 克 斯 坦	14.6	11.8	2.8	1.8	61.7
蒙　　　　古	22.7	6.1	16.6	2.4	65.5
缅　　　　甸	23.2	11.5	11.7	2.8	57.2
巴 基 斯 坦	32.5	7.7	24.8	4.5	63.8
菲　律　宾	25.6	5.6	20.0	3.2	69.8
斯 里 兰 卡	18.0	5.7	12.3	2.1	73.8
泰　　　　国	15.1	7.8	7.3	1.8	69.2
土　耳　其	21.6	6.6	15.0	2.2	69.9
越　　　　南	18.5	6.2	12.3	1.9	69.7
埃　　　　及	24.2	6.1	18.1	3.0	68.9
尼 日 利 亚	39.1	17.4	21.7	5.1	45.3
南　　　　非	25.0	19.6	5.4	2.8	46.5
加　拿　大	10.7	7.1	3.6	1.5	79.2
墨　西　哥	19.9	4.2	15.7	2.4	73.6
美　　　　国	13.9	8.5	5.4	2.1	77.3
阿　根　廷	18.7	7.6	11.1	2.4	74.3
巴　　　　西	19.1	7.1	12.0	2.1	68.6
委 内 瑞 拉	23.2	4.6	18.6	2.7	73.7
白 俄 罗 斯	9.4	14.3	－4.9	1.3	68.2
保 加 利 亚	8.8	14.4	－5.6	1.3	71.8

续表

国　　　家	出生率（‰）	死亡率（‰）	自然增长率（‰）	总和生育率（‰）	出生预期寿命（岁）
捷　　克	9.1	11.1	−2.0	1.2	75.0
法　　国	12.5	9.6	2.9	1.9	79.2
德　　国	8.7	10.4	−1.7	1.4	78.1
意　大　利	8.8	10.9	−2.1	1.3	78.4
荷　　兰	12.2	8.9	3.3	1.7	78.3
波　　兰	9.3	9.4	−0.1	1.3	73.8
罗 马 尼 亚	10.4	13.0	−2.6	1.3	70.0
俄罗斯联邦	9.8	15.4	−5.6	1.3	65.8
西　班　牙	10.1	9.4	0.7	1.3	78.3
英　　国	10.8	10.4	0.4	1.7	77.5
澳 大 利 亚	12.7	6.8	5.9	1.8	79.2

注：[1] 2000 年数据。

数据来源：国际统计年鉴，2004，世界银行 2006 年报告。

表 4 － 1 － 2　2002 年世界主要国家教育类指标

国　　　家	文盲（%）	1～6 年（%）	7～12 年（%）	13 年以上（%）	平均受教育年限（年）
中　　国[1]	0.07	0.33	0.55	0.05	6.54
孟 加 拉 国[1]	0.46	0.26	0.24	0.04	3.92
印　　度[1]	0.41	0.2	0.31	0.08	5.03
印 度 尼 西 亚	0.09	0.5	0.34	0.07	7.38
以　色　列[2]	0.02	0.03	0.51	0.44	12.63
日　　本[1]	0	0.11	0.53	0.36	11.74
哈萨克斯坦[3]	0.01	0.03	0.79	0.17	10.69
蒙　　古[1]	0.02	0.08	0.63	0.27	10.05
缅　　甸[1]	0.26	0.47	0.27	0	4.32
巴 基 斯 坦[2]	0.59	0.15	0.21	0.05	3.51
菲　律　宾[4]	0.03	0.32	0.46	0.19	8.77
斯 里 兰 卡	0	0.25	0.57	0.18	9.22
泰　　国[1]	0.05	0.47	0.34	0.15	6.89
土　耳　其[4]	0.17	0.5	0.23	0.09	6.14

续表

国　　　家	文盲 （%）	1~6 年 （%）	7~12 年 （%）	13 年以上 （%）	平均受教育 年限（年）
越　　　南[1]	0.06	0.34	0.57	0.02	6.96
埃　　　及[1]	0.35	0.19	0.28	0.17	6.6
尼 日 利 亚[3]	0.39	0.23	0.28	0.11	5.77
南　　　非[4]	0.74	0.14	0.09	0.03	1.95
加 拿 大[1]	0	0.01	0.34	0.65	14.27
墨 西 哥[3]	0.08	0.41	0.37	0.14	7.78
美　　　国[1]	0.01	0.02	0.61	0.36	11.44
阿 根 廷[2]	0.01	0.08	0.65	0.26	10.33
巴　　　西[2]	0.2	0.21	0.23	0.36	8.38
委 内 瑞 拉[1]	0.08	0.34	0.42	0.17	8.29
白 俄 罗 斯	0.02	0.28	0.27	0.44	11.27
保 加 利 亚[5]	0.06	0.22	0.24	0.48	10.85
捷　　　克[6]	0	0.16	0.74	0.1	9.14
法　　　国[7]	0.2	0.12	0.48	0.2	8.26
德　　　国[1]	0.02	0.36	0.39	0.23	10.07
意 大 利[1]	0.03	0.19	0.68	0.1	9.05
荷　　　兰[3]	0	0.01	0.71	0.28	12.36
波　　　兰[3]	0	0.21	0.67	0.11	9.27
罗 马 尼 亚	0.01	0.14	0.7	0.15	9.73
俄罗斯联邦[1]	0	0.01	0.4	0.59	13.7
西 班 牙[8]	0.13	0.22	0.43	0.22	9.12
英　　　国[3]	0	0	0.68	0.31	12.16
澳 大 利 亚[7]	0	0	0.58	0.42	12.5

注：[1] 2000 年数据；[2] 2001 年数据；[3] 1999 年数据；[4] 1998 年数据；[5] 2003 年数据；[6] 1996 年数据；[7] 1994 年数据；[8] 1990 年数据。

数据来源：国际统计年鉴 2004，世界银行 2006 年报告。

从表 4-1-3 可知，教育因素与人口转变各类指标之间具有如下相互关系：文盲率与人口出生率、自然增长率呈正相关关系，它表明文盲率越高，人口出生率越高，自然增长率越高，而总和生育率也越高，其相关程度在 0.01 水平上都十分显著，文盲率与人口出生预期寿命有着显著的负相关关系，它表明人口文盲率越高，则其出生预期寿命就越低；接受过 1~6 年

表 4 - 1 - 3 教育因素与人口转变各种指标之间的相关系数

		教育类指标				
		文盲率	1 ~ 6 年	7 ~ 12 年	13 年及以上	平均年限
人口类指标	出 生 率	0.700 **	0.256	− 0.496 **	− 0.463 **	− 0.678 **
	死 亡 率	0.298	− 0.196	− 0.180	0.055	− 0.078
	自然增长率	0.490 **	0.306	− 0.360 *	− 0.429 **	− 0.562 **
	总和生育率	0.682 **	0.150	− 0.451 **	− 0.394 *	− 0.603 **
	预期寿命	− 0.703 **	− 0.233	0.505 **	0.434 **	0.668 **

注：** 表示在 0.01 水平上显著；* 表示在 0.05 水平上显著。

教育人口的比例与人口转变之间的相关关系不显著；按受过 7 ~ 12 年教育人口的比例与出生率、自然增长率、总和生育率呈负相关，这表明接受过 7 ~ 12 年教育人口的比例越高，则人口的出生率越低、自然增长率越低，人口的总和生育率越低；接受过 7 ~ 12 年教育人口的比例与人口的预期寿命呈正相关；13 年及以上的教育人口比例与人口转变类的指标关系和接受过 7 ~ 12 年教育人口的比例的关系相同；人口平均受教育年限与出生率、自然增长率、总和生育率呈显著负相关关系，与人口出生预期寿命呈正相关关系。

综上所述，可以得出以下几个结论：第一，从总体来看，人口接受的教育程度越高，其出生率、自然增长率与总和生育率越低，出生的预期寿命越高，人口受教育程度的提高，有利于促进人口转变的完成，人口受教育程度的提升对人口数量控制有积极的抑制效应；第二，教育类因素与人口死亡率的关系不太明显，这可能是由于在人口转变的过程中，人口死亡率在长时段内保持稳定水平有关，而且，人口死亡率的影响因素更多地与卫生状况和医疗技术有关；第三，若把世界人口转变的横向维度看成是假定的队列，世界人口数量转变的完成过程，也是世界人口质量提升的过程，人口转变过程与人口受教育程度提高的过程是同步进行的。

（二）人口平均受教育年限与人口总和生育率的模型

相关分析表明，人口平均受教育年限与总和生育率呈负相关关系，以人口平均受教育年限为自变量，以总和生育率为因变量，两者的关系如图 4 - 1 - 1 所示。

图 4 - 1 - 1 表明，人口平均受教育年限与总和生育率之间并非是完全

的线性关系，经 SPSS 的曲线拟合，两者的关系与 Cubic 曲线最为相近，拟合程度最高（图 4 - 1 - 2）。另外，从研究对象本身来看，人口平均年限的提升对总和生育率的降低也是有限度的，这也与 Cubic 曲线的性质相近。与前一个模型求算过程相似，经 SPSS 软件的曲线拟合模块可求算这个模型，其中，$R^2 = 0.418$。

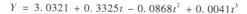

$$Y = 3.0321 + 0.3325t - 0.0868t^2 + 0.0041t^3$$

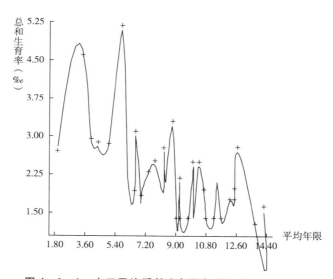

图 4 - 1 - 1　人口平均受教育年限与总和生育率的关系

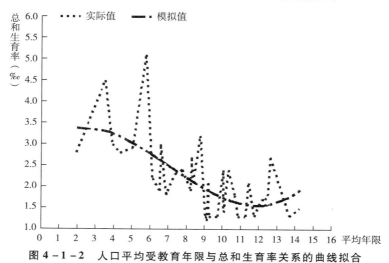

图 4 - 1 - 2　人口平均受教育年限与总和生育率关系的曲线拟合

（三）人口平均受教育年限与人口出生预期寿命的模型

相关分析表明，人口平均受教育年限与预期寿命呈正相关关系，以人口平均受教育年限为自变量，以出生预期寿命为因变量，两者的关系如图 4－1－3 所示。

图 4－1－3 表明，人口平均受教育年限与人口出生预期寿命之间并非是完全的线性关系，经 SPSS 的曲线拟合，两者的关系与 Cubic 曲线最为相近，拟合程度最高（图 4－1－4）。另外，从研究对象本身来看，人口平均年限的提升对人口预期寿命的提高也是有限度的，这也与 Cubic 曲线的性质相近。下面试用 SPSS 软件的曲线拟合模块求算这个模型。

设人口平均受教育年限为 t，设人口出生预期寿命为 y，则两者的关系为：

$$Y = \beta_0 + \beta_1 t + \beta_2 t^2 + \beta_3 t^3$$

经调用程序运算，得出模型的参数估计值分别如下：$\beta_0 = 35.9813$，$\beta_1 = 7.3556$，$\beta_2 = -0.438$，$\beta_3 = 0.0081$，$R^2 = 0.532$，由此，人口平均受教育年限与人口出生预期寿命的模型如下：

$$Y = 35.9813 + 7.3556t - 0.438t^2 + 0.0081t^3$$

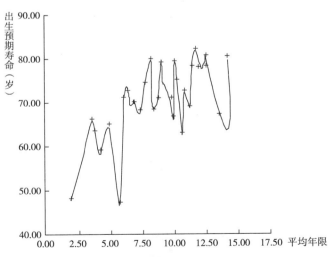

图 4－1－3　人口平均受教育年限与出生预期寿命的关系

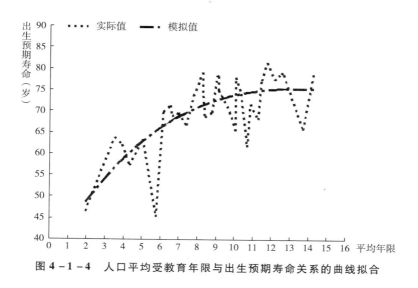

图 4 - 1 - 4 人口平均受教育年限与出生预期寿命关系的曲线拟合

（四）人口平均受教育年限与人口自然增长率的模型

根据同样原理，可求算人口平均受教育年限与人口自然增长率的模型。以人口平均受教育年限为自变量，以人口自然增长率为因变量，两者的关系如图 4 - 1 - 5 所示。

图 4 - 1 - 5 表明，人口平均受教育年限与人口自然增长率之间并非是完全的线性关系，经 SPSS 的曲线拟合，两者的关系与 Cubic 曲线最为相近，拟合程度最高（图 4 - 1 - 6）。另外，从研究对象本身来看，人口平均年限的提升对自然增长率的降低也是有限度的，这也与 Cubic 曲线的性质相近。经 SPSS 软件的曲线拟合模块可求算这个模型，其中，$R^2 = 0.403$。

$$Y = -6.9402 + 11.9408t - 1.7936t^2 + 0.0712t^3$$

（五）教育因素与人口转变的综合模型

上述分别对人口平均受教育年限与人口转变的自然增长率、出生预期寿命与总和生育率指标进行建模。据前述研究可知，人口平均受教育年限是反映教育因素的综合性指标，而人口转变的测度指标较多，没有一个综合性的指标来测算，人口自然增长率、出生预期寿命与总和生育率均是被用来测度人口转变的重要指标之一。为此，要建构教育因素与人口转变的

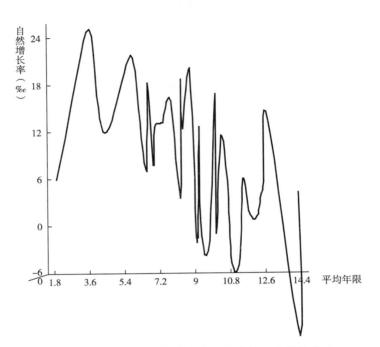

图 4 - 1 - 5 人口平均受教育年限与自然增长率的关系

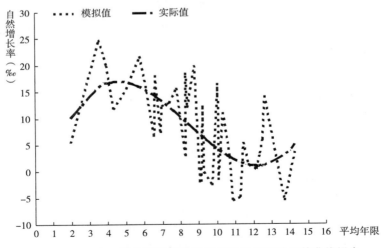

图 4 - 1 - 6 人口平均受教育年限与自然增长率关系的曲线拟合

综合模型，存在着两种思路，一是构建多元方程，二是构建人口转变的综合指标，以此来构建一元方程。根据课题前面的研究结果，并且遵守模型简单易懂的原则，下面采用构建人口综合指标的方法。

建模的基本步骤如下：第一步，要建构一个关于人口转变的综合性指标。关于人口转变的综合性指标，已有测算人口转变指数的研究①。在本课题研究中，需要的是利用综合指标来建模，故可采用主成分方法提取多个指标的共同因素，利用其第一主成分得分作为综合指标。由于教育因素与人口自然增长率、总和生育率呈负相关，而与出生预期寿命呈正相关，为了便于进行因子分析，可对人口预期寿命数据进行倒数变换，这样它就与教育因素呈相关关系。第二步，确立人口转变完成的标准，然后利用此标准对人口转变的三类指标数据进行变换。第三步，利用转换后的数据进行主成分分析，以第一主成分得分作为人口转变的综合性指标。第四步，利用 SPSS 进行曲线拟合，建立教育因素与人口转变的综合模型。第五步，确立人口转变完成的教育标准。

在上述各个步骤之中，限于篇幅，具体的计算过程省略。其中对人口转变完成的标准，根据国内外的研究成果，本课题确立的标准如表 4 - 1 - 4 所示。

表 4 - 1 - 4　人口转变完成的参考标准

指　　　标	下　　　限	上　　　限
人口自然增长率（‰）	10 [1]	5 [2]
总和生育率	2.5 [3]	1.9 [4]
出生预期寿命（岁）	65 [5]	69.5 [2]

注：[1] 李建民：《中国的人口转变完成了吗？》，《南方人口》2000 年第 2 期；[2] 叶明德：《对"中国进入后人口转变时期"的质疑》，《中国人口科学》2001 年第 1 期；[3] 1990 年联合国《世界人口监测》关于低生育率的标准；[4] 1991 年联合国研究报告；[5] "中国未来人口发展与生育政策研究"课题组关于人口转变完成的标准之一。

在第三步，利用人口转变完成的参考标准来转换数据，分别利用上限值与下限值作为参照点，设参照值为 p，人口转变指标为 h，则数据转换公

---

① 黑田寿男：《东亚人口转变与发展战略》，《国际政治研究》1995 年第 2 期。

式为 $h - p$，经转换，当人口转变指标值为 0 时，表示人口转变已完成。按前述步骤，经主成分分析后，建立教育因素与人口转变的标准模型 Y（图 4 - 1 - 7），其中，$R^2 = 0.522$。则

$$Y = 1.3355 + 0.3135t - 0.0942t^2 + 0.0045t^3$$

由上述模型可知，当人口转变完成时，即 $t = 0$ 时，Y 为 1.3355，经转换为实际的人口平均受教育年限值为 8.3663 年。也就是说，按教育因素与人口转变的一般规律，当人口转变完成时，人口的平均受教育年限是 8.3663 年。

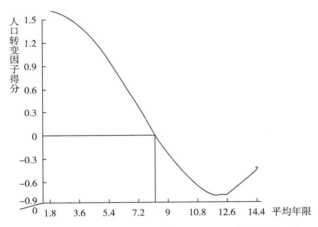

图 4 - 1 - 7　人口转变因子得分与教育因素的曲线拟合

（六）人口转变完成时的教育判断标准

上述的模型分析对测度教育因素在人口转变中的贡献是很有用的，在人口转变完成时，人口平均受教育年限应处于一个什么样的水平，即人口转变完成时的教育判断标准，是可以根据上述模型测算的。

根据表 4 - 1 - 4 的判断标准，分别根据人口平均受教育年限与人口转变各自指标的 Cubic 曲线模型，可求得人口转变完成时的教育判断标准如表 4 - 1 - 5 所示，其中，综合模型的标准值已在综合模型中求得，即在人口转变完成时，人口的平均受教育年限是 8.3663 年。

表 4 - 1 - 5　人口转变完成的教育判断标准

单位：年

模型的因变量	下　限	上　限
人口自然增长率	8.0809	9.7393
总和生育率	7.0454	9.3689
出生预期寿命	5.6439	7.3057
平均值	6.9234	8.8046

由表 4 - 1 - 5 可知，在人口转变完成时，人口平均受教育年限所在的水平如下：根据人口平均受教育年限与人口自然增长率的模型测算，当人口转变完成时，人口平均受教育年限在区间 [8.0809，9.7393] 之内；根据人口平均受教育年限与人口总和生育率的模型测算，当人口转变完成时，人口平均受教育年限在区间 [7.0454，9.3689] 之内；根据人口平均受教育年限与人口出生预期寿命的模型测算，当人口转变完成时，人口平均受教育年限在区间 [5.6439，7.3057] 之内；取上述三个模型的平均值，当人口转变完成时，人口平均受教育年限在区间 [6.9234，8.8046] 之内；而综合模型的分析结果表明，当人口转变完成时，人口的平均受教育年限是 8.3663 年。综述上述结论可知，当人口转变完成时，人口的平均受教育年限在 7～10 年。

第二节　教育发展对人口质量变动的影响

教育是提升人口质量的根本途径，教育发展对人口质量变动是最直接、最显著的因素。尽管教育对人口质量提升的重要性十分明显，但全面分析教育发展对人口质量提升的作用方式、具体路径以及影响程度的研究仍然有限。当人们肯定教育的重要性时，其出发点是多样的，如可从提升公民素养、增加人力资本存量、促进经济社会持续发展等角度切入分析。若把教育发展作为人口质量变动的一个核心变量纳入分析视野，全面考察教育发展对人口质量变动会产生哪些具体的影响，以及这些影响对教育发展与人口发展会产生怎样的反作用等，仍然值得深入研究。

一 教育发展对人口质量变动的影响机理

无可置疑，教育是提高人口素质①的必由之路。教育发展对人口质量提升主要有两条途径：一是通过教育保障人口先天素质。即通过推广优生学，提高人口的先天素质。一方面，把优生学纳入教育内容，逐步提高人们对优生优育的认识，通过教育宣传生殖健康与避孕节育优质服务工程、出生缺陷干预工程和生殖道感染干预工程，发挥多学科的优势，共同研究影响我国人口健康发展的种种因素，充分发挥教育在保障人口先天素质中的积极作用。另一方面，教育自身的发展程度也会促进人口先天素质的提升，特别表现为受到更多教育的育龄妇女，掌握更多的生育保健知识，有利于预防和减少先天素质存在缺陷的婴儿降生。二是通过教育提升人口后天素质。人口质量提升主要是依赖于后天的培养，而提高各级各类正规教育质量是提高人口素质的关键。要切实抓好普及初等义务教育，为提高人口素质打下良好基础；重视高中阶段教育，提升高等教育质量，加快发展成人教育，要通过教育发展为国家造就高素质的劳动者，全面提升整个民族的人口素质。

人口质量（Population Quality）是反映人口总体的质的规定性的范畴，也称为人口素质。人口学所讲的人口质量，一般指的是人口总体的身体素质、科学文化素质以及思想道德素质，它反映了人口总体认识和改造世界的条件和能力。人口身体素质，是指人体的身体健康状况以及智力发展状况，具体包括人体发育、体质、智力等。人口科学文化素质，是指人口所具有的文化知识水平、科学技术水平、劳动技能和经济管理水平等。人口思想道德素质，是指人口的思想意识和道德品质，主要指人们的思想意识、道德品质及其认识世界、改造世界的能力。本节分析教育发展对人口质量变动的影响，将分别从上述三个方面进行研究。

（一）教育发展对人口身体素质的影响

教育发展对人口身体素质的影响是显著的。经验表明，人口受教育程

---

① 在本书中，人口素质与人口质量两个概念在不同语境中分别使用，但两者含义相同。

度越高，接受健康卫生保健的知识就越容易，对人口身体素质的提升就越有利。教育发展对人口身体素质的影响，分别从两个层面产生积极的推动作用。一是通过教育发展对女性人口的影响，通过女性（母亲）直接作用于下一代人口的身体素质，特别是在人口的先天身体素质方面，优孕、优生、优育对人口身体素质提升具有基础性的作用。二是通过教育发展直接影响人口的健康卫生保健观念、知识及行为，对人口的后天身体素质提升发挥重要作用。

在人口先天身体素质方面，妇女的受教育水平是一个核心的影响变量。联合国教科文组织的研究表明，在发展中国家，教育，特别是母亲的教育，对婴儿死亡率的差异有着重大影响。未受过教育的母亲的子女在婴儿早期死亡的危险比受过小学教育母亲的子女大，各个国家几乎无一例外。同样，受过小学教育母亲子女的死亡率比受过中学或大学教育母亲子女高。中学教育与小学教育之间的差异，通常大于未受过教育与受过小学教育之间的差异。在发展中国家，保健知识和行为的差异是教育程度对婴儿死亡率造成差异的根本原因。比如，在可得到数据的多数国家，受过教育的妇女往往比未受过教育的母亲更了解可以使用口服体液补充法治疗腹泻。受过教育的母亲还比未受过教育的母亲更可能为子女免疫接种。在乍得、埃塞俄比亚、马达加斯加、尼日尔和尼日利亚等国，各教育程度人口在麻疹免疫方面的差异很大，未受过教育母亲的子女中，接受麻疹免疫的只有四分之一。低教育程度母亲所生育的子女比受过良好教育母亲的子女更可能营养不足；妇女分娩能否获得并使用合格的医疗保健，也与母亲的教育程度密切相关。受教育母亲比未受过教育的母亲更有可能获得高质量的孕期和产期保健，得孕期并发症的机会因此降低。如果分娩时无人助产，母亲的命运尤为危险。未受过教育的妇女往往面临这种困境。受过教育的妇女更有可能了解保健措施和使用保健服务，此外，她们结婚生育的年龄较晚，生育子女较少，因此降低了产妇死亡的机会。与此相反，低教育程度的妇女生育率高，产期保健差，增加了母婴身体差和死亡的风险。产妇死亡还会对孤儿产生有害的后果。[①] 而国内的研究也表明，妇女的受

---

① 联合国经济和社会事务部：《人口、教育和发展简要报告》，2003，纽约，第31~32页。

教育水平对婴儿的身体素质有重要影响，这种影响表现在如下五个方面：一是妇女的受教育水平影响其自身健康素质，从而影响实现优生的第一步——优孕；二是妇女受教育水平影响其对优生的认识程度和实施优生的能力；三是妇女的受教育程度，影响其对优养的认识水平和实施优养的实际能力；四是妇女受教育水平高低对家庭规模的大小有直接影响，在精力、财力一定的条件下，家庭规模和子女身体素质呈负相关；五是妇女受教育程度不同，对现实残疾儿，实施康复计划的认识不同，对残疾儿童身体素质的提高有不同影响①。

在人口后天身体素质方面，教育的作用是十分突出的。国际经验表明，20 世纪初以来，发达国家和发展中国家在健康和长寿方面取得了重大成就。然而，各社会经济阶层并没有平等受益。在世界各地，教育程度较高者更加健康、寿命更长②。同样，在国内的调研中也发现，从整体来看，受教育程度越高的人群，其工作（劳动）强度和时间、保健、营养、生活方式、健康常识、心理状况等条件均优于受教育程度较低的人群。翟振武先生组织课题组以全国第五次人口普查数据为依据，推算出我国中年知识分子的平均预期寿命为：男性 77.8 岁，女性 81.7 岁。而同期全国总人口的平均预期寿命是：男性 69.6 岁，女性 73.3 岁，可见，我国中年知识分子的平均预期寿命要高出普通人群 8 年左右。③

（二）教育发展对人口科学文化素质的影响

教育是提升人口科学文化素质的直接途径，两者之间是相互促进、相互关联的。从理论上看，教育发展是一个增量，即通过逐年的教育投入，保持教育健康持续发展，是不断增加受教育人口的比重，提升人口科学文化素质的重要方式；而人口科学文化素质是一个存量，即它反映了长期教育发展的历史结果，是综合衡量一个时期内教育发展最终结果的重要变量。正因如此，提升人口科学文化素质，最主要的途径就是通过发展教育。

① 高爱华：《女性教育与人口身体素质》，《黄淮学刊》（哲学社会科学版）1998 年第 1 期。
② 联合国经济和社会事务部：《人口、教育和发展简要报告》，2003，纽约，第 29 页。
③ 张田勘：《知识分子寿命短经不起推敲》，《新京报》2005 年 11 月 20 日。

人口科学文化素质的高低，取决于学校教育，特别是初等教育的普及程度和高等教育的发展情况。初等教育是消除文盲，普遍提高人口的文化水平的主要手段。所谓把人的"脑力资源"转变为推动科技进步和生产力发展的智力资源或经济资源，大部分是在这个阶段实现的。高等教育是教育的高级阶段，它的发展程度是当今世界各国评价人口科学文化素质高低的一个主要指标，它担负着为社会培养和输送高级的科学技术和管理人才的任务。而在初等教育与高等教育之间的中等教育，既实现了在培养初级与高级人才中承上启下的作用，又直接为生产部门提供越来越多的从事经济活动的中级人才。因此，无论从教育的哪个层级来看，教育的发展为人口的科学文化素质提升都起着关键性的作用。

从我国的实践情况来看，1949 年以来，我国教育发展发生了巨大变化，教育事业一路高歌猛进，实现了大变革、大发展和大跨越。正是基于教育发展的持续增量，使得中华民族的科学文化素质得到根本改变，实现了从人口大国向人口资源大国的历史性转变，并在新的历史时期向建设人口资源强国的目标迈进。

（三）教育发展对人口思想道德素质的影响

人口思想道德素质的提高，关键是靠教育，在教育的过程中，除了传授文化科学知识之外，同时也要进行思想道德素质的陶冶与训育，教育是形成人们思想道德规范的重要工具。可以说，有什么样的教育环境就会培养出什么品质的人。一个文化素质较高、文化氛围较浓的家庭环境以及良好健全的学校教育和社会教育的环境，对提高人口思想品德素质的作用是不容低估的。一定社会的教育是该社会生产力、生产关系的反映，同时又对它们产生强烈的影响。作为社会主义国家，人口的思想道德素质具有鲜明的社会主义性质，在各级教育中，遵循青少年的身心发展规律，引导他们在德、智、体各方面全面发展，逐步树立科学的人生观、世界观和价值观，并不断提高社会主义思想觉悟，使他们成为有理想、有道德、有文化、有纪律的社会主义建设者和接班人。可见，教育对于人口思想道德素质的提高有着特殊的意义。

从公民思想道德素质提升的要求来看，作为一种内化为价值观的思想道德素质，提升的主要途径还是依赖于教育，差别仅在于教育的组织形式、方式方法等方面。例如，在当前大力提升全民的思想道德素质的核心内容中，重点是普及公民思想道德教育。要针对重点人群进行相应的教育，在广大党员干部中深入开展从政道德主题教育，不断增强党员干部的公仆意识、务实意识、开拓意识、自律意识，用良好的道德形象影响和带动全社会的道德建设；在从业人员中广泛开展职业道德主题教育，进一步弘扬"敬业、勤业、精业、创业"的职业道德风尚。在教育形式上，要采用多元化的方式，以道德知识竞赛、主题团队会、专题演讲会、专题演唱会、辅导学习班、墙报板报宣传等作为教育的有效方式；以广场、剧场、体育场、商场等作为社会宣传的公共场所；以家庭、机关、中小学校、各级党校、市民学校、农民学校等作为教育的主渠道、主阵地、主课堂；以纪念馆、图书馆、文物遗址等作为教育的重要基地。总之，公民思想道德素质的提升，是需要通过普及教育、加强宣传来实现的。

二　教育发展对人口质量变动影响的实证分析

教育发展对人口质量变动的影响也可从实证中得到检验。由于人口质量指标本身也包含了教育发展水平的方面，所以在实证分析教育发展与人口质量变动指标时，需要明确界定两类指标之间的关系。前述理论分析表明，教育发展与人口质量提升普遍存在一种同向的关系，即教育发展水平越高，则代表人口质量就越高，这种实证关系在前面的图4-1-3中已得到验证。

（一）人类发展指数中教育发展水平与人口出生预期寿命的关系

人类发展指数（HDI）是联合国开发计划署在1990年开发的一种计算人类发展程度的综合指数。该指数由反映人类生活质量的三大要素指标构成：即出生预期寿命、受教育程度和人均实际GDP，合成为一个复合指数，以此作为衡量人类发展的综合尺度。在这个指数中，人口受教育程度是衡量教育发展水平的综合指标，同时也是衡量人口科学文化素质的重要指标，用人口平均受教育年限来测度；出生预期寿命是衡量人口身体素质的重要指标。因此，若把某一年度世界各国的人口平均受教育年限与出生预期寿命两个指标进行相关分析，就可以看到教育发展水平与人口预期寿命之间的内在关系。

根据 2011 年联合国开发计划署的数据（表 4 - 2 - 1），通过相关分析可知，在全球范围内，共有 188 个处于不同发展阶段的国家或地区，人口平均受教育年限与出生预期寿命之间存在高度的正相关关系，相关系数为 0.73，其相关程度在 0.01 水平上都十分显著。这就表明，以人口平均受教育年限为核心指标代表的教育发展水平，对人口质量提升（身体素质）是有积极的正向功能的。人口平均受教育年限越高，则人口出生预期寿命就会越高，这种现象在世界主要国家或地区都普遍存在。

表 4 - 2 - 1　2011 年世界主要国家或地区人口平均受教育年限与出生预期寿命的主要数据

单位：年

国家或地区	出生预期寿命	平均受教育年限
挪威	81.1	12.6
澳大利亚	81.9	12.0
荷兰	80.7	11.6
美利坚合众国	78.5	12.4
新西兰	80.7	12.5
加拿大	81.0	12.1
爱尔兰	80.6	11.6
列支敦士登	79.6	10.3
德国	80.4	12.2
瑞典	81.4	11.7
瑞士	82.3	11.0
日本	83.4	11.6
中国香港（特别行政区）	82.8	10.0
冰岛	81.8	10.4
大韩民国	80.6	11.6
丹麦	78.8	11.4
以色列	81.6	11.9

续表

国家或地区	出生预期寿命	平均受教育年限
比利时	80.0	10.9
奥地利	80.9	10.8
法国	81.5	10.6
斯洛文尼亚	79.3	11.6
芬兰	80.0	10.3
西班牙	81.4	10.4
意大利	81.9	10.1
卢森堡	80.0	10.1
新加坡	81.1	8.8
捷克共和国	77.7	12.3
大不列颠及北爱尔兰联合王国	80.2	9.3
希腊	79.9	10.1
阿拉伯联合酋长国	76.5	9.3
塞浦路斯	79.6	9.8
安道尔	80.9	10.4
文莱达鲁萨兰国	78.0	8.6
爱沙尼亚	74.8	12.0
斯洛伐克	75.4	11.6
马耳他	79.6	9.9
卡塔尔	78.4	7.3
匈牙利	74.4	11.1
波兰	76.1	10.0
立陶宛	72.2	10.9
葡萄牙	79.5	7.7
巴林	75.1	9.4
拉脱维亚	73.3	11.5
智利	79.1	9.7
阿根廷	75.9	9.3
克罗地亚	76.6	9.8
巴巴多斯	76.8	9.3
乌拉圭	77.0	8.5

续表

国家或地区	出生预期寿命	平均受教育年限
帕劳	71.8	12.1
罗马尼亚	74.0	10.4
古巴	79.1	9.9
塞舌尔	73.6	9.4
巴哈马	75.6	8.5
黑山	74.6	10.6
保加利亚	73.4	10.6
沙特阿拉伯	73.9	7.8
墨西哥	77.0	8.5
巴拿马	76.1	9.4
塞尔维亚	74.5	10.2
安提瓜和巴布达	72.6	8.9
马来西亚	74.2	9.5
特里尼达和多巴哥	70.1	9.2
科威特	74.6	6.1
利比亚	74.8	7.3
白俄罗斯	70.3	9.3
俄罗斯联邦	68.8	9.8
格林纳达	76.0	8.6
哈萨克斯坦	67.0	10.4
哥斯达黎加	79.3	8.3
阿尔巴尼亚	76.9	10.4
黎巴嫩	72.6	7.9
圣基茨和尼维斯	73.1	8.4
委内瑞拉（玻利瓦尔共和国）	74.4	7.6
波斯尼亚和黑塞哥维那	75.7	8.7
格鲁吉亚	73.7	12.1
乌克兰	68.5	11.3
毛里求斯	73.4	7.2
前南斯拉夫的马其顿共和国	74.8	8.2
牙买加	73.1	9.6

续表

国家或地区	出生预期寿命	平均受教育年限
秘鲁	74.0	8.7
多米尼加	77.5	7.7
圣卢西亚	74.6	8.3
厄瓜多尔	75.6	7.6
巴西	73.5	7.2
圣文森特和格林纳丁斯	72.3	8.6
亚美尼亚	74.2	10.8
哥伦比亚	73.7	7.3
伊朗伊斯兰共和国	73.0	7.3
阿曼	73.0	5.5
汤加	72.3	10.3
阿塞拜疆	70.7	8.6
土耳其	74.0	6.5
伯利兹	76.1	8.0
突尼斯	74.5	6.5
约旦	73.4	8.6
阿尔及利亚	73.1	7.0
斯里兰卡	74.9	8.2
多米尼加	73.4	7.2
萨摩亚	72.4	10.3
斐济	69.2	10.7
中国	73.5	7.5
土库曼斯坦	65.0	9.9
泰国	74.1	6.6
苏里南	70.6	7.2
萨尔瓦多	72.2	7.5
加蓬	62.7	7.5
巴拉圭	72.5	7.7
玻利维亚 (多民族国)	66.6	9.2
马尔代夫	76.8	5.8
蒙古	68.5	8.3

续表

国家或地区	出生预期寿命	平均受教育年限
摩尔多瓦共和国	69.3	9.7
菲律宾	68.7	8.9
埃及	73.2	6.4
巴勒斯坦被占领土	72.8	8.0
乌兹别克斯坦	68.3	10.0
密克罗尼西亚（联邦）	69.0	8.8
圭亚那	69.9	8.0
博茨瓦纳	53.2	8.9
阿拉伯叙利亚共和国	75.9	5.7
纳米比亚	62.5	7.4
洪都拉斯	73.1	6.5
基里巴斯	68.1	7.8
南非	52.8	8.5
印尼	69.4	5.8
瓦努阿图	71.0	6.7
吉尔吉斯斯坦	67.7	9.3
塔吉克斯坦	67.5	9.8
越南	75.2	5.5
尼加拉瓜	74.0	5.8
摩洛哥	72.2	4.4
危地马拉	71.2	4.1
伊拉克	69.0	5.6
佛得角	74.2	3.5
印度	65.4	4.4
加纳	64.2	7.1
赤道几内亚	51.1	5.4
刚果	57.4	5.9
老挝人民民主共和国	67.5	4.6
柬埔寨	63.1	5.8
斯威士兰	48.7	7.1
不丹	67.2	2.3

续表

国家或地区	出生预期寿命	平均受教育年限
所罗门群岛	67.9	4.5
肯尼亚	57.1	7.0
圣多美和普林西比	64.7	4.2
巴基斯坦	65.4	4.9
孟加拉国	68.9	4.8
东帝汶	62.5	2.8
安哥拉	51.1	4.4
缅甸	65.2	4.0
喀麦隆	51.6	5.9
马达加斯加	66.7	5.2
坦桑尼亚联合共和国	58.2	5.1
巴布亚新几内亚	62.8	4.3
也门	65.5	2.5
塞内加尔	59.3	4.5
尼日利亚	51.9	5.0
尼泊尔	68.8	3.2
海地	62.1	4.9
毛里塔尼亚	58.6	3.7
莱索托	48.2	5.9
乌干达	54.1	4.7
多哥	57.1	5.3
科摩罗	61.1	2.8
赞比亚	49.0	6.5
吉布提	57.9	3.8
卢旺达	55.4	3.3
贝宁	56.1	3.3
冈比亚	58.5	2.8
苏丹	61.5	3.1
科特迪瓦	55.4	3.3
马拉维	54.2	4.2
阿富汗	48.7	3.3

续表

国家或地区	出生预期寿命	平均受教育年限
津巴布韦	51.4	7.2
埃塞俄比亚	59.3	1.5
马里	51.4	2.0
几内亚比绍	48.1	2.3
厄立特里亚	61.6	3.4
几内亚	54.1	1.6
中非共和国	48.4	3.5
塞拉利昂	47.8	2.9
布基纳法索	55.4	1.3
利比里亚	56.8	3.9
乍得	49.6	1.5
莫桑比克	50.2	1.2
布隆迪	50.4	2.7
尼日尔	54.7	1.4
刚果民主共和国	48.4	3.5
马绍尔群岛	72.0	9.8

数据来源：2011 年联合国人类发展报告。

（二）中国教育发展水平与人口出生预期寿命的相关分析

在横向分析世界主要国家或地区的基础上，那么我国在此类指标之间的纵向关系是否也能得到类似的验证呢？为进一步验证教育发展对人口质量提升的积极效应，本小节以 1953 年以来主要年份的相关数据为基础，纵向分析教育发展水平与人口出生预期寿命的内在关系。

通过梳理我国人口平均受教育年限与出生预期寿命的数据（表 4 - 2 - 2），通过相关分析可知，1953 年以来，我国教育发展与人口质量提升是同步进行的，人口平均受教育年限与出生预期寿命之间存在高度的正相关关系，相关系数为 0.967，其相关程度在 0.01 水平上十分显著。这就表明，以我国的纵向数据为基础，以人口平均受教育年限为核心指标代表的教育发展水平，对人口质量提升（身体素质）也是有积极的正向功能的。人口平均受教育年限越高，则人口出生预期寿命就会越高，这种现象在我国教育发展过程中得到了显著证实。

表 4-2-2　我国人口平均受教育年限与出生预期寿命的主要数据

单位：年

年　份	出生预期寿命	平均受教育年限
1953	52.43	0.3466
1964	61.35	1.7328
1982	67.88	4.50
1990	68.55	5.50
1995	69.98	6.08
2000	71.4	7.09
2001	71.69	7.15
2002	71.98	7.20

数据来源：出生预期寿命来源于国家统计局历年的统计年鉴，部分年份根据预期寿命变动规律估算，平均受教育年限按联合国开发计划署的统计口径（即全体人口）计算。

第三节　教育发展对人口结构变动的影响

教育发展对人口结构的影响是长期存在的，并日益受到人们的关注。要全面分析教育发展对人口结构变动的影响，关键在于发现教育发展对人口结构变动的影响机理。人口结构是指人口变量内部的各种属性及其数量与比例关系，是在一定时期内横向分析人口发展深层机制的重要维度。教育发展对人口结构变动的影响具有延后性，即教育发展对人口结构变动产生即时影响的情况较少，更多是需要经过一定周期之后才反映出来，这就要求对这种内在关系及其变化规律有准确及时的把握，若错过了最佳时机，后续的弥补措施往往事倍功半。

一　教育发展对人口结构变动的影响机理

人口结构变动是人口学分析框架中的重要维度之一，随着我国人口转变完成，人口结构变动的研究日益受到人们的关注。

（一）教育发展对人口自然结构变动的影响

如前所述，人口自然结构主要包括人口年龄结构和人口性别结构，教育对人口自然结构变动，主要是通过影响人口数量的变动而实现的。前面谈过，教育可以影响人口的出生率和死亡率。出生率的降低，使儿童少年人口在整个人口中的比重降低；通过教育，可以降低死亡率，延长人口平均寿命。这二者共同作用，就可以影响人口的年龄构成，增大人口中老年人口的比重，加速人口老龄化的进程。可见，教育发展对人口年龄结构变动的影响，是通过教育的作用，从而使人口再生产类型和年龄结构类型发生变化。在步入老年型社会之后，教育发展对人口年龄结构变动的影响仍然存在。在现代社会中，人口出生率下降、年龄结构老龄化是必然趋势，不可逆转。人口老龄化将使老年抚养比提高，社会和家庭赡养老年人的负担加重，这就要求大大提高在业人口的劳动生产率，使得在业人口能够养活更多的老人和儿童。只有通过教育不断提高人口的文化教育素质和技术水平，才能提高劳动生产率。

教育发展对人口性别结构的影响也是显著的，且在一定时期之后可以明显反映出来。人口性别结构不合理，最关键的原因还是性别观念问题。通过发展教育事业，提高人口的科学文化素质，可以改变落后的风俗习惯和文化传统，改变重男轻女的错误观念，使人口的性别构成保持正常[①]。教育发展的影响作用表现为两个方面：一方面，虽然从整体上说来，人口的性别比一般都在正常范围内波动，变化不大。但在某些封建传统意识比较严重的地区，仍然存在重男轻女、妇女地位低下、溺女婴等现象，这些都会影响该地区的性别结构。通过教育，可以使这些现象得到改变，性别结构趋于正常。另一方面，教育水平的提高可以降低出生率，出生率的降低又引起了人口的老龄化。按照分性别死亡模式的一般规律，在总人口中，低年龄组人口往往男性人口比例高，高年龄组人口往往女性人口比例高。因此，在老年型的人口结构中，总人口的性别结构也会发生相应变

---

① 荆建华：《试论教育对人口的影响》，《河南教育学院学报》（哲学社会科学版）1994 年第 3 期，第 4 页。

化，教育发展水平是这些变化的初始原因之一。

（二）教育发展对人口经济结构变动的影响

教育发展对人口经济结构的影响主要表现在劳动年龄人口和行业、职业结构等方面。从劳动力人口的影响来看，教育发展对劳动年龄人口的下限和上限，特别是对下限的上移有重要的影响。所谓劳动年龄下限，就是劳动年龄应从人的一生中哪个年龄算起。劳动年龄下限要由国家立法机构统一规定，但它又取决于人的生理成熟和社会因素。当前，劳动年龄下限上移的趋向带有全球性质，这是由社会经济发展趋势所决定的。教育在其中起着促进的作用。从未来发展趋势来看，随着社会经济的发展，高等教育将逐步大众化，社会物质生产和管理活动对人口素质的要求也会进一步提高，劳动年龄下限还会有所上移。

从人口行业结构来看，影响人口行业构成的主要因素是经济发展水平，但教育的发达与否也可在一定范围内、一定程度上影响产业结构。例如，教育的普及和提高可以促进人口不断从第一产业向第二、三产业转移，教育的发展可以提高劳动力水平，使劳动者在不同的行业中变投入大量体力的劳动为主要靠智力、知识、技能的劳动，教育的发展可以加快先进技术在生产系统中的应用，改变传统产业的生产方式，形成"技术密集型"产业，从而节省大量劳动力，实现产业间的流动。

从人口职业结构来看，如果排除其他因素的话，教育学历是多数人取得工作的凭证，它能够决定一个人未来的职业角色。有不少外国学者对教育与职业的关系进行了研究，发现受教育越多的人越容易获得好声望的工作，即受教育程度高者较多从事专业技术工作，受教育程度低者较多从事非技术工作。因此，一个人受教育程度的高低，可以影响个人社会职业地位的升降，并通过这种升降来改变人口的职业构成。另一方面，教育还可以在国家和社会的控制下，通过对学校各专业招生人数的调节来改变人口的职业构成。

（三）教育发展对人口社会结构变动的影响

教育发展对人口社会结构的影响是多方面的，其中最明显的表现为对文化教育结构和阶层结构的影响。教育发展对人口文化教育结构的影响，主要体现为提升人口的科学文化素质，使得受教育程度高的人口比重不断增加。教育发展对于提高人口的文化教育素质、优化人口的文化教育结构，具有直接的、关键性的作用。教育发展对人口结构的影响，集中表现在对文化教育结构的影响上。大量事实说明人口文化教育结构的提高，都是发展教育和提高教育水平的结果。

教育发展对阶层结构变动的影响也十分明显，尽管阶层结构变动的影响因素很多，但教育水平是一种重要的影响因素。有研究表明，我国不同类型的教育文凭资格在不同的改革时期有着非常不同的作用。在改革初期（1978～1985年），中等职业教育相对初中以下教育，高等职业教育相对普通高中（和中等职业教育）以下教育水平来说，在进入中高级白领职业阶层过程中具有十分明显的优势，其风险概率分别是对比组的3.8倍和2.7倍。在改革中期（1986～1990年），普通高中相对中等职业教育资历者和初中以下教育水平者的优势凸显出来，高等职业教育的优势也骤然增强，其风险概率分别是对比组的8.6倍和7.6倍。到了20世纪90年代，普通高中教育、高等职业教育的相对优势较改革中期有明显的下降，而原来一直没有显示出相对优势的正规高等教育文凭拥有者，相对没有受过正规高等教育者（包括中、高等职业教育和普通高中及以下）的优势明显扩大。可见，在改革初期，进入中高级白领职业阶层的主要优势人群是拥有中、高级职业技术教育资格者，而到了改革中期，伴随着初等职业技术教育资格明显被排斥，高等职业教育资格拥有者的相对优势显著加强，并使正规教育系列的高中教育文凭拥有者也开始跻身进来，但这两类优势文凭资格在进入90年代时，其优势地位则又让位于正规系列的高等教育。①

（四）教育发展对人口地域结构变动的影响

人口地域分布变动的决定性因素是地理环境，但教育发展对人口地域结构变动也会造成一定的影响。对于基础教育来说，通过教育发展可以改

---

① 刘精明：《教育与社会分层结构的变迁——关于中高级白领职业阶层的分析》，《中国人民大学学报》2001年第2期，第24页。

变人口的经济结构和社会结构，从而引导人口地域分布发生相应变动。从高等教育来看，高等教育的发展对人口的分布影响是直接的。在一些高等教育发达的地区或城市，高等教育可以引导人口的大规模集聚。最明显的例子是1949～1957年两次院系调整，由沿海向内地新建或迁建了一批高校或专业，内地高等教育得到加强，基本每省都有一所综合大学，这种高等院校的大规模调整直接改变了人口的地域结构。

二　教育发展对人口结构变动的实证分析

教育发展对人口结构变动的影响也可从实证中得到检验。教育发展水平对人口结构的变动到底产生什么样的作用，本小节分别以浙江省教育人口与经济发展联动模型、高等教育发展对高等教育人口地域结构变动的影响作为案例，为实证分析教育发展与人口结构变动之间的各种关系提供分析范式。

（一）浙江省教育人口与经济发展联动模型

2000年人口普查数据显示，浙江省人口平均受教育年数为7.51年，居全国第20位，同期浙江省GDP达6036.34亿元，居全国第4位，浙江省经济发达与教育滞后的鲜明对比形成了独特的"浙江现象"。"浙江现象"的形成，是由其内部不同区域之间的发展不平衡而引发的，本小节试从区域教育人口与经济的分布变迁切入，为深层次解读"浙江现象"提供一个新的思路。

前期研究表明①，比较浙江省教育人口与经济区域分布模式，可以明显看出浙江省区域教育人口与经济分布存在"交叉而不重叠"的基本特征。所谓交叉，是指教育人口比重高的区域，其经济发展水平也普遍较高。如杭州与宁波地区，同样，教育人口比重低的区域，其经济发展水平也普遍较低，如浙西南山区；所谓不重叠，是指教育人口比重与经济发展水平之间并不完全一致。以两个直角三角形为例，区域教育人口分布的直

---

① 周仲高：《浙江省区域教育人口与经济的分布变迁及关联模式（1964～2000）》，《浙江社会科学》2006年第4期。

角顶点是杭州市，与宁波和金华构成三角形区域，区域经济分布的直角顶点转移至宁波市，与杭州和温州构成三角形区域，从而形成两个不重叠直角三角形覆盖面。

为进一步实证分析以上关系，在研究方法上，借鉴数理人口学中"假想队列"的思路，把浙江省不同年份各区域的横截面数据看成是代表不同发展阶段的数据，从而构成浙江省区域教育人口与经济发展的两个时间序列。

1. 浙江省区域教育人口与经济发展的一般模型

根据科布 - 道格拉斯生产函数 $Y = f（K，L）$，本书模型定义为：$Y = f（FK，EN，L）$，具体方程是 $Y = A（FK）^{\alpha}（EN）^{\beta}L^{\gamma}$，其中，$Y$ 为产出，即各区域的 GDP；FK 为物质投入，即固定资产投资；EN 为人口平均受教育年数，代表了智力投入水平；L 为劳动力，即各区域的全部从业人口数；A 为技术水平。为消除量纲的影响，对模型两边都取对数，得到 $\ln Y = \ln A + \alpha \ln FK + \beta \ln EN + \gamma \ln L + \mu_i$，其中 μ_i 为统计误差，α、β 与 γ 分别为固定资产投资、智力投入与劳动力投入对 GDP 增长的估计产出弹性。利用 SPSS 软件模拟，可得到如下模型：

$$\ln Y = 2.302 + 1.053 \ln FK - 1.423 \ln EN - 0.237 \ln L \tag{1}$$

其中，调整后回归方程决定系数 $R^2 = 0.966$，F 值为 271.826，通过 $\alpha = 0.001$ 水平检验。

2. 浙江省区域不同教育程度人口比重与经济发展的模型

若以浙江省区域不同教育程度人口比重作为智力投入变量纳入总模型，可以看出不同教育程度人口与经济发展之间的关联模式，经线性回归模拟，计算结果如表 4 - 3 - 1 所示。

表 4 - 3 - 1　浙江省区域不同教育程度人口比重与经济发展的函数模拟结果

	文盲半文盲	小　学	初　中	高中/中专	专　科	本科以上
$\ln A$	2.758	2.648	1.800	1.529	3.237	1.226
$\ln FK$ 系数	0.366	0.826	0.979	0.965	1.493	0.864
$\ln EN$ 系数	-1.559	-0.951	-0.488	-0.385	-1.707	-0.196

	文盲 半文盲	小 学	初 中	高中/中专	专 科	本科以上
ln$L$ 系数	0.331	− 0.076	− 0.166	− 0.189	− 1.255	− 0.166
调整后 R^2	0.967	0.960	0.965	0.961	0.969	0.956
F 值	284.979	235.141	268.173	241.187	220.911	212.336
F 值检验	0.000	0.000	0.000	0.000	0.000	0.000

3. 结果分析与主要结论

由模型（1）可知，浙江省区域经济发展可由固定资产投资、智力投入与劳动力投入三个变量解释96.6%，但浙江省区域经济发展受智力投入的影响并没有得到体现，区域经济发展与教育人口增长呈现反向关系，这充分证明了"浙江现象"在浙江省区域之内也明显存在。由表4-3-1可知，浙江省区域不同教育程度人口比重与经济发展都呈现反向关系，除文盲半文盲人口比重的降低促进了经济增长外，其他教育程度人口对经济增长的贡献并没能得到充分体现，这与以省域为地理单元的研究结论正好相反。表4-3-1的结果还表明，无论在何种教育程度人口条件下，物质投入（固定资产投资）的产出弹性系数都很高，这说明浙江省经济增长主要是靠物质投入来促进的，浙江省区域不同教育程度人口比重对经济发展的作用都没有表现出来。根据上述分析，得出如下主要结论：（1）省域之间的教育与经济发展联动性虽然得到普遍证实，但浙江省并没有表现出类似特征，浙江省经济发展与教育人口之间的错位构成了独特的"浙江现象"。通过对浙江省区域教育人口与经济分布的实证研究，从中观层次证实了"浙江现象"在区域内部也同样存在。（2）浙江省区域教育人口与经济分布均呈现出以两个直角三角形为核心，由内向外（偏西南方向）发展水平逐步降低的基本格局，但二者有交叉而又不完全重叠，浙江省区域教育人口与经济分布的错位集中表现在浙中的金华地区和沿海地区的温州、台州和舟山等。（3）以省内区域为地理单元的实证研究表明，"浙江现象"作为一种区域内部要素发展不平衡的基本模式，它在其他省域之内也可能同样存在，而这也从另一方面表明以省域为地理单元的研究存在缺陷。（4）浙江省区域教育人口与经济发展之间的反向变化，否定了教育与经济发展联动性的普遍性结论，它证实了区位优势、固定资产投资对区域经济的初期发展存在不可低估的影响。浙江省区域不同教育程度人口比重与经济发展之间均呈反向变化，充分证实了当前我国智力资源在区域经济增长中的作用没有得到充分发挥。总之，研究表明，浙江省在区域经济发展改革中，需要进一步发挥智力资源的作用，促进经济增长方式的转型。既要充分利用区位条件、物质投入等非智力因素的优势，也要不断加大对人才的培育与引进，提高不同教育程度人口的储备，为区域经济的可持续发展提供重要保障。

（二）高等教育发展对高等教育人口地域结构变动的实证分析

教育特别是高等教育的区域分布对高等教育人口的分布影响是直接的。新中国成立以来，我国高等教育（以高等学校为分析变量）区域分布由极不平衡到相对均衡，但"东强西弱"的特点一直没有改变。例如，1949 年新中国成立时，我国共有 205 所高校，东部沿海高校占 60% 左右；经过 1949～1957 年两次院系调整，新建或由沿海向内地迁建了一批高校或专业，内地高等教育得到加强，基本每省都有一所综合大学；1958～1966 年，受"大跃进"的影响，高校进行了扩充与调整，部分高校向三线地区迁建；"文化大革命"后我国高等教育又经历了一个恢复与扩张时期；到 2002 年，我国共有普通高校 1396 所，其中东部地区占有 45.34%。此外，高等教育内部的诸多变量，如高校数量、在校生规模、重点学科、高水平师资、硬件设施、经费投入水平、科技人力、科技投入、科技成果等的区域分布均呈现"东强西弱"的非均衡特点。高等教育发展的区域非均衡性与区域人口、经济发展水平、城市化水平、产业结构和就业结构等因素的非均衡性是有关的，且影响或支撑高等教育发展的上述因素也具有与区域高等教育分布类似的特点。

从整体上看，我国高等教育的区域分布具有与高等教育人口分布类似的特征，但也有明显不同的特点，即在中部的部分省域（如河南省）高等学校数量较多，而高等教育人口数相对较少，相反，沿海部分省域（如浙江省）的高等教育人口数聚集程度大于高校数。若进一步分析高校数、高等学校在校生数和专任教师数（表 4-3-2）与高等教育人口分布的关系，其相关程度如表4-3-3所示。

表4-3-2 不同年份中国大陆各省域高等教育发展情况

省 域	1990 年			2000 年		
	高校数（个）	在校生数（人）	专任教师数（人）	高校数（个）	在校生数（人）	专任教师数（人）
北　京	67	139914	35998	58	280282	34863
天　津	22	51039	11121	21	119117	10137
河　北	50	76018	13600	51	252571	19414
山　西	26	51309	8963	24	125023	10466
内蒙古	19	32175	6755	18	71868	8856
辽　宁	62	123314	23292	64	307931	27508
吉　林	42	72806	14791	34	181019	17476
黑龙江	42	79908	15915	35	210146	16169
上　海	50	121251	25788	37	226798	20491
江　苏	70	146894	27600	69	451844	33085
浙　江	37	60327	11600	35	192371	16057
安　徽	37	62448	11691	42	191824	15065
福　建	36	55624	8926	28	137859	9779
江　西	30	56608	9100	32	148589	10380
山　东	49	105822	18377	47	325317	24764
河　南	47	80372	14020	52	273404	20239
湖　北	58	130355	24624	54	357728	30363
湖　南	47	88210	14400	52	265849	20317
广　东	45	95929	15700	52	306019	20433
广　西	23	37762	6834	30	123729	9326
海　南	4	7652	1215	5	19193	1571
重　庆	—	—	—	22	126279	10449
四　川	60	141007	16058	42	245648	18418
贵　州	24	26970	5469	23	79833	7240
云　南	26	43525	7754	24	95893	9237
西　藏	3	2025	719	4	5475	813
陕　西	47	95417	19558	39	244723	20723

续表

省　域	1990 年			2000 年		
	高校数（个）	在校生数（人）	专任教师数（人）	高校数（个）	在校生数（人）	专任教师数（人）
甘　肃	18	32805	5855	18	82577	7208
青　海	7	6202	1470	7	13485	2107
宁　夏	6	7992	1600	6	17463	1894
新　疆	21	31015	7002	16	81043	7924
全　国	1075	2062095	385795	1041	5560900	462772

数据来源：国家统计局国民经济综合统计司编《新中国五十年统计资料汇编》，中国统计出版社，1999；国家统计局编《中国统计年鉴1991》，中国统计出版社，1991；国家统计局编《中国统计年鉴2001》，中国统计出版社，2001。

表 4 - 3 - 3　不同年份高等教育人口分布与高等教育因素的相关系数

高等教育因素	1990 年	2000 年
高 等 学 校 数	0.959**	0.931**
高 校 在 校 生 数	0.975**	0.955**
高校专任教师数	0.910**	0.910**

　　由表 4 - 3 - 3 可知，区域高等教育人口比例直接受到区域高等教育因素的影响，它与高等教育内部的高校数、高校在校生数以及高校专任教师数都呈显著的正相关关系。它进一步说明，在高等教育比较发达的地区，一方面它本身容纳了大量的高等教育人口，同时它也具有促进高等教育人口聚集的作用，区域高等教育的分布也是解释高等教育人口分布的一个重要维度。

第五章　人口与教育的基本规律

对任何事物的研究，归根结底都是为了探寻其内在的规律，以便更好地指导我们的实践。教育人口学的任务和目的在于揭示人口与教育发展中的内在规律，从而利用两者的有利条件，有效地促进它们的协调发展。人口与教育的关系既是两个学科之间的交叉关系，也是揭示人口与教育两个变量之间的内在规律，从而为准确、全面、科学地促进人口持续发展，促进教育进步提供理论指导与实践经验。

第一节　人口与教育的一般规律

学科的分化是知识增进的必然，人口与教育之间的关系正是教育学与人口学两个学科分化交叉的结果。教育人口学，就是探讨教育与人口的相互关系及其规律的一门新学科。作为一门新学科，既要研究人口与教育之间的一般规律，也要深入把握人口与教育之间的具体规律。辩证唯物主义认为，规律是事物内在的、本质的、必然的联系，这只是对规律所作的最抽象的规定和描述。具体地说，规律显现出事物从"初始状态"到"终结状态"的基本路线图，显现出事物围绕"中轴线"上下波动的运动态势；规律具有重复性、稳定性、普遍性、异在性、客观性及神秘性等特点；规律对人的主观能动性而言，具有底线制约作用，但在此底线的上端，人类的主观能动性存在无限的活动空间。此时，人是自由的，实践具有无限的创造力①。

---

① 孙宝根：《论规律》，《江苏教育学院学报》（社会科学版）2008 年第 5 期。

一 人口发展主要规律

人口规律是人口过程内部的、本质的、必然的联系。人口规律是人口发展过程中，各种人口现象、要素间的内在联系及其变化、发展的必然趋势，它反映了一定生产方式下人口状态的根本特征。人口是一个具有许多规定和关系的丰富的总体，因此，人口规律也不止一个，但在每一种生产方式下，只有一种是起支配作用的主要规律。与经济规律不同，人口规律具有两重性，一是社会属性，二是自然属性。既有反映人口再生产即人类自身生产内的自行运动的人口规律，也有反映人口与社会、经济、环境诸现象之间本质联系的人口规律。人口规律以人口的社会属性为本质属性，但是其自然属性也不是可有可无的，仍然十分重要。人口规律的这种自然属性包括两点，一是人口作为一个生物群体，必然要遵守生物生存与发展的一些基本规律，再高级的人也是生物的人。二是人口作为一种生物群体，要受到大自然的客观外界环境的制约，如要有基本适宜的空气、温度、湿度等。人口社会规律是在不违背生物规律的前提下存在和发挥作用的。

（一）人口发展规律体系

人口发展规律是一个复杂的体系，大致包括三个层次：一是一般（根本）人口规律，即一切社会形态共有的人类自身生产与物质资料生产相适应规律；二是特殊（基本）人口规律，即原始社会、奴隶社会、封建社会、资本主义社会和社会主义社会各个不同社会形态特有的人口规律，如社会主义社会的人类自身生产与物质资料生产高水平的有计划相适应规律；三是具体人口规律，即反映人口的各个方面、个别过程的人口规律。如人口自然规律、人口社会规律、人口经济规律、人口数量规律、人口素质规律、人口结构分布规律等。另外也有学者认为，人口规律是由社会生产方式决定的，既有反映人口再生产即人类自身生产内的自行运动的人口规律，也有反映人口与社会、经济、环境诸现象之间本质联系的人口规律。

（二）人口自身主要规律

把握人口自身规律，主要是指对人口自身再生产规律的研究，人口与社会、经济、环境等的关系规律在相应的学科分支另有论述。根据当前的最新研究成果，试从人口自身生产与再生产角度，提炼出以下几个主要规律。

1. 出生人口性别比生态平衡规律

在正常情况下，出生人口性别比一般为 102～107，这是人作为生物个体遵循生物学规律的重要体现，若出生人口性别比异常，就是违背基本规律，会对人口性别结构产生严重的消极影响。

2. 人口寿命延长规律

纵观人口发展史，人口寿命在不断延长。在原始社会，人口的平均寿命是 20 岁左右；在封建社会，是 30～40 岁；资本主义社会初期，是 50 多岁；现代发达的资本主义社会，已超过 80 岁，可见，人口平均寿命呈不断延长的态势。

3. 近亲结婚有害于后代人口素质的规律

这个规律在人类早期的禁忌风俗和近代的生物基因工程中均得到验证。

4. 人口智商不断提高规律

科学已证明，人类的脑重量在不断增加，智力也在不断提高。

5. 人口再生产类型转变规律

世界发展史表明，与特定的社会经济发展水平相适应，人口再生产类型会呈现出依次转变，具体是指从生产率和死亡率都相当高的状况，转变到两者都很低的状况的过程。即人口再生产普遍经历"高出生，高死亡，低增长"、"高出生，低死亡，高增长"和"低出生，低死亡，低增长"三个阶段。

6. 人口增长或减少惯性规律

受人口变动周期性影响，当一个出生高峰或低谷出现，这一时期出生的人口再结婚生育会形成第二个出生高峰或低谷，以至于重复出现多次。

显然，人口自身发展规律有很多，限于人类认识水平，有很多规律可能还没有揭示，或者还处于发现过程当中。

二 教育发展主要规律

教育本身存在内在的、本质的、必然的联系。这种联系具有稳定性、重复性和普遍性的特点，这就是教育的基本规律。教育发展存在内部关系规律与外部关系规律，所谓内部关系规律，就是教育发展要与人的身心发展相适应，教育发展与人的发展相互影响、相互制约。所谓外部关系规律，就是教育发展要与其外部环境相适应，教育发展与政治、经济、社会、文化等因素相互影响、相互制约①。

（一）教育内部关系规律

教育与人的发展相互制约的规律包括：一方面教育对人的发展有制约作用，可以让人的身心朝社会所需要的方向发展；另一方面，人的发展对教育也有制约作用，要求教育必须适应人的身心发展特点。

1. 教育要适应青少年身心的发展

教育发展要适应青少年身心发展的顺序性和阶段性：儿童从出生到成人，他们的身心发展是一个由低级到高级、由量变到质变的连续不断的发展过程，这一发展过程呈现一定的顺序性。例如，新生婴儿的身体发展是按照"从头部向下肢"和"从中心部位向全身的边缘方向"进行的。儿童先发展大骨骼和大肌肉，后发展小骨骼和小肌肉。青少年身心发展还有阶段性。青少年身心发展在不同年龄阶段表现出不同的特点。例如，童年期儿童的思维特点具有较大的具体性和形象性，抽象思维能力比较弱，对抽象的道理不易理解。少年期儿童的抽象思维已有很大发展，但还需要具体的感性经验支持。青年初期学生抽象思维已占主要地位，能进行理论推断，富有远大理想，关心未来职业。根据青少年身心发展的顺序性，教育教学工作就必须按青少年身心发展顺序进行。要注意由浅入深、由简单到复杂、由具体到抽象、由低级到高级。既不能揠苗助长，也不能倒退而违反客观顺序。根据青少年身心发展具有的年龄阶段性，教育教学工作要做

---

① 潘懋元：《高等教育学讲座》，人民教育出版社，1985，第4页。

出针对性调整。针对不同年龄的学生，提出不同的任务，采用不同的教育内容和方法。要防止不顾学生年龄特点，一刀切，一锅煮。不能把小学生当中学生看待，也不能把中学生当小学生看待。

教育发展也要适应青少年身心发展的不平衡性和差异性：青少年身心发展在不同年龄阶段的发展是不平衡的。例如，儿童的身高体重的发展有两个高峰期，第一个高峰期是在出生后的第一年，第二个高峰期是在青春发育期，在这两个高峰期儿童身高体重的发展，较其他年龄阶段更为迅速。又如，大脑发展的最迅速时期是出生后的 5 ~ 10 个月。此后脑的发展要经历两个显著加速期，一个是在 5 ~ 6 岁阶段，另一个是在 13 ~ 14 岁阶段。在青少年的身心发展中，由于遗传、环境和教育影响不同，由于个人努力和实践不同，他们的身心发展也存在个别差异。例如，有的儿童身高是早长，有的则是晚长。有的儿童在 8 岁时抽象思维就已经有了较好的发展，有的儿童的抽象思维到 14 ~ 15 岁时才有显著的发展。有的儿童神经过程灵活性强，知觉广度高，解决问题快。有的儿童神经过程灵活性差，知觉广度低，解决问题慢。根据青少年身心发展具有的不平衡性和差异性的特点，教师在教育工作中必须注意深入了解学生，掌握学生的个性特点，做到有的放矢，因材施教。要充分发挥每个学生的潜力和积极因素，弥补个人的短处不足，做到"长善救矢"。要选择最有效的教育途径，使具有各种个别差异的学生都能获得最大限度的发展。

2. 教育在人的发展中起综合主导作用

一方面，教育在人的自身发展中起综合主导作用。由于学校教育是以文化影响为主体的环境，并以教材作为教育影响的主要形式，这就能确保使青少年获得深刻而又完整的知识。由于学校教育是有目的、有计划、有系统的影响过程，因而有利于高效率地培养人，使学生易于形成科学的世界观，掌握各门学科的系统知识，全面地培养学生的道德品质。

另一方面，教育对其他影响人的发展的各要素起综合主导作用。人的发展是遗传、环境、教育和个人能动性综合起作用的结果，人的发展是先天因素和后天因素、客观因素和主观因素共同起作用的结果。总之，教育对人的发展起综合主导作用，一方面，教育本身就是综合影响人的发展的因素，应加以特别的组织和利用，使之适合于人的发展的需要；另一方面，学校教育是对家庭教育和社会教育的有选择的综合与组织。

（二）教育的外部关系规律

教育与外部环境相互影响、相互制约是广泛存在的，教育的外部关系规律也是教育学分支学科产生的根源。在影响教育的主要外部因素中，主要有生产力发展、政治经济制度等，而本书所探讨的人口因素也是其中因素之一。

1. 教育与社会生产力相互制约

生产力对教育的制约作用主要表现为生产力发展决定着教育目的的制定。在资本主义社会，教育一方面要为本阶级培养统治人才，另一方面要对劳动者进行技能教育，以适应现代大机器生产的要求，为资产阶级创造更多的剩余价值。社会主义教育则要求自觉地运用教育与生产力相适应的规律，培养德智体美等方面全面发展的社会主义建设者和接班人；生产力水平制约着课程设置和教学内容，表现为课程设置的门类由少到多。当代生产力的不断发展使教学内容越来越丰富，在以生物工程、航天技术、电子计算机为标志的第三次科技革命的影响下，出现了许多新的学科内容，如核物理、生态学、生物工程等，教学内容日益丰富和深化。生产力发展制约着教育发展的规模、速度以及学校结构。生产力发展是教育发展的物质基础，为教育的发展提供经费，直接影响校舍、设备、师资等方面的建设；制约着教育事业发展的规模、速度和结构。

与此同时，教育对生产力也有促进作用。教育属于服务性产业，通过教育可以帮助实现劳动力的再生产，把可能的生产力转化为现实生产力，从而推动社会生产力发展，达到实现教育为经济服务的目的，为经济发展提供足够的人力资源和智力支持；教育是科学知识和技术再生产的手段。通过教育，可以使科学知识和技术从为少数人所掌握转变为为大多数人所掌握；教育是生产新的科学知识和技术的手段。高等教育，通过科研产生的许多新的科学成果，在推广和运用后，能提高社会生产力。

2. 教育与社会政治经济制度相互制约

一方面，社会政治经济制度对教育的制约作用：社会政治经济制度制约教育的性质。有什么样的社会政治经济制度，就会有什么样性质的教育。资本主义社会的政治经济制度决定了资本主义社会教育的资本主义性质。社会主义社会的政治经济制度决定了我国教育的社会主义性质；经济政治制度决定教育目的。教育的根本任务是培养人，社会政治经济制度决定培养具有什么样的政治方向、思想观念的人；政治经济制度决定教育的领导权。在阶级社会里，经济上、政治上占统治地位的阶级，总是把教育权牢牢掌握在自己手里，控制绝大部分教育机构。他们通过所掌握的政权力量，确定教育宗旨和办学方向，使教育完全按照统治阶级的利益施行。有时也通过经济的方式控制教育领导权。

另一方面，教育对社会政治经济制度的反作用。教育通过培养具有一定阶级意识的人，来维护和巩固一定的社会制度；教育通过在校师生的言行、学科教材和刊物向社会宣传一定的思想意识，制造社会舆论，影响社会的风俗习惯和道德面貌，巩固现存的政治经济制度；教育对社会政治经济制度的制约虽然不起决定作用，但却能起到加速或延缓的作用。

三　人口与教育的一般规律

人口与教育之间存在相互影响、相互制约的本质关系，这种关系的揭示是教育学与人口学两个学科发展的必然。从教育学来看，随着生产力的发展、社会的进步，教育的作用越来越大，教育的功能越来越宽，教育与政治、经济、文化、自然等各方面的关系越来越密切、复杂，制约教育发展和增强教育效能的因素越来越多。由于人口在当代经济和社会发展中的作用日益显著，人口与教育的关系也就受到了关注，要办好教育不能忽视人口因素的制约，迫切需要研究、揭示教育与人口关系的基本规律；从人口学来看，随着我国人口转变的完成，人口研究重心逐步由数量主导向结构转型与质量提升方面倾斜，揭示人口质量提升过程中的教育因素，分析教育因素在人口转变后的存在地位与价值，显得越来越迫切。正因为如此，教育人口学就在这种背景下成熟和壮大起来。

人口与教育之间的相互关系，可以看成是相互影响、相互制约的。在两者关系中，人口因素是基础性因素，人口发展直接制约着教育发展；教育发展是影响人口发展的重要因素，教育可以促进人口发展，特别是通过教育可以改变人口发展的各种条件，让人口发展健康持续。

（一）人口发展制约教育发展

人口因素是经济社会发展的基础性因素，因而它的决定性作用是十分明显的。在经济社会发展过程中，发展的主体是人，而发展的目的也是人，离开人的发展其发展是不存在的。同样的，在教育发展过程中，要充分考虑到人口发展的状况，要让教育发展符合人口发展规律，只有这样，教育发展才能少走弯路，才能提升发展效益。人口发展制约教育发展，主要表现为两个方面，一方面，教育发展必须遵循人口自身发展规律，按规律办事。在人口发展过程中，由于人口变化具有周期性、波动性，这就要求教育发展要把握人口周期变动的规律，利用人口发展的波动性来制定教育规划，避免教育资源的浪费。例如，随着人口数量的增加、质量的提高、人口职业构成的变化等，教育在发展目标、办学规模、学校结构、教学方式以及教育投资等方面也应做出相应的变化。另一方面，教育发展要主动适应人口发展变动趋势。人口发展变动趋势是可预知的，这就要求教育发展具有前瞻性、提前规划、主动适应。经验表明，当人口状况已经发生变化时，教育才采取跟进措施，这是滞后性的补救行为，难以统筹安排，无法实现资源配置的最优化。教育发展应主动适应人口发展变动的规律，提前预知可能出现的情况，并做好应对方案，这样才能真正让教育发展适应人口发展规律。

（二）教育发展促进人口发展

教育发展对人口发展有积极的促进作用，这种积极的促进作用表现为两个方面。一是教育本身的发展有利于人口的有序调节，对保持人口稳定运行有保障作用。无论作为生物繁衍的人口生产，还是作为社会活动主体的人口，人口群体的文明程度对其掌握自身的运行规律，提高应对外来风险的能力都是有益的。从经验来看，教育发展程度越高，人口有序调节自身运行规律的自觉性就越高，人口整体素质也就越高，从而有利于人口运行的平稳有序、人口本身与经济社会发展需求相适应。二是教育发展直接促进人口诸要素的优化。从本质上来看，教育是推进人口持续健康发展的最根本手段。当教育发展水平处于较高阶段时，人口诸要素的优化就会变得自然且容易。例如，在教育发展程度较高时，人们的生育观念、性别观念、家庭婚姻观念都会趋向更加文明，这样对人口数量调控、出生人口性别比失衡控制以及人口家庭婚姻关系优化都有促进作用。同样的，当教育发展程度较高时，人口质量水平也就较高，社会发展对人口发展能力的需求容易得到满足，人口发展就更能与经济社会发展相协调。总之，教育发展对人口发展具有积极的促进作用，推进人口健康有序地发展，最根本的途径是发展教育，通过提升人口素质，让人们对人口规律的遵循实现由被动服从向主动适应转变。唯有如此，人口发展的调控手段才会变得更加人性化，调控措施才会与人们的实际需求达到高度的一致。

第二节　人口与教育的具体规律

人口与教育之间存在一些具体的规律，这些规律主要表现为人口诸要素与教育发展之间的内在的、本质的、必然的联系。在本书第三章、第四章中，已分别从教育与人口两者之间的相互关系进行了理论探讨与实证分析，本节在提炼总结前述研究的基础上，揭示人口与教育之间的具体规律。

一　人口数量与教育发展的规律

人口数量与教育发展之间的关系是十分直接的。一般来说，人口数量制约着教育的规模与投资，影响着教育发展的速度和质量，对教育发展起着重要的影响作用；而教育发展则影响人口数量的增长，是控制人口增长的重要手段。

（一）人口数量对教育发展的影响

从理论上看，人口数量的多寡与教育发达与否并无必然关系，两者之间的关系还会受到生产力发展水平、政治体制、社会制度或文化传统等其他变量的影响。但若不考虑其他变量，在假定其他条件恒定时，在不同的发展阶段，人口规模与教育发展水平之间仍然存在一些规律性的关系。

一方面，人口数量制约着教育发展的水平。在国家经济发展水平和教育投资水平确定的条件下，人口数量发展适当，基础教育规模适当，人均教育经费提高，就可以提高普及教育的水平，提高基础教育的质量，并为高等教育、职业技术教育和成人教育的发展奠定好的基础。而人口越多，能够用于发展教育的钱物也就越少，学龄人口的增加，不仅使人均教育经费减少，学校基建困难，而且给师资队伍建设也带来了很大的困难。学龄人口减少时，也会影响教育的发展规模和速度。

另一方面，人口数量变动的周期性对教育发展会产生相应的影响。一般来说，人口的变化过程的惯性会给教育造成一系列连锁反应的困难，尤其是生育高峰期一旦形成，不是造成一次性的困难，而是呈现波浪起伏的运动状态，使困难重复出现。首先是幼儿入托、入园难，接着是上小学、中学难，继之出现考大学的激烈竞争与就业难等问题。在学龄人口的高峰期内，中小学生在短期内迅猛增长，教师不足，只得降格以求，以应付紧张局面；校舍不够，只得办大班，或改为二部制、三部制教学。这样，不仅教学质量难以保证，而且每天有一半或三分之二的学生，不是被关在家里，就是游荡在马路上，既不利于学生健康成长，也使家长担心。入学高峰期过去后，学校又会出现人员超编。若要裁员，困难很多，若不裁员，人头费又会挤占教育经费，使办学条件依然难以改善。而且更重要的是，这批人将相继结婚生育而将这个周期性波动延伸到下一代。

（二）教育发展对人口数量的影响

教育发展影响人口数量的增长，是控制人口增长的重要手段。国内外人口和教育研究的结果证明，国民的受教育程度与人口出生率呈反比关系。换言之，国民受教育程度高，则人口出生率低，而国民受教育程度低，则人口出生率高。

首先，教育发展对人口出生率产生影响。教育发展导致人口出生率下降是人口与教育关系中的普遍现象。从一般意义上来看，随着人们受教育程度的提高和科学文化素养的提升，人们对自己的生育行为，对人口再生产的理解也就更加科学全面，这样会直接抑制人们的生育冲动，生育行为就会变得更加理性。也就是说，当人们受到足够的教育之后，生育行为逐步由生理冲动主导型转向社会需求主导型，人们的生育意愿不仅仅由生理需求所支配，而更由社会发展需求所制约。正是通过教育传递知识，提高全民族文化水平，才有助于人们树立新的社会价值观和生育观，有助于接受人口教育，有助于提高控制生育的自觉性。

其次，教育发展对人口死亡率产生影响。教育发展对人口死亡的影响，主要是通过人口受教育程度的提高，使人们懂得了优生优育和卫生保健的知识，从而可以大大降低孕产妇和婴儿死亡率；与此同时，由于人口教育水平的提高，普遍养成良好的卫生习惯，具备科学的保健医疗知识，增强安全意识，从而降低了人口总死亡率。

最后，教育发展对人口迁移率也产生影响。人口受教育程度是影响人口迁移流动的重要因素之一。一个国家或地区，人口的迁入、迁出对人口数量的变化具有不同程度的影响。人口迁移流动的"推力"和"拉力"主要是经济因素，但教育也起到相当大的作用。实践经验表明，教育程度高的人，迁移到别的国家或地区后，往往具有更有利的就业和定居条件，人口迁移流动的能力更强。

二　人口质量与教育发展的规律

人口质量是教育发展的结果，教育是提升人口质量的基本途径。一般来说，人口质量影响教育质量，入学者已有的素质水平是制约教育质量的一个重要因素。教育对人口质量也具有重要的作用，人口质量主要是通过教育来提高的，在步入知识经济时代的今天，通过教育提升全体公民的素质就显得日益重要。

（一）人口质量对教育发展的影响

人口质量对教育发展的影响，体现为两个方面。一方面，现有人口质量的高低决定着教育发展的基础。在实践中发现，入学者现有的素质水平是制约教育发展的一个重要因素。当入学者人口素质较高时，对教育发展是有利的，反之，当入学者的人口质量较差，就会阻碍教育发展的顺利进行。另一方面，现有人口质量状况决定着教育发展的水平。当前人口质量的状况，特别是施教者的教育理念、教学水平、思想道德水平，决定着教育发展未来可能预期达到的水平。

（二）教育发展对人口质量的影响

教育是提高人口素质的重要手段，是提高人口素质的必由之路。教育发展对人口质量提升主要有两条途径：一是通过教育保障人口先天素质。即通过推广优生学，提高人口的先天素质。一方面，把优生学纳入教育内容，逐步提高人们对优生优育的认识，通过教育宣传生殖健康与避孕节育优质服务工程、出生缺陷干预工程和生殖道感染干预工程，发挥多学科的优势，共同研究影响我国人口健康发展的种种因素，充分发挥教育在保障人口先天素质中的积极作用。另一方面，教育自身的发展程度也会促进人口先天素质的提升，特别表现为受到更多教育的育龄妇女，掌握更多的生育保健知识，有利于预防和减低先天素质存在缺陷的婴儿降生。二是通过教育提升人口后天素质。人口质量提升主要是依赖于后天的培养，而提高各级各类正规教育质量是提高人口素质的关键。切实抓好普及初等义务教育，可以为提高人口素质打下良好基础；重视高中阶段教育，提升高等教育质量，加快发展成人教育，通过教育发展可以为国家造就高素质的劳动力，全面提升整个民族的人口素质。总之，教育是在综合利用经济社会发展所提供的各种条件，对人进行自觉、全面、系统的影响和训练，在提高人的道德、文化、身体素质方面起着高效率的作用。

三　人口结构与教育发展的规律

人口结构影响着教育的结构，人口的年龄结构会影响教育的纵向结构，即影响各级学校在学校教育系统中的比例；人口的行业和职业结构影响教育的横向结构，即影响各种类型的学校和专业之间的比例关系；人口文化教育结构的状况影响着不同时期的教育任务；人口就业结构制约着教育的内部结构。教育对人口结构也具有反作用，教育可以调整人口的文化和职业构成，促进人口地域分布趋向合理等。

（一）人口结构对教育发展的影响

人口结构变动对教育发展的影响，是通过人口结构自身的变化，再把这种影响力传递给教育而产生的。人口结构变动对教育的影响，内容复杂，分类众多，影响面极广。

1. 人口自然结构变动对教育发展的影响

人口自然结构主要包括年龄结构和性别结构。人口年龄结构对教育发展的影响是明显的。从长期来看，不同的人口年龄结构直接影响到人口规模的变化，从而影响到教育发展的规模与速度。从短期来看，特定的年龄结构直接影响到不同学龄阶段的适龄人口规模。人口性别结构对教育发展的影响主要表现在教育资源配置和教学内容设计方面。在性别平衡的人口条件下，对教育发展的顺利推进是有利的，若性别结构失衡或波动较大，就会影响到教育资源的科学配置，影响到教学内容的合理设计。具体来看，人口的年龄结构会影响教育的纵向结构，即影响各级学校在学校教育系统中的比例。人口的行业和职业结构影响教育的横向结构，即影响各种类型的学校和专业之间的比例关系。如普通教育与职业技术教育及普通教育与成人教育的关系等。

2. 人口社会结构变动对教育发展的影响

在阶层结构中，人口阶层结构对教育发展的影响体现在宏观层面，特定的阶层结构对教育发展的需求有所不同。人口家庭结构对教育发展的影响主要体现在家庭教育方面，受生育政策的影响，大量的"核心家庭"为子女教育提供了丰裕的物质条件，但其消极作用也不可忽视。从民族结构来看，少数民族人口规模的扩大，推进了民族教育的发展，有利于传播与传承少数民族文化，促进各民族共同大繁荣。人口的教育结构（也被称为质量结构）对子女教育发展的影响是最直接的。一般而言，当人口受教育程度提高时，有助于下一代教育水平的进一步提高，有较高教育背景的上一代倾向于培养高素质的下一代。人口受教育程度越高，人们对多元化教育的需求就越大，对教育质量的要求也就越高。人口的教育结构对教育发展的影响通过人口质量的提升来体现。

3. 人口经济结构变动对教育发展的影响

人口产业结构优化对教育发展有促进作用。优化人口产业结构，就是要逐步降低第一产业中的人口比重，促进第二产业、第三产业中人口比重的提高。人口产业结构的优化，反映着经济结构的优化升级，从而可以利用产业技术创新来推动经济增长，提高政府和居民的教育支付能力；可以利用产业分工细化和专业化的拓展来带动教育需求的增长；也可以利用各产业之间投入和产出比例及其规律性的变化来引导教育投资方向。人口职业结构的变化趋势指示着教育结构的调整方向。职业结构变化有着自身的规律，这就是随着生产力的发展，劳动力必然出现由第一、第二产业向第三产业转移的趋势。职业结构的这种转化趋势要求教育对自身的类型结构、专业结构与课程结构等作出相应的调整。

4. 人口地域结构变动对教育发展的影响

人口的地域结构变动对教育发展的影响，集中表现为城市化进程中的城乡教育差距的扩大，并以流动人口子女接受义务教育问题为重点内容。人口在城乡之间的结构变动，其背后相应的公共服务并没有与之同时流转，从而造成城乡之间、区域之间、不同人群之间的教育机会不均等。随着工业化和城市化进程推进，流动人口规模仍呈不断扩大态势。如何有效解决城市化进程中的流动人口子女公平地接受义务教育问题，不仅需要厘清问题背后的机理，更需要科学的制度设计和相应的政策安排。

（二）教育发展对人口结构的影响

教育发展对人口结构的影响，也是通过教育影响人口的自然结构、社会结构、经济结构和地域结构变动来实现的。教育对人口自然结构变动，主要是通过影响人口数量的变动而实现的。教育可以影响人口的出生率和死亡率，从而作用于人口年龄结构。在性别结构的影响上，通过发展教育事业，提高人口的科学文化素质，可以改变落后的风俗习惯和文化传统，改变重男轻女的错误观念，使人口的性别构成保持正常；教育发展对人口经济结构的影响主要表现在劳动年龄人口和行业、职业结构等方面。从劳动力人口的影响来看，教育发展对劳动年龄人口的下限和上限，特别对下限的上移有重要的影响。从人口行业结构来看，影响人口行业构成的主要因素是经济发展水平，但教育的发达与否也可在一定范围内、一定程度上影响产业结构。从人口职业结构来看，如果排除其他因素的话，教育学历是多数人取得工作的凭证，它能够决定一个人未来的职业角色，与此同时，教育还可以在国家和社会的控制下，通过对学校各专业招生人数的调节来改变人口的职业构成；教育发展对人口社会结构的影响是多方面的，其中最明显的表现是对文化教育结构和阶层结构的影响。教育发展对人口文化教育结构的影响，主要体现为提升人口的科学文化素质，使得受教育程度高的人口比重不断增加。教育发展对阶层结构变动的影响也十分明显，受过更高等级教育的人口所处的社会阶层会相对更高；人口地域分布变动的决定性因素是地理环境，但教育发展对人口地域结构变动也会造成一定的影响。对于基础教育来说，通过教育发展可以改变人口的经济结构和社会结构，从而引导人口地域分布发生相应变动。从高等教育来看，高等教育的发展对人口的分布影响是直接的。在一些高等教育发达的地区或城市，高等教育可以引导人口的大规模集聚。

四 人口分布与教育发展的规律

一方面，人口的地域分布，直接制约着学校布局和办学形式，影响教育投资的效果和发展速度。但另一方面，通过实施教育，促进社会合理流动，使得人口分布更趋合理。

（一）人口分布对教育发展的影响

人口分布对教育发展的影响，是指在特定空间范围内，人口的空间布局对教育发展产生的作用。教育资源布局要与人口分布相适应，人口分布一旦发生变动，相应的教育资源也要随之发生改变。

首先，人口分布格局决定了教育分布。人口分布的格局决定教育分布也呈现类似的地域性特征。无论是在历史上还是当代，中国教育发展的区域不均衡现象都是普遍存在的。通常人们总是把造成这种不均衡的原因归结成政治、文化、学术、军事、外来冲击等所发挥的作用不同，并可以在相当抽象层面上提供一些证明或推测。但事实表明，与人口分布格局类似，中国教育发展具有纬向分布（集中于中纬度地区）、临海性分布（集中于临海地区）、垂直性分布（集中于低海拔地区）和城乡分布（集中于城市）的特征，地理环境对教育分布有着重要影响，中国教育分布的地域性成因主要是受到自然地理环境的制约。人口分布状况直接影响着学校布局和办学形式，影响教育投资效果和教育发展速度，人口分布对教育发展的影响是双向的。一方面，人口密度高的地区，发展教育容易形成规模效益，社会相对充分的就业机会也对当地教育体系有持续的促进作用；但若教育资源配置不合理，又会容易造成拥挤现象，如学额过满、教学资源紧张、大班上课、多部制教学等。另一方面，人口密度低的地区，发展教育存在学校布点分散、师资和经费投入的成本较高等实际困难，从而形成学额不足、小班上课，或不得不采用复式教学、巡回教学等方式，不利于教育质量的提高。

其次，人口分布变动引发教育资源重新配置。大规模的人口迁移变动造成人口分布发生变化，进而引发教育资源的重新配置。从 20 世纪 80 年代改革开放以来，随着城市化进程的推进，大量农村人口涌向城市，造成城市教育资源的严重不足。流动人口子女教育问题，实质上就是人口分布变动引发教育资源重新配置的典型现象。当前人口分布变动对教育发展的影响，在流动人口子女教育中反映突出，它主要是通过引导人们接受教育的动机和改变当地学龄人口数量来实现的。

（二）教育发展对人口分布的影响

教育发展对人口分布产生影响，主要是通过教育来提高人口的流动性来实现的。一是通过教育特别是高等教育学校的布局调整影响人口分布。在基础教育和中等教育阶段，利用优质教育资源的吸引力，可以促进就学人口的流动，形成短暂性的人口布局调整，即"教育移民"；而在高等教育阶段，通过高校布局的调整，可以引发人口分布发生相应的聚集或分散，如近年来的大学城建设对城市人口分布产生的重要影响。二是通过教育提高人口的流动性来影响人口分布。国际经验表明，人口受教育程度与人口迁移能力呈正相关的关系，通过教育发展，提升人口整体素质，让人口流动变得更加频繁，从而可以部分地改变人口的分布格局。

第六章　教育人口的数量分析

把教育人口作为一个独立变量进行分析，是本书所构建的教育人口学强调人口学学科属性的重要体现。教育人口的数量是衡量教育人口的最基本要素之一，了解教育人口数量的现状是进行教育与人口研究的基础，对深入把握当前教育人口研究领域具有重要的指导作用。教育人口的数量分析就是采用人口学的方法，对教育人口数量进行系统的分析，揭示教育人口数量的基本特征与发展趋势，并在此基础上探讨教育人口数量分析对经济社会其他领域可能产生的影响。

第一节　教育人口数量现状与分析框架

教育人口数量变动是教育人口变动的核心要素，是引导教育人口结构、分布变动的基本动力。教育人口数量现状是衡量一个国家或地区人力资源储量的重要指标，是体现一个国家或地区核心竞争力的基础性指标。本节重点分析我国教育人口数量现状，并初步提出教育人口数量分析的基本框架。

一　教育人口数量现状

教育人口是指所有接受过（包括正在接受）不同程度学校教育水平的人口总和，在实际统计中，通常把教育人口定义为接受小学及以上教育的人口总和。教育人口数量现状，就是要分析接受过各级教育人口的数量情况与基本特征。根据我国人口统计的特点，从第二次人口普查起，历次人口普查均有人口受教育程度的数据统计项目，以上述数据为基础，可以全面分析我国教育人口数量的现状及变化轨迹。

（一）小学人口数量变化特点

小学人口数量是指在人口统计中，受过小学教育程度的人口总和，在人口普查的统计中，各种受教育程度的人包括各类学校的毕业生、肄业生和在校生。小学教育人口数量多少反映了人口总体文化教育构成中的素质高低，小学人口比重偏高，说明人口发展仍处于摆脱文盲阶段，人口整体素质依然不高。我国历次人口普查中关于小学人口数量的统计如表 6-1-1 所示。

表 6-1-1 1964～2010 年小学人口数量变化

年 份	小学人口（万人）	总人口（万人）	小学人口比重（%）
1964	19582.45	69122.01	28.33
1982	35534.67	100394.25	35.40
1990	42020.53	113051.06	37.17
2000	44161.34	124261.22	35.54
2010	35876.40	133972.49	26.78

数据来源：历次人口普查数据汇总。

由表 6-1-1 可知，1964～2010 年，我国小学人口数量的绝对规模在 2000 年增加到最高点，之后呈下降趋势，而相对规模也经历了一个先升后降的发展过程，在 1990 年达到最高值后，小学人口数量在总人口中所占的比重逐年下降。小学人口数量变化过程表明：在我国教育人口中，受过小学教育人口的绝对规模仍然很大，2010 年达到 35876.4 万人，占总人口的 26.78%，也就是说，在总人口中，仍有四分之一以上的人口的文化素质只有小学程度，人口总体素质依然偏低；此外，小学人口数量比重呈下降趋势，教育人口的文化教育结构趋于不断优化。

（二）初中人口数量变化特点

初中人口数量是指在人口统计中，受过初中教育程度的人口总和。初中教育人口数量的增加，说明人口受教育程度在提升。我国历次人口普查中关于初中人口数量的统计如表 6-1-2 所示。

表 6 - 1 - 2　1964～2010 年初中人口数量变化

年　份	初中人口（万人）	总人口（万人）	初中人口比重（%）
1964	3234.68	69122.01	4.68
1982	17819.74	100394.25	17.75
1990	26338.49	113051.06	23.30
2000	42238.66	124261.22	33.99
2010	51965.64	133972.49	38.79

数据来源：历次人口普查数据汇总。

由表 6 - 1 - 2 可知，1964～2010 年，我国初中人口数量的绝对规模呈逐年增加趋势，且相对规模也呈不断增加的态势，其中 1990～2000 年增加了 10.69%，增长速度很快。初中人口数量变化过程表明：在我国教育人口中，受过初中教育人口的绝对规模很大，2010 年达到 51965.64 万人，占总人口的 38.79%，我国人口文化教育构成中，初中人口的比重很大，这与我国经济社会发展所处的发展阶段是一致的。

（三）高中/中专人口数量变化特点

高中/中专人口数量是指在人口统计中，受过高中/教育程度的人口总和，它包括高中教育人口和中专教育人口，高中/中专教育人口属于中等教育，是优化人口文化教育结构的重要环节，高中/中专教育人口数量的增加，是提升人口素质的必经阶段。我国历次人口普查中关于高中/中专人口数量的统计如表 6 - 1 - 3 所示。

表 6 - 1 - 3　1964～2010 年高中/中专人口数量变化

年　份	高中/中专人口（万人）	总人口（万人）	高中/中专人口比重（%）
1964	911.68	69122.01	1.32
1982	6652.93	100394.25	6.63
1990	8988.75	113051.06	7.95
2000	13828.35	124261.22	11.13
2010	18798.60	133972.49	14.03

数据来源：历次人口普查数据汇总。

由表 6 - 1 - 3 可知，1964～2010 年，我国高中/中专人口数量的绝对规模呈逐年增加趋势，且相对规模也呈不断增加的态势，增加速度比较平稳。高中/中专人口数量变化过程表明：在我国教育人口中，受过高中/中专教育的人口规模总量依然偏小，2010 年仅为 18798.6 万人，占总人口的 14.03%，在知识经济时代，若要与经济转型升级和社会发展要求相适应，仍需大规模提升高中/中专教育人口规模及其比例，不断提升我国人力资源存量。

（四）高等教育人口数量变化特点

高等教育人口数量是指在人口统计中，受过大学专科以上教育程度的人口总和，它包括大学专科人口、大学本科人口和研究生人口，作为接受过高等教育的一个人口群体，它的数量与比例状况是反映一个国家或地区人力资源质量核心指标，提升高等教育人口在总人口中的比重，是提升国民素质，提高国家综合竞争力的根本途径。我国历次人口普查中关于高等教育人口数量的统计如表 6 - 1 - 4 所示。

表 6 - 1 - 4　1964～2010 年高等教育人口数量变化

年份	高等教育人口（万人）	总人口（万人）	高等教育人口比重（%）
1964	287.54	69122.01	0.42
1982	603.73	100394.25	0.60
1990	1575.74	113051.06	1.39
2000	4402.01	124261.22	3.54
2010	11963.68	133972.49	8.93

数据来源：历次人口普查数据汇总。

由表 6 - 1 - 4 可知，1964～2010 年，我国高等教育数量的绝对规模呈逐年增加趋势，且相对规模也呈不断增加的态势，其中 2000 年[①]之后，我国高等教育发展进入一个快速发展阶段，高等教育人口规模快速提升，到 2010 年，我国高等教育人口规模达到 11963.68 万人，占总人口 8.93%。

---

① 准确年份应是 1997 年、1998 年高等教育扩招之后。

若与美国高等教育人口比例进行比较，可以明显看出两者之间的差距。美国人口普查局 2010 年 12 月 21 日公布了 2010 年人口普查结果。截至 2010 年 4 月 1 日，美国总人口为 3.08 亿人，而美国全国成年人拥有本科学位的比例 27.5%，即全美 3 亿人口中约有 8470 万人口拥有本科学位，若与我国统计口径保持一致，美国高等教育人口比例接近 30%，在全球来看居于领先地位。而我国《国家中长期教育改革和发展规划纲要（2010~2020 年）》对教育人口发展的目标定位是："实现更高水平的普及教育。基本普及学前教育；巩固提高九年义务教育水平；普及高中阶段教育，毛入学率达到 90%；高等教育大众化水平进一步提高，毛入学率达到 40%；扫除青壮年文盲。新增劳动力平均受教育年限从 12.4 年提高到 13.5 年；主要劳动年龄人口平均受教育年限从 9.5 年提高到 11.2 年，其中受过高等教育的比例达到 20%，具有高等教育文化程度的人数比 2009 年翻一番。"

表 6 - 1 - 5　国家中长期人力资源开发主要目标

指　标	2009 年	2015 年	2020 年
具有高等教育文化程度的人数（万人）	9830	14500	19500
主要劳动年龄人口平均受教育年限（年）	9.5	10.5	11.2
其中：受过高等教育的比例（%）	9.9	15.0	20.0
新增劳动力平均受教育年限（年）	12.4	13.3	13.5
其中：受过高中阶段及以上教育的比例（%）	67.0	87.0	90.0

数据来源：国家中长期教育改革和发展规划纲要（2010~2020 年）。

从表 6 - 1 - 5 可知，由于我国人口基数大，我国当前高等教育人口总数为 11963.68 万人，与美国的高等教育人口规模相当，但高等教育人口比例仅为 8.93%，远远低于美国的 30%。中国的高等教育还有很长的路要走。

二　教育人口数量的分析框架

教育人口的数量分析是一个全新的研究领域，国内目前对此领域的研究不多，无论是在研究内容，还是研究方法上，均需要不断创新。本书提出教育人口数量分析，基本构建如下分析框架，具体的深入研究仍待完善。

（一）揭示教育人口数量的变化轨迹与特征

正如本章第一节所进行的研究一样，揭示教育人口数量的变动过程与现状特征，是教育人口数量研究的基础性工作。要充分利用人口普查、人口1%抽样调查以及统计年鉴等数据资源，全面系统梳理教育人口的数量变动过程，揭示变化过程的规律，并在此基础上了解当前教育人口数量的现状与特征。再深入一步，要通过国际比较，了解我国教育人口数量发展所处的阶段与地位，并以此提出教育人口数量发展的目标，准确定位发展的思路，等等。

（二）科学估算教育人口数量的变动趋势

教育人口未来的变动趋势，需要采用人口学的方法进行科学估算，这正是教育人口数量研究的创新所在。要借鉴人口统计学的分析方法，构建教育人口预测模型，对教育人口的未来变动趋势进行科学预测，从而指导教育实践；开展编制教育生命表①的工作，测算人口的预期受教育年限；与教育发展规划结合，探索开展教育人口数量与教育规划编制模型的关联研究等。

（三）创新教育人口数量研究结果的应用

教育人口数量研究结果要与教育与社会发展规划衔接，创新研究结果的应用。充分利用教育人口数量分析的结论，在教育规划编制得到体现，让教育人口数量分析为教育规划编制提供基础性数据；把教育人口数量研究与人才开发工作紧密结合起来，利用教育人口学的研究方法与研究手段，提升人才研究的科学化水平；把教育人口数量的研究与国家人力资源开发工作紧密结合起来，通过教育人口数量的科学研究，加快我国人力资源开发，为我国实现从人口大国迈向人力资源强国的宏伟目标服务；要把教育人口数量研究与经济转型升级、社会持续发展紧密结合起来，从高素

---

① 王金营：《利用人口普查数据编制教育生命表的技术处理》，《人口研究》增刊，2005，第184～188页。

质人口为经济社会创新提供动力的角度，充分发挥教育人口数量研究结果为实践服务的功能。

第二节　教育人口数量分析的应用

教育人口数量分析的最关键内容是如何利用人口学的方法，对教育人口的未来变动状况进行科学预测。本节以高等教育人口为例，探讨我国高等教育人口的预测模型及其未来变动趋势。有关教育人口的其他教育程度的人口，可类似地开展预测研究，在此不再分析。

一　我国高等教育人口变动的测算思路与指标说明

根据前述界定，我国高等教育人口属于人口中的一部分，它包括在校大学生及所有接受过高等教育的人口总和。本节将采用人口预测的方法，在总人口预测的基础上，对 2050 年前我国高等教育人口的变动趋势进行预测。

（一）我国总人口的预测

对我国未来总人口的预测，已有多种方案。在不同的预测方案中，其差别主要表现在对下列三类指标的估算上：一是关于我国"五普"数据的时点及漏报数据的调整；二是对总和生育率的估计；三是对城乡人口迁移程度的估算。本书采用王金营教授承担的国家人口发展战略课题的预测方案，即通过对"五普"数据进行回填和估算，估算出 2000 年 7 月 1 日的数据作为预测基础，然后分别考虑城乡不同的生育模式，结合城市化进程因素分别进行城乡人口预测[①]。未来总人口的预测是高等教育人口预测的基础，本书采用中方案的预测数据。

（二）高等教育人口预测的基本思路

高等教育人口的变动主要受两个因素的影响，一是总人口数的变化；

---

① 田雪原、王金营、周广庆：《老龄化——从"人口盈利"到"人口亏损"》，中国经济出版社，2006，第 24～44 页。

二是高等教育毛入学率的影响。根据前人研究，已知 2000～2050 年分年龄分性别的人口数，下面只要求得高等教育毛入学率的变动趋势，就可以求得我国高等教育人口的变动趋势。

设高等教育人口总数为 THP，分年龄的高等教育人口数为 hp_i，高等教育毛入学率为 r，分年龄的人口数为 p_i，分年龄的死亡概率为 q_i，则第 n 年的高等教育人口总数可表示为：

$$THP = \sum_{i=18}^{90^+} hp_{i_{n-1}} \times (1 - q_i) + (\sum_{i=18}^{22} p_i \times r - \sum_{i=18}^{21} hp_i - hp_{18}) \times k \quad (6-2-1)$$

在式中，2000 年分年龄分性别的高等教育人口数在 2000 年人口普查长表中已知（"五普"长表的数据最高年龄到 65 岁，为与总人口对应，在没有更好的参考模式条件下，本书假定分性别高等教育人口在 65～90 岁上分布模式与总人口相同），分年龄分性别的人口数 p_i 采用总人口的预测数。由于高等教育人口的死亡模式未知，在本书中假定其死亡模式与总人口的死亡模式相同，已知 2000 年分年龄分性别的死亡模式，若假定未来的死亡模式不变，则根据联合国预期寿命的步长法经验值，可以采用迭代法推算未来分年龄分性别的死亡概率 q_i，具体算法详见程序 1（本章最后）。高等教育毛入学率 r 的计算较为复杂，下面单独进行分析。k 是一个动态的比率，由于新增的高等教育入学人数为 19～22 岁的分布模式未知，在计算时，假定新增的高等教育入学人数分布模式与当年存活下来的高等教育人口的年龄分布模式相同，k 即为 19 岁、20 岁、21 岁、22 岁的高等教育人口占 19～22 岁总高等教育人口的比率，利用 k 对新增的高等教育人口数进行年龄分布的分配。

（三）关于高等教育毛入学率 r 的计算

高等教育毛入学率的计算方法很多，有学者总结出共有 8 种统计口径[1]。目前，我国通用的统计口径是以高等教育在校生数为分子，以 18～22 周岁的适龄人口为分母的方法[2]，具体计算公式如下：

---

① 唐德海：《高等教育毛入学率计算中的分子与分母》，《有色金属高等研究》1999 年第 4 期。
② 谢作栩：《中国高等教育大众化发展道路的研究》，福建教育出版社，2001。

高等教育毛入学率 =（研究生 + 普通高校本专科 + 成人高校本专科 + 军事院校 +

学历文凭考试 + 电大注册视听生人数 × 0.3 + 高等教育自学考试毕业生

× 5)/(18 ~ 22 周岁的人口数) × 100%   (6 - 2 - 2)

高等教育毛入学率是多种因素的综合结果[①]，对未来我国高等教育毛入学率的预测，需要先预测影响我国高等教育毛入学率变化的各种变量。但从实际情况来看，这种预测方法不易实现。事实上，高等教育的发展变化是与国家的宏观规划紧密联系在一起的，根据国家的总体规划目标来确定教育的发展目标（尹文耀，2005），对实际工作是有指导意义的。根据世界高等教育发展的一般规律，高等教育的发展普遍需要经历三个阶段，即"精英化—大众化—普及化"，根据多数国家高等教育的发展经验，高等教育达到普及化程度国家一般都是处于现代化程度较高的水平，即处于中等发达国家水平。按照这种思路，根据我国"三步走"的发展战略，到2050年，我国人均国民生产总值达到中等发达国家水平，人民生活比较富裕，基本实现现代化。从高等教育发展来看，到2050年，我国高等教育应该实现普及化，高等教育毛入学率达到50%以上。

根据这一思路，可分别设立三种方案，低方案是2050年高等教育毛入学率达到50%，中方案达到55%，高方案达到60%，其他年份的数据根据目标值进行线性拟合（表6-2-1）。根据这三种方案，按前述思路，可分别测算出我国未来分年龄分性别的高等教育人口数。

表 6 - 2 - 1   2000 ~ 2050 年我国高等教育毛入学率的三种变动方案

单位：%

年　份	低方案	中方案	高方案	年　份	低方案	中方案	高方案
2000	12.5	12.5	12.5	2005	21.0	21.0	21.0
2001	13.3	13.3	13.3	2006	22.0	22.0	22.0
2002	15.0	15.0	15.0	2007	22.64	22.75	22.86
2003	17.0	17.0	17.0	2008	23.27	23.50	23.73
2004	19.0	19.0	19.0	2009	23.91	24.25	24.59

---

① 米红、周仲高：《中国高等教育发展影响因素的模式识别与实证研究》，福建教育出版社，
2004，第 269 页。

年　份	低方案	中方案	高方案	年　份	低方案	中方案	高方案
2010	24.55	25.00	25.45	2031	37.91	40.75	43.59
2011	25.18	25.75	26.32	2032	38.55	41.50	44.45
2012	25.82	26.50	27.18	2033	39.18	42.25	45.32
2013	26.45	27.25	28.05	2034	39.82	43.00	46.18
2014	27.09	28.00	28.91	2035	40.45	43.75	47.05
2015	27.73	28.75	29.77	2036	41.09	44.50	47.91
2016	28.36	29.50	30.64	2037	41.73	45.25	48.77
2017	29.00	30.25	31.50	2038	42.36	46.00	49.64
2018	29.64	31.00	32.36	2039	43.00	46.75	50.50
2019	30.27	31.75	33.23	2040	43.64	47.50	51.36
2020	30.91	32.50	34.09	2041	44.27	48.25	52.23
2021	31.55	33.25	34.95	2042	44.91	49.00	53.09
2022	32.18	34.00	35.82	2043	45.55	49.75	53.95
2023	32.82	34.75	36.68	2044	46.18	50.50	54.82
2024	33.45	35.50	37.55	2045	46.82	51.25	55.68
2025	34.09	36.25	38.41	2046	47.45	52.00	56.55
2026	34.73	37.00	39.27	2047	48.09	52.75	57.41
2027	35.36	37.75	40.14	2048	48.73	53.50	58.27
2028	36.00	38.50	41.00	2049	49.36	54.25	59.14
2029	36.64	39.25	41.86	2050	50.00	55.00	60.00
2030	37.27	40.00	42.73				

注：2006 年及以前的数据为实际值。

二　我国高等教育人口变动的趋势

根据上述分析思路，本书采用 Visual FoxPro 进行编程，并利用 SPSS 统计软件进行辅助测算，求得低、中、高三种方案下我国 2000～2050 年分年龄分性别的高等教育人口数。

（一）高等教育人口数量变动趋势

根据我国人口变动的趋势，在不同高等教育毛入学率条件下的高等教育人口变动趋势是可以精确测算的。我国高等教育人口变动趋势反映了高等教育人口存量的总体情况。从数量变动的趋势来看，其具体变化过程如表 6 - 2 - 2 和图 6 - 2 - 1 所示。

表 6 - 2 - 2　2000～2050 年我国高等教育人口的三种变动方案

单位：人

年　份	低方案	中方案	高方案	年　份	低方案	中方案	高方案
2000	44020145	44020145	44020145	2026	185923453	191868998	197814538
2001	50101138	50101138	50101138	2027	192224821	198502674	204955183
2002	54497520	54497520	54497520	2028	198435102	205382230	212363763
2003	59683639	59683639	59683639	2029	205619178	213169136	220753469
2004	65679824	65679824	65679824	2030	211906942	220020342	228168088
2005	71916803	71916803	71916803	2031	218876082	227609212	236376652
2006	78204408	78204408	78204408	2032	225977947	235355543	244767423
2007	84270978	84400288	84529600	2033	233132312	243183382	253268701
2008	90634130	90939340	91244551	2034	240244690	250971953	261733436
2009	96689081	97186155	97683229	2035	247241253	258659564	270112062
2010	101875638	102570542	103265453	2036	254100276	266203338	278340555
2011	107145390	108065498	108985613	2037	260780908	273566420	286386055
2012	112278500	113424501	114570496	2038	267263178	280735613	294242131
2013	117089142	118472988	119856835	2039	273563130	287710314	301891545
2014	121923035	123546928	125170823	2040	279683082	294501184	309353290
2015	126579149	128450066	130320987	2041	285659286	301155931	316686540
2016	131155393	133290710	135426035	2042	291543428	307714205	323918899
2017	135607867	138006151	140404440	2043	297348764	314198762	331082640
2018	140879072	143589003	146298942	2044	303097849	320642242	338220461
2019	146383431	149440298	152497169	2045	308794741	327035244	345309524
2020	151894799	155308331	158721868	2046	314452084	333404933	352391493
2021	157409088	161195373	164981670	2047	320095579	339764317	359466713
2022	162943110	167128268	171313436	2048	325717821	346113074	366541937
2023	168528516	173121278	177714044	2049	331350433	352492365	373667851
2024	174188294	179215129	184241978	2050	337001353	358896303	380824740
2025	179976533	185450953	190925386				

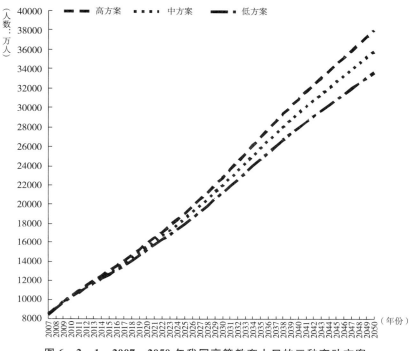

图 6 - 2 - 1　2007～2050 年我国高等教育人口的三种变动方案

由表 6 - 2 - 2 和图 6 - 2 - 1 可知，在保持稳定递增的高等教育毛入学率条件下，由于我国高等教育适龄人口数量巨大，未来半个世纪我国高等教育人口总量将呈稳定的上升态势。按中方案测算，到 2020 年，我国高等教育人口总量可达 15531 万人，高等教育人口占总人口的 10.75%；到 2050 年，高等教育人口总量可达 35890 万人，占总人口的 25.52%（表 6 - 2 - 3）。

（二）高等教育人口比重的国际比较

根据世界银行公布的数据统计口径，关于高等教育人口占总人口比重的指标有两种，一是高等教育人口占 15 岁及以上人口的比重，二是高等教育人口（25 岁及以上）占 25 岁及以上人口的比重。这两类指标分别又分为毕业的和全部的高等教育人口所占比重。根据我国高等教育人口的实际数据，本书选择第一类指标作为比较对象（表 6 - 2 - 4 和表 6 - 2 - 5）。此外，由于世界各国高等教育分类标准各异，世界银行对我国高等教育人口统计的口径小于当前我国高等教育毛入学率的统计口径，为便于比较，假定未来高等教育不同层级的内部结构保持稳定，可以把我国当前的统计口径调整为世界银行的统计口径①（表6－2－6）。

表6－2－3 2000～2050年我国高等教育人口占总人口的比例

单位：%

年　份	低方案	中方案	高方案	年　份	低方案	中方案	高方案
2000	3.49	3.49	3.49	2026	12.40	12.79	13.19
2001	3.94	3.94	3.94	2027	12.69	13.11	13.53
2002	4.24	4.24	4.24	2028	13.01	13.46	13.92
2003	4.61	4.61	4.61	2029	13.26	13.74	14.23
2004	5.02	5.02	5.02	2030	14.43	14.99	15.54
2005	5.46	5.46	5.46	2031	14.91	15.50	16.10
2006	5.90	5.90	5.90	2032	15.36	16.00	16.64
2007	6.31	6.32	6.33	2033	15.81	16.49	17.18
2008	6.74	6.76	6.78	2034	16.25	16.98	17.71
2009	7.13	7.17	7.20	2035	16.68	17.45	18.23
2010	7.49	7.54	7.59	2036	17.10	17.91	18.73
2011	7.81	7.88	7.95	2037	17.49	18.35	19.21
2012	8.13	8.21	8.29	2038	17.87	18.77	19.68
2013	8.41	8.51	8.61	2039	18.23	19.17	20.12
2014	8.69	8.80	8.92	2040	19.22	20.23	21.25
2015	8.98	9.12	9.25	2041	19.73	20.80	21.87
2016	9.26	9.42	9.57	2042	20.15	21.27	22.39
2017	9.52	9.69	9.86	2043	20.55	21.72	22.88
2018	9.83	10.02	10.20	2044	20.94	22.15	23.36
2019	10.14	10.35	10.56	2045	21.30	22.56	23.82
2020	10.51	10.75	10.98	2046	21.66	22.96	24.27
2021	10.84	11.10	11.36	2047	22.00	23.35	24.70
2022	11.16	11.45	11.73	2048	22.32	23.72	25.12
2023	11.47	11.78	12.10	2049	22.64	24.08	25.53
2024	11.78	12.12	12.46	2050	23.96	25.52	27.07
2025	12.09	12.45	12.82				

---

① 世界银行在高等教育人口统计中，把高等教育分为三级，其统计口径是指正规的学校教育，自学考试和电大的学生没有纳入统计，因而其统计口径比我国现行的高等教育统计口径要小。

表 6 - 2 - 4　2000 年世界主要国家及地区高等教育人口占总人口的
比例（15 岁及以上）

单位：%

地　区	比　例	国　家	比　例
世界平均（107）*	12.6	美　国	48.1
发展中国家（73）	6.5	英　国	19.6
发达国家（23）	28.1	德　国	16.1
中东/北非（11）	8.8	日　本	22.2
撒哈拉沙漠地区（22）	2.2	韩　国	26.3
拉丁美洲/加勒比海（23）	10.9	印　度	4.1
东亚/太平洋（10）	11.7	巴　西	7.5
南亚（7）	3.7	埃　及	9.3
经济转型国家（11）	13.9	肯尼亚	1.1

＊ 括号内的数字指包括的国家或地区数。

数据来源：世界银行（The World Bank）。

综合表 6 - 2 - 4、表 6 - 2 - 5 和表 6 - 2 - 6 的结果可知，2000～2050 年我国高等教育人口占 15 岁及以上人口的比重（下文简称高等教育人口比重）将稳定上升。若以中方案的数据为基础，参照世界银行的统计口径，由于我国庞大的人口基数，2000 年我国高等教育人口比重仅为 2.8%，大大低于发展中国家 6.5% 的平均水平；到 2020 年，我国高等教育人口比重可达到 8.05%，到 2035 年，我国高等教育人口比重才能达到 12.52%，相当于 2000 年的世界平均水平；到 21 世纪中叶，我国高等教育人口比重可达到 18.38%，若相比于发达国家的平均水平，我国高等教育人口比重仍然很低。但是，若以当前我国高等教育毛入学率的计算标准，我国高等教育人口比重在 2019 年左右即可达到 2000 年的世界平均水平，到 2050 年，高等教育人口比重可达 28.44%。

综上所述，在既定模式下，未来我国高等教育人口的绝对量将大幅度增加，到 2020 年，我国高等教育人口总量将达到 1.5 亿左右，到 21 世纪中叶，高等教育人口总量将达到 3.5 亿左右，这无疑是我国社会经济发展的宝贵财富。但是，若从相对量来看，在未来近半个世纪内，我国高等教育人口比重仍然要低于世界平均水平，高等教育的发展依然任重道远。

表 6 - 2 - 5　2000～2050 年我国高等教育人口占总人口的比例（15 岁及以上）

单位：%

年　份	低方案	中方案	高方案	年　份	低方案	中方案	高方案
2000	4.61	4.61	4.61	2026	15.22	15.71	16.20
2001	5.17	5.17	5.17	2027	15.59	16.10	16.63
2002	5.52	5.52	5.52	2028	15.94	16.50	17.06
2003	5.93	5.93	5.93	2029	16.11	16.70	17.29
2004	6.40	6.40	6.40	2030	17.28	17.94	18.60
2005	6.91	6.91	6.91	2031	17.83	18.54	19.26
2006	7.40	7.40	7.40	2032	18.31	19.07	19.83
2007	7.88	7.89	7.90	2033	18.79	19.60	20.41
2008	8.37	8.40	8.43	2034	19.26	20.12	20.98
2009	8.83	8.87	8.92	2035	19.71	20.63	21.54
2010	9.26	9.33	9.39	2036	20.16	21.12	22.08
2011	9.68	9.76	9.85	2037	20.58	21.59	22.60
2012	10.07	10.17	10.27	2038	20.99	22.05	23.11
2013	10.42	10.54	10.66	2039	21.37	22.48	23.59
2014	10.77	10.91	11.06	2040	22.70	23.90	25.11
2015	11.15	11.31	11.48	2041	23.34	24.61	25.88
2016	11.49	11.67	11.86	2042	23.82	25.14	26.47
2017	11.78	11.99	12.20	2043	24.27	25.65	27.03
2018	12.14	12.37	12.61	2044	24.71	26.14	27.58
2019	12.51	12.77	13.03	2045	25.13	26.62	28.10
2020	12.98	13.27	13.56	2046	25.54	27.07	28.62
2021	13.41	13.73	14.05	2047	25.92	27.52	29.11
2022	13.79	14.14	14.49	2048	26.30	27.94	29.59
2023	14.15	14.54	14.93	2049	26.65	28.36	30.06
2024	14.51	14.93	15.35	2050	28.44	30.28	32.13
2025	14.87	15.32	15.77				

表 6 - 2 - 6　调整后 2000～2050 年我国高等教育人口占总人口的
比例（15 岁及以上）

单位：%

年　份	低方案	中方案	高方案	年　份	低方案	中方案	高方案
2000	2.80	2.80	2.80	2026	9.24	9.54	9.83
2001	3.14	3.14	3.14	2027	9.46	9.77	10.09
2002	3.35	3.35	3.35	2028	9.68	10.01	10.35
2003	3.60	3.60	3.60	2029	9.78	10.14	10.50
2004	3.88	3.88	3.88	2030	10.49	10.89	11.29
2005	4.19	4.19	4.19	2031	10.82	11.25	11.69
2006	4.49	4.49	4.49	2032	11.11	11.57	12.04
2007	4.78	4.79	4.80	2033	11.40	11.90	12.39
2008	5.08	5.10	5.12	2034	11.69	12.21	12.73
2009	5.36	5.39	5.41	2035	11.97	12.52	13.07
2010	5.62	5.66	5.70	2036	12.24	12.82	13.40
2011	5.88	5.93	5.98	2037	12.49	13.11	13.72
2012	6.11	6.17	6.23	2038	12.74	13.38	14.03
2013	6.32	6.40	6.47	2039	12.97	13.64	14.32
2014	6.54	6.62	6.71	2040	13.78	14.51	15.24
2015	6.77	6.87	6.97	2041	14.17	14.94	15.71
2016	6.97	7.09	7.20	2042	14.46	15.26	16.06
2017	7.15	7.28	7.40	2043	14.73	15.57	16.41
2018	7.37	7.51	7.65	2044	15.00	15.87	16.74
2019	7.59	7.75	7.91	2045	15.25	16.16	17.06
2020	7.88	8.05	8.23	2046	15.50	16.43	17.37
2021	8.14	8.33	8.53	2047	15.74	16.70	17.67
2022	8.37	8.58	8.80	2048	15.96	16.96	17.96
2023	8.59	8.83	9.06	2049	16.18	17.21	18.24
2024	8.81	9.06	9.32	2050	17.26	18.38	19.50
2025	9.03	9.30	9.57				

（三）年龄结构的变动趋势

我国高等教育人口年龄结构的变动将进一步展示高等教育人口的未来变化趋势。相对比于我国总人口年龄的缩减型结构，我国高等教育人口的年龄结构属于增长型。以中方案的预测数据为基础，2000 年、2020 年和 2050 年我国高等教育人口的年龄结构分别如图 6-2-2、图 6-2-3 和图 6-2-4 所示。

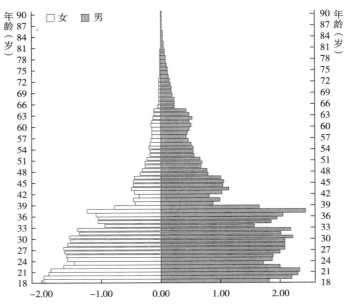

图 6-2-2　2000 年我国高等教育人口年龄结构金字塔

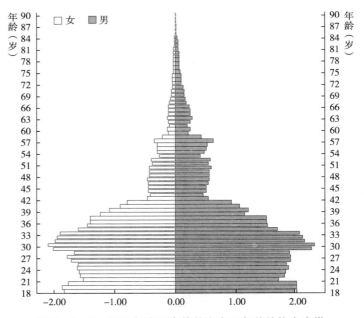

图 6-2-3　2020 年我国高等教育人口年龄结构金字塔

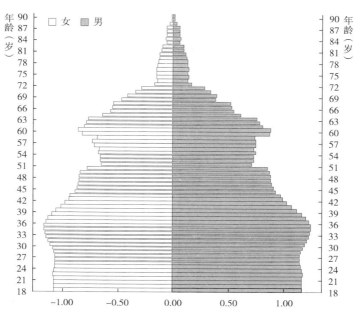

图 6 - 2 - 4　2050 年我国高等教育人口年龄结构金字塔

由上述三个图形比较可知，我国高等教育人口的年龄结构明显属于增长型，2000 年的高等教育人口年龄结构金字塔显示，低龄组所占的比重较大，随着年龄的增大，高等教育人口所占比重降低；到 2020 年，低龄组高等教育人口所占的比重仍然较多，但在分布上呈现出波峰与波谷的特点，到 2050 年，这种特点更加明显，我国高等教育人口在 2009～2013 年和 2033～2037 年有两个明显的增长高峰。从整体来看，随着时间的推移，我国高等教育人口的年龄结构由年轻型逐渐趋向老化，若以劳动年龄（18～65 岁）为分界，2000 年劳动年龄的高等教育人口占高等教育总人口的 97.28%，2020 年占 97.14%，2050 年占 91.38%。

程序 1　死亡概率迭代程序（基于 Visual FoxPro 语言）

```
SET TALK OFF
SET SAFE OFF
SET DEFA TO F：\ 死亡概率预测
CLEA ALL
```

```
CLEA

SET ALTE TO a

SET ALTE ON

**程序基本设置

FA = 1

ND1 = 2000 .

ND2 = 2050

CLOSE DATABASES

FOR I = 1 TO 2

死亡概率预测 = '死亡概率预测' - iif（i = 1，'M'，'F'）

生命表 00 = 'F：\生命表\全国生命表' - iif（i = 1，'M'，'F'）

CREATE TABLE & 死亡概率预测 free（x N（4））

FOR x0 = 0 to 90

APPEND BLANK

REPLACE x with x0

ENDFOR

USE

nd0 = nd1

do whil nd0 < = nd2

qnd = 'q' + STR（nd0，4）

qnd1 = 'q' + STR（nd0 - 1，4）

SELECT b

use & 死亡概率预测

ALTER TABLE & 死亡概率预测 add &qnd N（10，6）

INDEX ON x to bin

SELECT a

生命表 = 生命表 00

IF nd0 = nd1

CREATE TABLE aaa free（x N（8），mx N（10，6），qx N（10，6），lx1 N
（10，6），dx N（10，6），;

   tx N（10，6），ex N（10，6），ax N（10，6），mx2 N（10，6），lx2 N
（10，6））

APPEND FROM & 生命表
```

```
ELSE

REPLACE qx with b.&qnd1

ENDIF

INDEX ON x to ain

SET RELATION TO x into b

IF nd0 = 2000

REPLACE b.&qnd with qx all

ELSE

SELECT c

use 预期寿命

LOCATE for nd = nd0

e1 = 'e' - iif (i = 1, 'M', 'F')

e0 = &e1

SELECT a

LOCATE for x = 0

tLx = tx

ex0 = ex

n = 1

do while.T.

REPLACE qx with n * qx all

GO top

REPLACE lx1 with 100000, dx with 100000 * qx

do whil x < 90

d = dx

lx = lx1 - dx

SKIP

REPLACE lx1 with lx, dx with lx * qx

ENDDO

GO bott

REPLACE dx with lx1

REPLACE tx with dx * ax

REPLACE lx2 with dx * ax

REPLACE qx with 1
```

```
do whil x > 0
lx = lx1
tx0 = tx
SKIP  -1
REPLACE lx2 with lx + dx * ax
REPLACE tx with tx0 + lx2
ENDDO
GO top
REPLACE ex with tx／lx1
GO top
do case
CASE ROUND（ex，3） = ROUND（e0，3）
EXIT
CASE ROUND（ex，3） > ROUND（e0，3）
ZAP
APPEND FROM & 生命表
n = n * 1.01
LOOP
CASE ROUND（ex，3） < ROUND（e0，3）
n = n * 0.99
LOOP
ENDCASE
REPLACE qx with 1 for x = 90
ENDDO
GO top
? TIME（），n，nd0，'调整目标值：'，e0，'实际调整值：'，ex，'目标值 - 调
整值'，ex - e0
RÉPLACE b.&qnd with qx all
ENDIF
nd0 = nd0 + 1
ENDDO
SELECT b
? '＊结果文件：'，DBF（）
```

```
ENDFOR

SET ALTE TO

CLOSE ALTE

MODIFY COMMAND aaa.txt

SET TALK ON

SET SAFE ON

RETU
```

第七章　教育人口的结构分析

教育人口结构是分析教育人口的重要维度之一。教育人口结构的现状与特征反映了当前教育人口的横向状况，对深入了解教育人口的内部构成，把握当前教育人口研究领域具有重要的指导作用。教育人口的结构分析就是采用人口学的方法，对教育人口的结构进行全面系统的分析，揭示教育人口结构的基本特征与发展趋势，并在此基础上探讨教育人口结构对经济社会其他领域可能产生的影响。

第一节　教育人口结构现状与分析框架

教育人口结构变动是教育人口变动的重要方面，是分析教育人口现状的重要维度之一。与人口结构类似，教育人口结构主要按照人口结构的分类框架，大致包括教育人口的自然结构、教育人口的经济结构、教育人口的社会结构和教育人口的地域结构四大类。按此分类，本节重点分析我国教育人口结构现状，并初步提出教育人口结构分析的基本框架。

一　教育人口结构现状

教育人口结构现状，就是要分析接受过各级教育的人口结构情况与基本特征。根据我国人口统计的特点，从第二次人口普查起，历次人口普查均有人口受教育程度的数据统计项目，以上述数据为基础，可以全面分析我国教育人口结构的现状及变化轨迹。如前所述，由于教育人口结构涉及不同的分类，而且教育人口本身又分为小学、初中、高中/中专、高等教育等不同的类型，若要全面系统分析教育人口的结构，内容庞大，篇幅较多，详细的分析另待研究。本书以高等教育人口为例，分析高等教育人口的结构现状与基本特征。

（一）高等教育人口的自然结构

高等教育人口的自然结构，主要包括人口的性别结构和年龄结构。而高等教育人口本身又包括很多的子级分类。为细化分析，本小节以普通高等学校在校生的性别结构和普通高校专任教师中教授的年龄结构为例，对此类问题进行实证分析，为全面分析教育人口结构提供基本范例。

1. 普通高等学校在校生的性别结构

普通高等学校在校生是指我国全日制普通高等学校本专科的学生。普通高等学校在校生数反映了普通高等学校在一个周期内的学生总容量。通过数据整理，我国1953～2002年普通高校在校生的性别结构如下。

从表7-1-1可知，我国普通高等学校在校生的性别结构在新中国成立之初存在严重的性别失衡。1953年，男生占了总人数的74.72%。在男生占绝对优势的前提下，男女生性别结构比例也有波动，1973～1976年女生的比重开始上升，1973年，女生占总人数的比重首次超过了30%。到1977年，女生的比重再次下跌，直至1981年，女生所占的比重呈上升趋势，到2002年，男女生性别比为127.53，相比较于1953年的水平，男女生的性别失衡状况得到了极大的改善。

普通高等学校在校生作为总人口中的一个群体，它与总人口的性别结构之间也存在一定的关联。根据我国国情，普通高等学校在校生的年龄阶段基本上处于18～22岁[①]。因此，对比分析普通高等学校在校生的性别结构与同期18～22岁的总人口性别结构，更能进一步说明普通高等学校在校生性别结构的特征。通过整理我国人口统计的数据，表7-1-2是我国五次人口普查数据中的18～22岁人口的性别结构状况。

从表7-1-2可知，我国18～22岁人口的性别比处于区间［100.79，107.12］之内，这说明我国18～22岁组人口的性别比是正常的。由此可见，我国普通高等学校在校生的性别比远远高于同龄人口的性别比，即男性在接受普通本专科教育方面占有绝对的优势。另外，从趋势上来说，这

---

① 18～22周岁也是作为我国高等教育适龄人口数的年龄组。

表 7 - 1 - 1　1953～2002 年我国普通高等学校在校生性别结构

单位：%

年　份	普通高等学校在校生			年　份	普通高等学校在校生		
	男　性	女　性	性别比		男　性	女　性	性别比
1953	74.72	25.28	295.57	1978	75.89	24.11	314.77
1954	73.73	26.27	280.66	1979	75.91	24.09	315.11
1955	74.10	25.90	286.10	1980	76.56	23.44	326.62
1956	75.40	24.60	306.50	1981	75.58	24.42	309.50
1957	76.75	23.25	330.11	1982	73.54	26.46	277.93
1958	76.70	23.30	329.18	1983	73.08	26.92	271.47
1959	77.42	22.58	342.87	1984	71.35	28.65	249.04
1960	75.50	24.50	308.16	1985	70.02	29.98	233.56
1961	75.35	24.65	305.68	1986	68.43	31.57	216.77
1962	74.66	25.34	294.63	1987	66.99	33.01	202.91
1963	74.16	25.84	287.00	1988	66.63	33.37	199.67
1964	74.27	25.73	288.65	1989	66.30	33.70	196.77
1965	73.12	26.88	272.02	1990	66.30	33.70	196.73
1966	—	—	—	1991	66.61	33.39	199.46
1967	—	—	—	1992	66.31	33.69	196.81
1968	—	—	—	1993	66.39	33.61	197.54
1969	—	—	—	1994	65.55	34.45	190.24
1970	—	—	—	1995	64.59	35.41	182.37
1971	—	—	—	1996	63.57	36.43	174.53
1972	—	—	—	1997	62.68	37.32	167.96
1973	69.23	30.77	224.99	1998	61.69	38.31	161.02
1974	66.24	33.76	196.21	1999	60.34	39.66	152.13
1975	67.41	32.59	206.84	2000	59.02	40.98	144.02
1976	66.98	33.02	202.85	2001	57.96	42.04	137.86
1977	70.96	29.04	244.35	2002	56.05	43.95	127.53

　　资料来源：根据中国教育事业统计年鉴（1987～2003）、中国人口统计年鉴（1988～2003）的数据整理，—表示数据缺失。

种不平衡的状态正在改变，女性与男性在接受普通本专科教育方面的差距在不断缩小。

表 7 - 1 - 2　五次人口普查中 18~22 岁人口与同期在校生性别结构的比较

年　份	男　性（%）		女　性（%）		性别比	
	总人口	在校生	总人口	在校生	总人口	在校生
1953	51.52	74.72	48.48	25.28	106.28	295.57
1964	51.72	74.27	48.28	25.73	107.12	288.65
1982	50.20	73.54	49.80	26.46	100.79	277.93
1990	51.08	66.30	48.92	33.70	104.41	196.73
2000	50.74	59.02	49.26	40.98	103.02	144.02

资料来源：根据一普、二普、三普、四普和五普的资料汇总计算得到。

2. 普通高校专任教师的教授年龄结构

普通高校专任教师的年龄结构是反映高校教师的队伍结构的指标之一。按统计年鉴的分类，研究的分类方式是按分职称分年龄交叉进行的。其中职称等级分为教授、副教授、讲师、助教和教员五级。年龄分类按 30 岁以下，31~35 岁，36~40 岁，41~45 岁，46~50 岁，51~55 岁，56~60 岁，61 岁以上八个年龄组来划分，本小节以教授的年龄结构分析为例，研究 1986~2002 年教授的年龄结构的变化情况与基本特征。

表 7 - 1 - 3　1986~2002 年普通高校专任教师中教授的年龄结构分析

年　份	30 岁以下	31~35 岁	36~40 岁	41~45 岁	46~50 岁	51~55 岁	56~60 岁	61 岁以上	平均年龄①
	各年龄组占教师总数的百分比（%）								（岁）
1986	0.00	0.03	0.01	0.39	3.70	14.60	22.12	59.16	61.33
1987	0.00	0.02	0.06	0.51	3.77	19.01	33.11	43.53	59.85
1988	0.00	0.02	0.07	0.47	5.02	19.68	38.09	36.65	59.13
1989	0.00	0.03	0.11	0.46	2.85	18.36	40.96	37.22	59.44
1990	0.01	0.11	0.15	0.83	2.47	16.18	40.98	39.26	59.65
1991	0.01	0.06	0.24	0.73	2.47	15.97	40.62	39.89	59.72
1992	0.10	0.27	0.44	0.80	3.24	16.78	41.67	36.69	59.22
1993	0.19	0.53	1.29	1.34	4.43	18.88	43.36	29.98	58.13

---

①　平均年龄 =（各年龄组的组中值×各年龄组人数）之和/人口总数，其中 30 岁以下的年龄组下限取 23 岁，即相当于大学本科毕业的平均年龄，61 岁以上的年龄组的上限取 2000 年全国人口平均预期寿命 71 岁计算。

续表

年　份	30 岁以下	31 ~ 35 岁	36 ~ 40 岁	41 ~ 45 岁	46 ~ 50 岁	51 ~ 55 岁	56 ~ 60 岁	61 岁以上	平均年龄
	各年龄组占教师总数的百分比（%）								（岁）
1994	0.06	0.81	1.71	1.61	4.61	17.00	46.05	28.16	57.89
1995	0.07	1.32	2.56	2.23	4.61	16.42	46.73	26.07	57.36
1996	0.05	1.91	3.62	3.47	4.76	16.06	44.47	25.66	56.80
1997	0.06	2.56	4.46	5.54	4.90	15.45	40.71	26.33	56.25
1998	0.05	2.57	5.81	8.47	6.21	15.72	34.84	26.34	55.43
1999	0.04	1.96	7.87	12.16	8.52	15.73	30.39	23.33	54.17
2000	0.05	1.89	10.08	14.33	11.08	15.45	26.03	21.09	53.01
2001	0.09	1.45	12.19	15.61	14.26	13.64	23.07	19.68	52.14
2002	0.05	1.03	14.22	16.11	17.99	12.44	20.33	17.82	51.30

数据来源：根据中国教育事业统计年鉴（1987 ~ 2003）的数据计算。

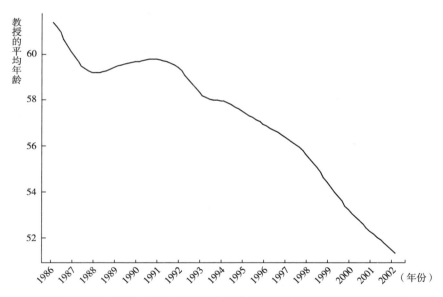

图 7 - 1 - 1　1986 ~ 2002 年普通高校专任教师中教授的平均年龄变化

根据上述的表分析可知，1986 ~ 2002 年，我国普通高校专任教师中教授年龄结构从整体上呈现出以下特征：一是不同年龄组的教授人数变化明显，教授的年龄结构发生了显著的变化；二是教授呈现年轻化的趋

势，教授的平均年龄在逐年下降。具体来看：（1）30 岁以下的教授人数
变化不大，就整体而言，它是一个较为特殊的少数群体；（2）31～35 岁
组的教授人数变化有所波动，1986～1998 年，此岁组教授人数呈上升趋
势，至 1998 年其比重达到 2.57%，此后，其比重又略有回落；
（3）36～40 岁、41～45 岁和 46～50 岁组的教授人数都在上升，但各自
的增幅不同，1986 年，此三组教授的比重分别为 0.01%、0.39% 和
3.7%，至 2002 年，其所占的比重分别增至 14.22%、16.11% 和
17.99%，其增幅分别为 14.21%、15.72% 和 14.29%；（4）51～55 岁
组教授所占的比重变化不大，但近几年在总体上呈现下降趋势。1986～
2002 年，此组教授的比重处在 12.44%～19.68%；（5）56～60 岁组教
授所占的比重变化波动较为明显，总体上呈现出一种前升后降的趋势。
1986～1995 年，此组教授所占的比重逐步上升，1986 年，此组教授比重
为 22.12%，到 1995 年，其比重增至 46.73%，增幅为 24.61%。自
1995 年起，此组教授所占的比重开始下降，至 2002 年，其比重为
20.33%，低于 1986 年的水平，这进一步表明我国教授的年龄结构呈现
年轻化的特征；（6）61 岁以上的教授所占的比重呈现急剧下降趋势，但
在不同年份其下降幅度不同。从总体上看，此组教授在 1986 年所占的比
重高达 59.16%，至 2002 年，其比重下降至 17.82%，降幅达到
41.34%；（7）教授的平均年龄在总体上呈现下降趋势。1986 年，教授
的平均年龄是 61.33 岁，到 2002 年，其平均年龄降到 51.30 岁，从总体
上看，教授的平均年龄下降了 10.03 岁。

（二）高等教育人口的经济结构

高等教育人口的经济结构，主要体现在高等教育人口的产业结构和职
业结构方面。根据第五次人口普查的数据资料，我国高等教育人口的产业
结构和职业结构状况如下。

1. 高等教育人口产业结构

根据我国第五次人口普查中的长表数据，可以对中国高等教育人口产
业结构的现状及其特征进行实证分析。高等教育人口产业结构的现状
如下。

表7-1-4　2000年我国高等教育人口产业结构现状

单位：人，%

行　业	专　科		本　科		研究生	
	总　数	比　重	总　数	比　重	总　数	比　重
农、林、牧、渔业	49055	2.23	9644	1.12	743	1.24
采掘业	25789	1.17	8437	0.98	239	0.40
制造业	348490	15.86	129612	15.06	5965	9.92
电力、煤气及水的生产和供应业	51301	2.33	16349	1.90	553	0.92
建筑业	61749	2.81	20913	2.43	647	1.08
地质勘查业、水利管理业	11603	0.53	6606	0.77	366	0.61
交通运输、仓储及邮电通信业	87937	4.00	28829	3.35	1388	2.31
批发和零售贸易、餐饮业	180070	8.19	47784	5.55	2763	4.59
金融、保险业	121304	5.52	39452	4.58	3419	5.69
房地产业	30109	1.37	10714	1.24	799	1.33
社会服务业	88694	4.04	33393	3.88	3151	5.24
卫生、体育和社会福利业	130187	5.92	57627	6.70	3585	5.96
教育、文化艺术及广播电影电视业	493504	22.46	238451	27.71	20935	34.81
科学研究和综合技术服务业	35799	1.63	44254	5.14	5944	9.88
国家机关、政党机关和社会团体	452887	20.61	156832	18.22	8822	14.67
其他行业	28984	1.32	11688	1.36	821	1.37
总　数	2197462	100	860585	100	60140	100

数据来源：根据2000年中国人口普查数据计算。

根据表7-1-4的数据分析可知不同受教育程度人口在行业分类中的分布：（1）专科生主要分布在教育、文化艺术及广播电影电视事业，国家机关、政党机关和社会团体以及制造业等行业之内。在地质勘查业、水利管理业，科学研究和综合技术服务业，农、林、牧、渔业，采掘业以及房地产业的专科生人数均较少。（2）本科生主要分布在教育、文化艺术及广播电影电视事业，国家机关、政党机关和社会团体以及制造业等行业之内。在地质勘查业、水利管理业，其他行业，农、林、牧、渔业，采掘业以及房地产业的本科生人数均较少。与专科生相比，基本结构变化不大，在教育、文化艺术及广播电影电视事业的人数比重比专科生明显增大，其他对文化程度要求不高的行业所占的比重也比专科生所占的比重有所降低。（3）研究生主要分布在教育、文化艺术及广播电影电视事业，国家机关、政党机关和社会团体等行业之内。在地质勘查业、水利管理业，电力、煤气及水的生产和供应业，其他行业，农、林、牧、渔业，采掘业，建筑业以及房地产业的研究生人数均较少。与本专科生相比，研究生的产业结构发生了重大变化，在教育、文化艺术及广播电影电视事业的人数明显增大，另外，在科学研究和综合技术服务业，研究生的比重比本专科生的比重要大得多。总之，我国高等教育人口产业结构的基本特征如下。

第一，高等教育人口集中在教育、文化艺术及广播电影电视事业，国家机关、政党机关和社会团体以及制造业三大行业类别之内，这三大行业所占的高等教育人口比重占总比重的59.49%。

第二，地质勘查业、水利管理业，农、林、牧、渔业，采掘业，房地产业，其他行业等行业中高等教育人口比重均较小。

第三，本专科生在产业结构上差异不大，基本上集中在教育、文化艺术及广播电影电视事业，国家机关、政党机关和社会团体以及制造业三大行业类别之内，根据各行业对文化程度的不同要求，专科生相对地更多地从事对文化程度要求更低的行业。

第四，研究生在产业结构分布上与本专科生有明显的差异。研究生集中分布在教育、文化艺术及广播电影电视事业，国家机关、政党机关和社会团体等行业之内，在科学研究和综合技术服务业内，研究生的比重明显高于本专科生的比重。

2. 高等教育人口职业结构

根据我国第五次人口普查中的长表数据，结合1982年第三次人口普查数据，对比分析我国高等教育人口职业结构的变化，同时根据2000年的数据，实证分析中国高等教育人口职业结构的现状及其特征。

（1）1982 年与 2000 年中国高等教育人口职业结构的对比分析

根据 1982 年和 2000 年人口普查的资料，通过计算整理，求得两次普查数据中有关高等教育人口职业结构的数据如下。

表 7 – 1 – 5　1982 年与 2000 年中国高等教育人口职业结构比较

单位：人，%

职　业	1982 年		2000 年		增长幅度	
	总　数	比　重	总　数	比　重	总　数	比　重
国家机关、党群组织、企业、事业单位负责人	475592	11.24	389734	12.50	− 85858	1.26
专业技术人员	3293423	77.85	1535453	49.23	− 1757970	− 28.62
办事人员和有关人员	257767	6.09	669825	21.48	412058	15.39
智力型职业小计	4026782	95.18	2595012	83.20	− 1431770	− 11.98
商业、服务业人员	31033	0.73	247097	7.92	216064	7.19
农、林、牧、渔、水利业生产人员	33058	0.78	39082	1.25	6024	0.47
生产、运输设备操作人员及有关人员	109455	2.59	235664	7.56	126209	4.97
不便分类的其他劳动者	30380	0.72	1982	0.06	− 28398	− 0.66
体力型职业小计	203926	4.82	523825	16.80	319899	11.98
总　　计	4230708	100	3118837	100	− 1011871	0

数据来源：根据 1982 年和 2000 年中国人口普查数据计算。

由上可知，对比 1982 年与 2000 年我国高等教育人口职业结构的变化，可以得出以下几点基本特征。

第一，高等教育人口从事智力型职业的比重在下降，而从事体力型职业的比重则在上升，但高等教育人口从事智力型职业的优势没有改变。这方面的原因大致有二：一是 1982 年我国高等教育人口绝对数少，接受过高等教育的人大都从事智力型工作；二是人们对职业的观念有所改变，部分体力型职业也为高等教育人口所接受，如商业与服务业的工作人员，其比重由 1982 年的 0.73% 上升到 2000 年的 7.92% 。

第二，在智力型职业各类中，国家机关、党群组织、企业、事业单位负责人与办事人员和有关人员这两大类职业的高等教育人口比重都有上升，特别是办事人员和有关人员中，高等教育人口所占的比重上升较为明显，增幅达到 15.39%。其中专业技术人员由于绝对人数大幅度减少，故此类职业结构比重大幅度下降。

第三，在体力型职业各类中，除了不便分类的其他劳动者外，其他各类职业结构的比重都有不同程度的上升。

（2）2000 年中国高等教育人口职业结构现状

根据 2000 年人口普查的长表数据，通过计算整理得出 2000 年我国高等教育人口职业结构现状如下。

表 7 - 1 - 6　2000 年中国高等教育人口职业结构现状

单位：人，%

职　　业	专科生		本科生		研究生	
	总　数	比　重	总　数	比　重	总　　数	比　重
国家机关、党群组织、企业、事业单位负责人	262609	11.95	116461	13.53	10664	17.73
专业技术人员	1019149	46.37	478818	55.64	37486	62.33
办事人员和有关人员	487582	22.18	173364	20.14	8879	14.76
智力型职业小计	1769340	80.49	768643	89.32	57029	94.83
商业、服务业人员	200407	9.12	45183	5.25	1507	2.51
农、林、牧、渔、水利业生产人员	33576	1.53	4880	0.57	626	1.04
生产、运输设备操作人员及有关人员	193294	8.79	41422	4.81	948	1.58
不便分类的其他劳动者	1475	0.07	457	0.05	50	0.08
体力型职业小计	428752	19.51	91942	10.68	3131	5.21
总　　计	2198092	100	860585	100	60160	100

数据来源：根据 2000 年中国人口普查数据计算。

由上可知，2000 年我国高等教育人口具有以下几个基本特点。

第一，高等教育人口主要从事智力型职业，且多数人员从事专业技术人员这一类职业，但不同学历层次人口所从事职业的结构比重存在差异性。

第二，高等教育人口若按专科、本科和研究生三个层次划分，则在不同层次人口中职业结构差异较为明显。越是学历高的层次，从事智力型职业的比重越高。接受过研究生教育的人口中，94.83%的人口都从事智力型职业。

第三，在本专科生层次，从事职业比重较高的行业依次是专业技术人员，办事人员和有关人员，国家机关、党群组织、企业、事业单位负责人。本专科生在职业结构上差异并不明显。

第四，研究生层次，从事职业比重较高的行业依次是专业技术人员，国家机关、党群组织、企业、事业单位负责人与办事人员和有关人员，它与本专科生在国家机关、党群组织、企业、事业单位负责人等职业上存在差异。

（三）高等教育人口社会结构

高等教育人口的社会结构包括阶层结构、婚姻家庭结构以及民族结构等，根据数据情况，本小节以分析2000年我国高等教育人口的民族结构为例，探讨高等教育人口民族结构的区域分布特征。

我国自古以来是一个多民族的国家，新中国成立以来，各民族共同繁荣，各民族人口文化素质都得到了提升。2000年人口普查的长表数据较为详细地描述了我国少数民族人口的文化素质状况。在指标的选取上，主要是以少数民族整体为分析对象，至于各个少数民族接受高等教育的情况受数据的限制暂不分析。在具体表示高等教育人口民族结构的指标中，采用以下两个：一是少数民族人口中接受高等教育的人口数占高等教育总人口数的比重，它是反映少数民族人口接受高等教育的程度；二是少数民族人口中接受高等教育的人口数占少数民族总人口数的比重，它反映了少数民族人口的整体文化素质状况。两个指标数据分别如表7-1-7和表7-1-8所示。

根据上述数据，可看出我国高等教育人口民族结构区域分布的基本特征：

1. 高等教育人口中少数民族人口的比重低于全国平均比重，但区域分布不平衡

在我国少数民族人口中，接受过高等教育的人数占总高等教育人数的

表 7 - 1 - 7　2000 年我国高等教育人口民族结构的主要指标之一

单位：%

地　区	少数民族人口中接受过高等教育的人口数占总高等教育人口数的比重				少数民族人口占总人口的比重
	专科	本科	研究生	总和	
北　京	5.03	5.52	4.37	5.21	4.31
天　津	3.14	3.53	3.62	3.31	2.71
河　北	4.97	4.34	4.25	4.77	4.35
山　西	0.58	0.84	0.79	0.66	0.35
内蒙古	22.81	26.65	28.33	23.86	20.83
辽　宁	11.03	10.67	8.45	10.87	16.06
吉　林	10.54	13.23	11.19	11.54	9.15
黑龙江	4.72	5.41	4.68	4.93	4.89
上　海	0.92	1.36	1.64	1.14	0.63
江　苏	0.67	1.06	1.24	0.81	0.36
浙　江	0.52	0.69	0.84	0.58	0.86
安　徽	1.09	1.18	1.51	1.13	0.67
福　建	1.04	1.27	1.49	1.12	1.71
江　西	0.42	0.77	0.46	0.52	0.31
山　东	0.92	1.09	1.25	0.98	0.70
河　南	1.98	2.12	1.98	2.02	1.25
湖　北	2.92	3.33	2.48	3.04	4.36
湖　南	7.63	6.12	4.14	7.17	10.13
广　东	1.06	1.55	2.07	1.23	1.49
广　西	32.27	27.65	24.46	30.97	38.38
海　南	6.83	5.70	4.90	6.47	17.39
重　庆	3.84	3.51	2.97	3.72	6.47
四　川	2.52	2.86	2.22	2.62	5.00
贵　州	28.51	24.36	17.04	27.17	37.84
云　南	19.94	17.90	15.59	19.25	33.42
西　藏	53.68	53.75	42.35	53.59	93.94
陕　西	1.12	2.14	1.85	1.51	0.50
甘　肃	4.80	6.02	6.85	5.18	8.75

续表

地　区	少数民族人口中接受过高等教育的人口数占总高等教育人口数的比重				少数民族人口占总人口的比重
	专科	本科	研究生	总和	
青　海	21.17	27.47	26.97	23.07	45.97
宁　夏	17.86	19.25	17.08	18.30	34.56
新　疆	29.01	40.15	20.90	31.77	59.43
全　国	5.99	5.84	4.11	5.90	8.47

数据来源：根据 2000 年人口普查资料数据计算。

表 7 - 1 - 8　2000 年我国高等教育人口民族结构的主要指标之二

单位：%

地　区	少数民族人口中接受过高等教育的人口数占少数民族总人口数的比重				高等教育人口占总人口的比重
	专科	本科	研究生	总和	
北　京	8.84	10.21	1.29	20.34	16.84
天　津	5.95	4.70	0.33	10.98	9.00
河　北	2.12	0.81	0.03	2.96	2.70
山　西	4.04	2.33	0.09	6.46	3.42
内蒙古	3.05	1.28	0.04	4.37	3.82
辽　宁	2.78	1.34	0.06	4.18	6.18
吉　林	3.50	2.63	0.10	6.22	4.93
黑龙江	3.20	1.58	0.06	4.84	4.81
上　海	8.26	10.31	1.20	19.77	10.94
江　苏	4.78	3.84	0.28	8.91	3.92
浙　江	1.25	0.84	0.06	2.15	3.20
安　徽	2.53	1.27	0.07	3.86	2.31
福　建	1.18	0.72	0.04	1.95	2.97
江　西	2.45	1.87	0.03	4.36	2.59
山　东	2.98	1.59	0.08	4.64	3.34
河　南	3.15	1.12	0.04	4.31	2.67
湖　北	1.73	0.93	0.05	2.72	3.90
湖　南	1.57	0.49	0.02	2.07	2.93

续表

地　区	少数民族人口中接受过高等教育的人口数占少数民族总人口数的比重				高等教育人口占总人口的比重
	专科	本科	研究生	总和	
广　东	1.71	1.11	0.13	2.94	3.56
广　西	1.46	0.45	0.02	1.93	2.39
海　南	0.87	0.30	0.02	1.18	3.18
重　庆	1.08	0.52	0.02	1.62	2.82
四　川	0.84	0.44	0.02	1.30	2.48
贵　州	0.99	0.38	0.01	1.38	1.91
云　南	0.81	0.33	0.01	1.16	2.01
西　藏	0.51	0.22	0.01	0.73	1.28
陕　西	5.80	6.54	0.34	12.68	4.20
甘　肃	1.02	0.53	0.03	1.58	2.68
青　海	1.04	0.57	0.01	1.63	3.24
宁　夏	1.29	0.65	0.01	1.95	3.69
新　疆	1.85	0.88	0.01	2.74	5.13
全　国	1.65	0.79	0.03	2.47	3.54

数据来源：根据 2000 年人口普查资料数据计算。

5.90%，而同期少数民族人口占总人口的比重为 8.47%。这说明在我国少数民族人口中，其平均接受高等教育的人口比重低于全国平均水平，少数民族人口的整体文化素质较全国平均水平低。少数民族人口接受高等教育程度的区域分布极不平衡。若以少数民族人口中接受过高等教育的人口数占总高等教育人口数的比重与少数民族人口占总人口的比重之差值进行分析，差值大于 0 的地区表示其少数民族人口中接受过高等教育的人口数占总高等教育人口数的比重大于少数民族人口占总人口的比重，也就是说，在这些区域，高等教育人口中少数民族人口的比重高于全国平均水平，它同时也表示接受过高等教育的少数民族人口汇集于这些地区。下述地区接受过高等教育的少数民族人口高于该区域平均水平（按差值从大到小的顺序排列）：内蒙古→吉林→陕西→北京→河南→天津→上海→安徽→江苏→河北→山西→山东→江西→黑龙江。由此可见，接受过高等教育的少数民族人口区域分布与少数民族人口的区域分布并不一致，部分经济较发达的地区也会集着大量高素质的少数民族人口。

2. 少数民族人口中接受过高等教育的平均水平低于全国平均水平，且区域分布不平衡

在我国少数民族人口中，接受过高等教育的人口数占少数民族总人数的 2.47%，而同期高等教育人口占总人口的比重为 3.54%。这说明在我国少数民族人口中，其平均接受高等教育程度低于全国平均水平，少数民族人口的整体文化素质较全国平均水平低。少数民族人口中接受高等教育的程度在区域分布上呈现出较大的差异性。与全国高等教育人口区域分布的特征比较，接受过高等教育的少数民族人口呈现出相似的特征，即呈现出"中心极"和不同的发展梯度特征。同样，若以少数民族人口中接受过高等教育的人口数占少数民族总人口数的比重与高等教育人口占总人口的比重之差值进行分析，差值大于 0 的地区表示其少数民族人口中接受过高等教育的人口数占少数民族总人口数的比重大于高等教育人口占总人口的比重，也就是说，在这些区域，少数民族人口的整体文化素质高于该区域整体人口的文化素质。下述地区接受过高等教育的少数民族人口比重高于该区域平均水平（按差值从大到小的顺序排列）：上海→陕西→江苏→北京→山西→天津→江西→河南→安徽→山东→吉林→内蒙古→河北→黑龙江。

比较上述分析可知，以两种指标测算我国高等教育人口的民族结构的区域分布情况，总体特征基本相似，即在上海、北京等 14 个省级区域的相应指标水平高于全国平均水平。但在不同测度中，相差幅度大小有所区别。

3. 接受过高等教育的少数民族人口区域分布总体分类

由上述分析可知，无论是以接受过高等教育的少数民族人口占总高等教育人口比重为指标，还是以接受过高等教育的少数民族人口占少数民族总人口比重为指标，两类的分析基本相同。基于此，表 7-1-7 和表 7-1-8 中各自的专科、本科和研究生所占的比重指标都较好地反映了我国 2000 年接受过高等教育的少数民族人口情况，本节以上述六个指标为聚类变量，同时考虑到西藏、北京和上海三个地区在指标值上与全国其他地区

差异悬殊，在聚类时把它们单独列出，不纳入聚类过程。经过数据标准化后，结果得出聚类图如图 7 - 1 - 2 所示。

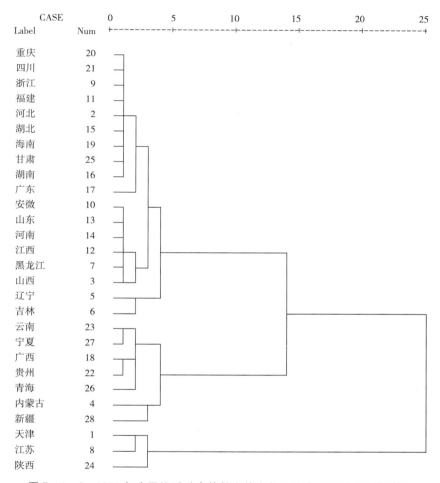

图 7 - 1 - 2　2000 年我国接受过高等教育的少数民族人口区域分布聚类图

表 7 - 1 - 9　2000 年我国接受过高等教育的少数民族人口的区域分布情况

层　次	包括的地区	基本特征
中心极之一	北京、上海	接受过高等教育的少数民族人口高度聚集
中心极之二	西藏	接受过高等教育的少数民族人口比重很低

167

续表

层　　次	包括的地区	基本特征
第　一　层　次	陕西、天津和江苏	接受过高等教育的少数民族人口较为密集
第　二　层　次	内蒙古、辽宁、吉林、山西、黑龙江、安徽、江西、山东和河南	接受过高等教育的少数民族人口比重基本上高于全国平均水平
第　三　层　次	河北、浙江、福建、湖北、湖南、广东、海南、重庆、四川和甘肃	接受过高等教育的少数民族人口比重较低
第　四　层　次	广西、贵州、云南、青海、宁夏和新疆	接受过高等教育的少数民族人口比重远低于全国平均水平

根据图7-1-2可知，2000年我国接受过高等教育的少数民族人口区域分布基本上可概括为"两个中心极，四个发展层次"（表7-1-9）。所谓"两个中心极"，是指北京与上海为一个中心极，它代表接受过高等教育的少数民族人口高度聚集极，另一个中心极是西藏自治区，它代表接受过高等教育的少数民族人口比重很低。"四个发展层次"是根据接受过高等教育的少数民族人口比重按从高到低依次划分，第一层次是陕西、天津和江苏；第二层次是内蒙古、辽宁、吉林、山西、黑龙江、安徽、江西、山东和河南；第三个层次是河北、浙江、福建、湖北、湖南、广东、海南、重庆、四川和甘肃；第四个层次是广西、贵州、云南、青海、宁夏和新疆。

二　教育人口结构的分析框架

教育人口的结构分析尚处于启动阶段，有关此领域的深入研究还很少见。作为一个新的研究领域，无论是在研究内容，还是在研究方法上，均需要不断创新。本书提出教育人口结构分析，基本构建如下分析框架，具体的深入研究仍待完善。

（一）揭示教育人口结构的变化轨迹与特征

教育人口的结构涉及众多子级分类，针对各个子级分类的人口结构进行全面系统的研究，并据此总结出规律性的特征，是此领域的研究空间所在。要充分利用人口普查、人口1%抽样调查以及统计年鉴等数据资源，全面系统梳理教育人口的结构变动过程，揭示变化过程的规律，并在此基础上了解当前教育人口结构的现状与特征。再深入一步，要通过国际比较，了解我国教育人口结构的特殊性与普遍性，并以此提出教育人口结构调整的思路与策略等。从实际研究过程来看，教育人口结构的研究将突出以专题的研究深化为基本前提，如对人才分布结构的研究、对高等教育人口的职业结构研究等，在深化专题研究的基础上，提炼总结教育人口结构的基本特征。

（二）合理提出教育人口结构优化的标准

教育人口结构优化标准包括两大方面：一方面是确定什么样的教育人口结构是合理的，即确定判定合理性的标准；另一方面是确定促进结构优化的路径，即怎么样做可以达到合理的结构。在教育人口结构分析上，除了描述其演变过程与现状特征之外，还要结合国际经验与特定研究对象的规律，提出教育人口结构的合理性标准，并以此标准来调整优化现有的教育人口结构。国内目前尚未开展此方面的研究，标准的确定需要以人口学的方法为基础，编制教育人口结构优化分析模型。

（三）创新教育人口结构研究结果的应用

教育人口结构研究结果，要与教育与社会发展规划衔接，创新研究结果的应用。教育人口结构分析的结论，在教育规划编制中要得到体现，让教育人口结构分析与教育规划编制联动；把教育人口结构分析与经济转型升级联系起来，与社会发展目标相衔接，重视教育人口结构的研究结果对实践的指导作用，充分发挥教育人口结构研究结果为实践服务的功能。

第二节　教育人口结构分析的应用

教育人口结构分析的应用范围十分广泛，本节以教育红利为例，着重分析利用教育人口年龄结构变动所产生的教育红利，探讨在我国实现人口转变之后的较长时间内，如何科学合理地利用教育红利。

一 教育红利的理论思考

教育红利概念是根据人口红利概念而延伸提出的，它是与我国人口转变和教育人口发展紧密联系在一起的。

（一）教育红利的概念

"教育红利"概念是对应于"人口红利"概念而提出的。清华大学胡鞍钢教授曾把"教育红利"定义为通过各类人口进行人力资本投资所形成的"回报"，这就与教育投资收益率概念类同，且与人口的年龄结构无关。在本书中，根据"人口红利"的概念界定，把"教育红利"概念与人口的年龄结构相联系，认为"教育红利"指在人口的年龄结构中，劳动力人口的受教育程度快速提高与积累的一个时期，在教育红利期内，受过教育（特别是高等教育）的劳动力人口占总人口的比重迅速提高，从而为社会经济发展创造了有利的人力资源条件。

人口红利的形成，是人口数量变动的结果。在人口数量变动过程中，形成了一个特定的时期，在这个时期内，劳动力人口（15~64岁）所占比重较高，劳动力资源丰富，人口负担较轻，年龄结构的这种变化将带来劳动力增加、储蓄和投资增长、人力投资增加和妇女就业机会增加等，从而对社会经济发展有利。人口红利的出现，是有时间限制的，据研究，我国当前正处于这个人口红利期内，并将会在近20年左右结束。例如，根据世界银行2007年发展报告，我国的青年人口在1978年左右达到顶峰，人口红利保持大约40年，并主要取决于生育率下降的速度，然后会重新关闭。田雪原、王金营、周广庆的研究表明，若以从属比0.5作为"人口盈利"的判断标准，则我国将经历1990~2030年长达40年左右的"盈利"阶段；若以从属比0.45作为"人口盈利"的判断标准，则我国将经历1995~2020年长达25年左右的"盈利"阶段，"人口盈利"的峰值在2009年。① 胡鞍钢认为，中国人口红利的峰值在2015年，然后不断下降，

---

① 田雪原、王金营、周广庆：《老龄化——从"人口盈利"到"人口亏损"》，中国经济出版社，2006，第57页。

到 2035 年基本结束。[①]

　　教育红利的形成，是人口质量变动的结果。在我国人口转变过程中，人口的质量也在同步提升。在一个特定时期内，劳动力人口的受教育程度大幅度提升，人力资本快速积累，从而为社会经济发展积累丰富的人才资源，推动我国由人口大国向人力资本大国转型。教育红利的形成，主要是教育投资的结果，但也与教育人口的年龄结构紧密相关。以我国为例，在学龄人口比重较大的时期，采取积极措施投资教育，提高各级学龄人口的入学率，就为教育红利的出现奠定了基础。

　　事实上，人口红利的获得与否，与教育投资也是直接相连的。亚洲开发银行在《2008 年亚洲发展展望》报告中指出，亚洲发展中国家如果不投资于教育和培训体制，加强其劳动力与现代化经济需求的关联性，亚洲国家就可能无法获得人口红利。亚行首席经济学家艾弗兹·阿里说，各国必须在未来 20 年或 30 年之内把握住增长机遇，提供有利的政策环境，巩固体制框架，才能获得人口红利。同样，国内学者都阳曾经指出，经济发展环境和市场制度是利用人口红利的基本前提。

　　在人口红利出现之前或初期，如果保持大规模地投资教育的政策，让青少年人口普遍接受教育，那么，随着人口红利的结束，继之而来的将是一个高质量的劳动力人口阶段，即教育红利期。在这个阶段，劳动力人口的平均受教育年限快速提高，劳动力人口的素质适应经济转型发展的要求，社会的人力资本积累雄厚，社会经济可以持续发展。教育红利的获得，在时间上显然要长于人口红利，而且可以说它是无时间限制的，教育红利更多的是教育投资的结果。在某一阶段内，如果教育投资持续增加，青少年人口入学率保持在高位水平，那么，随着这批人口的年龄递增，教育红利将持续影响这批人口的整个劳动历程。因此，只要保持持续的教育投资，教育红利的获得将是持续递增的。

（二）教育红利的数量界定

　　教育红利在数量上进行精确界定是比较难的，根据教育红利概念的内

[①]　胡鞍钢：《中国中长期人口综合发展战略（2000～2050）》，《清华大学学报》（哲学社会科学版）2007 年第 5 期。

涵，通过数量方式对它做一些描述，旨在深化对问题的认识，而非完全采用此数量标准来判断教育红利的获得与否。经验表明，教育红利的获得是一个持续增进的过程，它并没有一个清晰的数量界限。根据人口红利与人口转变的一般规律，教育红利的获得与人口质量转变的完成是同步的，因此，作为教育红利获得的标志，人口质量转变的完成标准也可以作为教育红利获得（或开始）的标志。据此，教育红利的综合性数量界定可采用总人口的平均受教育年限来界定。即当人口质量转变（即总人口平均受教育年限为 7 ~ 10 年）完成时，就标志着人口进入教育红利期，教育红利开始获得并持续增加。

除了综合性的衡量标准，教育红利与教育人口的年龄结构也是紧密相连的。因此，教育红利的数量界定也可采用分教育等级的教育人口比例来衡量。例如，在接受小学教育的人口中，采用接受过小学教育的劳动力人口数量（16 ~ 64 岁）占接受过小学教育总人口数量的比例来衡量，利用这个比例反映劳动力人口的质量情况。同理，在初中教育、高中（中专）教育、大学专科教育、大学本科教育以及研究生教育的不同教育等级中，分别采用类似比例来分项衡量人口教育红利的获得水平，并据此对人口转变完成后的教育红利进行综合评析。

在教育红利的数量界定中，除了采用一些具体指标进行描述分析外，由于人口教育红利与人口年龄结构相连，也可采用人口年龄结构金字塔对教育红利进行一些间接的描述，例如，可以根据分年龄性别人口的平均受教育年限，通过绘制人口平均受教育年限的金字塔图来分析人口受教育程度的变动趋势，并据此对教育红利的变动过程进行衡量与判断。

（三）教育红利提出的意义

教育红利是对应于人口红利而提出的，它是反映我国人口转变完成之后的人口质量特征的一种尝试，对深化人口转变理论，丰富我国人口质量研究有所启示。具体来说，在我国人口转变过程中，人口数量转变的完成之际（或稍前），我国人口数量进入一个有利于社会经济发展的"人口红利"期，但这个时期的时机稍纵即逝；另外，我国人口数量转变完成之后，我国人口质量转变尚未完成，人口质量转变滞后于数量转变，随着人口质量转变的完成，我国劳动力人口的素质将有一个大幅度的提高，人力资本积累快速提升，我国人口将步入一个"教育红利"期，由此，随着人口红利的消失，只要扩大教育投资，保持各级教育入学率的稳定持续增长，我国教育红利将会持续增加，在一定程度上缓解人口红利消失之后的发展劣势，进而继续推动我国社会经济的持续发展。总之，通过大力发展不同层次的教育，积累足够的教育红利，实现我国向人力资本强国迈进，并保持我国人口红利消失之后的良性发展，这就是教育红利提出的基本意义。

教育红利的提出，是对人口转变理论的深化与拓展，具有一定的理论价值。教育红利是由人口转变理论的拓展而衍生的一个概念，它在体系上应归属于人口转变理论。前述研究表明，我国人口转变是包括人口数量与质量的共同转变，在人口数量转变之后，我国存在一个有利的人口红利期，在人口质量转变之后，我国同样存在一个有利的教育红利期。对于人口转变理论本身来说，人口红利和教育红利都不是它本身的研究内容，但由于它们是因人口转变而带来的后果，因此，从广义上来说，这两部分内容仍属于人口转变理论的基本体系。教育红利的提出，是对人口质量转变理论的深化与拓展，有利于加深对人口质量转变的系统思考，并能极大丰富我国人口质量转变的具体内容与应用方向。

教育红利的提出，也对实际中的人口与教育等问题研究有着重要的现实价值。首先，在人口红利期结束之后，我国人口发展将面临怎样的一个机遇，教育红利的提出，在理论上点明了人口发展的有利机遇，只要坚持一定规模（适度递增）的教育投资，教育红利的获得也将是持续增加的，在人口红利消失之后，我国仍有巨大的教育红利可以利用，人口质量的提升优势将替代人口数量的规模优势对社会经济发展发挥积极作用；其次，教育红利的提出，也进一步证实了我国扩大教育投资，积极发展各级教育的必要性与重要性。在我国人口数量优势逐渐弱化的过程中，通过教育来提升的人口质量优势将逐渐显现，人口的教育红利是在人口规律作用下对教育投资的巨大回报，也是对积极的、扩大的教育投资战略的正确性的历史性验证。

（四）教育红利与人口转变

教育红利概念的提出，旨在为系统应对我国人口数量转变后面临的挑战提供一种思路，它与现行的主流政策及应对方略是一致的。教育红利的概念，是从国际经验与国内实践中总结归纳出来的。如前所述，教育红利与人口红利本身不属于人口转变理论，而是人口转变之后的结果。提出教育红利，是对我国完成人口质量转变之后的一个预想，它对人口转变理论本身具有如下两方面的意义。

一方面，教育红利的提出完善了人口转变理论，特别是对人口质量转变的系统性提供了补充。人口转变理论是一个不断完善与发展的体系，随着世界人口的发展与变动，有关人口转变的理论也在不断拓展。本书提出的教育红利，就是根据人口转变理论的演变历程而推导出来的，它是符合人口转变理论发展趋势的。人口转变理论从关心人口自身的发展规律，到开始关注外界因素对人口发展的影响，再到综合分析人口发展与变动的系统模式，这一变化过程充分证实了人口转变的复杂性与多样性。据此，本书从教育学视界出发，以人口转变中的教育因素为线索，梳理出一条顺应人口转变过程的教育之线。教育红利就是对应于这根教育之线，在总结当前经验及对未来预测的基础上，提出的应对人口转变的教育方案，也是人口转变之后的对策之一。可见，教育红利不是一个单纯的概念，是人口转变理论基本体系的一个分支，是对人口转变理论的完善与发展。

另一方面，教育红利的提出明确了人口转变后的努力方向。在人口数量转变后，我国人口学者提出了一个有利于经济发展的人口红利期，而且这个红利期正被使用。人口红利期的出现，是我国推行的人口政策的结果，具有被动性，而且会给后期的发展留下隐患；教育红利，虽然是对应于人口红利这个概念而提出的，但它与人口红利存在根本性的区别：一是教育红利的出现是需要条件的，教育红利是对人口质量的提升，需要以持续的教育投资为基础，是一种"先期有限投入，后期无限回报"的发展方式；二是教育红利形成后是无限的、多样的。相较于人口红利的人力资源的双重性（既是生产者，也是消费者），教育红利是对人力资本的累积，人力资本一旦形成，其发挥的作用是无限的、多样的，而不仅仅局限于提供充足的劳动力资源或智力资源。在时间上，可以长期使用，在空间上，可以自由流动，除了作为智力资源用于生产与发展，也是提高社会整体质量，改良社会结构，促进社会整体和谐发展的重要支撑力量。

教育红利的这些优势及特点，为人口数量转变后提供了努力方向。本书提出教育红利概念，也是从人口学角度进一步证实教育投资对我国持续发展的重要性与紧迫性。扩大教育投资，提高教育质量，提升人口素质，应成为 21 世纪我国人口与社会发展的战略重点。上述观点虽是民众的共识，但对这些共识进行充分论证，并从不同学科角度提供科学依据，就是本书研究的目标之一。

二　教育红利的科学估算

根据我国 2000 年人口普查中关于人口受教育程度的分年龄分性别的数据资料，按照教育红利估算的基本思路，可以对 2001～2050 年我国教育红利的获得情况进行估算，并据此判断我国人口质量转变完成的大致时间，我国人口转变之后面临的机遇与挑战，以及进一步论证持续教育发展的重要性与必要性。

（一）教育红利估算的基本思路

根据教育红利的数量界定，要估算人口的教育红利，事实上就是要预测未来各年分年龄分教育等级的教育人口数，在分年龄分性别教育人口的基础数据之上，进一步研究人口受教育程度的年龄结构及各种比例。因此，估算人口教育红利的关键，即是预测未来分年龄分教育等级的教育人口数量。本书对教育红利的估算思路分为如下六大步骤。

1. 数据准备

根据 2000 年人口普查资料，已有的数据准备如下：（1）分年龄分性别的小学教育人口数；（2）分年龄分性别的初中教育人口数；（3）分年龄分性别的高中教育人口数；（4）分年龄分性别的中专教育人口数；（5）分年龄分性别的大学专科教育人口数；（6）分年龄分性别的大学本科教育人口数；（7）分年龄分性别的研究生教育人口数。在上述数据中，年龄别仅有 6～64 岁的数据，65 岁及以上的教育人口数据是汇总在一起的，根据研究需要，首先需要对 65 岁以上的教育人口数据进行估算，求得 65～90 岁的教育人口数。本书采用 2000 年人口普查中总人口的人口年龄分布模式，对 65 岁及以上的教育人口数据进行估算。

此外，根据教育统计的口径，以及受到不同教育等级的毛入学数据来源的制约，对教育人口的分类进行综合，分为小学教育、初中教育、高中阶段教育（包括高中与中专）和高等教育（包括大学专科、大学本科与研究生三个部分）四个层级。根据我国现有的学制，小学教育的人口受教育年限为 6 年，初中教育为 9 年，高中阶段教育为 12 年，高等教育为 16 年。

2. 估算的基本假定

由于受数据源的限制，本书对教育红利的估算有以下两个基本假定：（1）教育人口的死亡模式与总人口的死亡模式是相同的。在教育人口的年龄移算中，分年龄的教育人口死亡模式是未知的，根据现有的研究及数据来源，尽管从实际情况来看，不同教育等级的人口死亡概率之间存在一定程度的差异，但详细的数据及有结论性的研究尚未出现。因此，作为粗略估算，本书忽略不同等级的教育人口死亡概率之间的差异，假定它们与总人口的死亡概率是一致的。（2）不同教育等级的入学适龄人口是按正常学制落实的。以小学教育为例，在现实情况中，6 岁作为小学教育的入学年龄，但仍有许多儿童在 5 岁及以前或 7 岁及以后入学，但这部分数据很少有统计。在本研究中，由于总体目标旨在估算教育红利的总量，无论适龄人口在多少岁入学，只要教育发展保证一定的毛入学率，适龄人口都是能够按照一定毛入学率接受教育的，因而也会成为教育红利的一部分，差异只在时间上稍前或滞后 1~2 年，而且，部分提前入学与延迟入学的人口之间也互有抵消，这样就会进一步减少了估算的误差。基于此，研究假定不同教育等级的入学适龄人口均按正常学制口径下的毛入学率入学，即小学入学的适龄人口是 6 周岁，初中是 12 周岁，高中与中专是 15 周岁，高等教育是 18 周岁。

3. 分年龄总人口的预测

2001~2050 年分年龄总人口数的预测方法是比较成熟的，在人口预测的多种方法中，其差别主要表现在对下列三类指标的估算上：一是关于我国"五普"数据的时点及漏报数据的调整；二是对总和生育率的估计；三是对城乡人口迁移程度的估算。本书采用王金营教授承担的国家人口发展战略课题的预测方案，即通过对"五普"数据进行回填和估算，估算出 2000 年 7 月 1 日的数据作为预测基础，然后分别考虑城乡不同的生育模式，结合城市化进程因素分别进行城乡人口预测①。未来分年龄总人口的预测为分年龄分不同教育等级的教育人口预测提供了基础数据，本书采用中方案的预测数据。

4. 每年新增加的教育人口数

根据不同教育等级的入学适龄人口的入学假定，每一年的新增加教育人口，分别是当年对应岁数的人口数与不同教育等级的入学率之积。根据上述假定，小学新增加的教育人口是当年 6 周岁人口与当年入学率之积，同理，其他不同教育等级的新增加教育人口均是如此。

5. 分年龄分性别的人口死亡概率的估算

在教育人口的预测过程中，需要知道各年分年龄分性别的死亡概率。根据教育人口的死亡模式与总人口死亡模式相同的假定，已知 2000 年分年龄分性别的死亡模式，若假定未来的死亡模式不变，则根据联合国预期寿命的步长法经验值，可以采用迭代法推算未来分年龄分性别的死亡概率。

6. 分年龄教育人口的年龄移算

在已知分年龄分性别人口死亡概率与每年新增加的教育人口基础上，每年的不同教育等级的教育人口数可以通过人口的年龄移算来实现。即当年的教育人口即为上一年留存的教育人口与当年新增加的教育人口之和。

（二）各级教育毛入学率的估算

在教育红利估算过程中，除了人口变动的基础性影响外，各级教育的入学率也是直接影响教育红利大小的决定性指标。教育红利本质上就是利用教育人口的年龄结构优势，在扩大投资教育，稳定并有序地提升各级教育入学率基础上的一种教育回报。因此，未来各年各级教育的入学率情况，对教育红利的估算有着决定性的影响。

在各级教育入学率的指标上，以毛入学率指标最为常用，它是指某

---

① 田雪原、王金营、周广庆：《老龄化——从"人口盈利"到"人口亏损"》，中国经济出版社，2006，第 24～44 页。

级教育的在校生数总和占对应教育等级适龄人口总数的比例。在各级教育毛入学率的估算上，由于此指标是一个综合性指标，影响它的因素错综复杂，难以采用简单的模型进行预测。本书按照发展规划来设定目标的分析思路，对各级教育的毛入学率估算只要设定目标终期的理想值，阶段性目标可通过线性拟合进行粗略估算。根据我国教育发展战略，各级教育的中长期发展规划以及胡鞍钢教授的估算情况[①]，本书对2050年我国各级教育毛入学率的理想值分别设定如下，即小学教育毛入学率为100%，初中教育毛入学率为100%，高中阶段教育毛入学率为95%，高等教育毛入学率为60%。2001~2050年各级教育毛入学率估算情况如表7-2-1所示。

表 7 - 2 - 1 2001~2050 年各级教育毛入学率估算

单位：%

年 份	小学教育	初中教育	高中阶段	高等教育
2001	100	88.7	42.8	13.3
2002	100	90	42.8	15
2003	100	92.7	43.8	17
2004	100	94.1	48.1	19
2005	100	94.23	49.12	19.89
2006	100	94.36	50.14	21
2007	100	94.48	51.16	22
2008	100	94.61	52.18	22.57
2009	100	94.74	53.2	23.46
2010	100	94.87	54.22	24.35
2011	100	95	55.24	25.24
2012	100	95.13	56.26	26.13
2013	100	95.25	57.28	27.02
2014	100	95.38	58.3	27.91
2015	100	95.51	59.32	28.8

---

① 胡鞍钢：《中国中长期人口综合发展战略（2000~2050）》，《清华大学学报》（哲学社会科学版）2007 年第 5 期。

续表

年 份	小学教育	初中教育	高中阶段	高等教育
2016	100	95. 64	60. 33	29. 7
2017	100	95. 77	61. 35	30. 59
2018	100	95. 9	62. 37	31. 48
2019	100	96. 02	63. 39	32. 37
2020	100	96. 15	64. 41	33. 26
2021	100	96. 28	65. 43	34. 15
2022	100	96. 41	66. 45	35. 04
2023	100	96. 54	67. 47	35. 93
2024	100	96. 67	68. 49	36. 83
2025	100	96. 79	69. 51	37. 72
2026	100	96. 92	70. 53	38. 61
2027	100	97. 05	71. 55	39. 5
2028	100	97. 18	72. 57	40. 39
2029	100	97. 31	73. 59	41. 28
2030	100	97. 43	74. 61	42. 17
2031	100	97. 56	75. 63	43. 07
2032	100	97. 69	76. 65	43. 96
2033	100	97. 82	77. 67	44. 85
2034	100	97. 95	78. 69	45. 74
2035	100	98. 08	79. 71	46. 63
2036	100	98. 2	80. 73	47. 52
2037	100	98. 33	81. 75	48. 41
2038	100	98. 46	82. 77	49. 3
2039	100	98. 59	83. 78	50. 2
2040	100	98. 72	84. 8	51. 09
2041	100	98. 85	85. 82	51. 98
2042	100	98. 97	86. 84	52. 87
2043	100	99. 1	87. 86	53. 76
2044	100	99. 23	88. 88	54. 65
2045	100	99. 36	89. 9	55. 54

续表

年　份	小学教育	初中教育	高中阶段	高等教育
2046	100	99.49	90.92	56.43
2047	100	99.62	91.94	57.33
2048	100	99.74	92.96	58.22
2049	100	99.87	93.98	59.11
2050	100	100	95	60

说明：2001～2006 年的数据为实际值，其他年份的数据为估算值。

（三）我国教育红利的估算

根据教育红利估算的方法，2001～2050 年的教育红利的具体结果可以通过编程实现。根据教育红利的数量界定，教育红利的指标分别采用人口平均受教育年限与不同教育等级的教育人口占劳动力人口的比例来衡量。

1. 分年龄分等级的教育人口数量估算

本书根据教育红利的估算思路与方法，通过编程对 2001～2050 年我国分年龄分等级的教育人口数量做了预测，这些数据是估算教育红利的基础（表7-2-2、表7-2-3、表7-2-4 和表7-2-5）。可见，21 世纪中叶之前，我国分年龄分教育等级的教育人口总量是快速递增的。小学教育与初中教育的人口数量随着时间推移将逐步下降，而高中阶段教育与高等教育的人口数量将随着时间推移逐步上升。

表7-2-2　2000～2050 年主要年份分年龄的小学教育人口数量

单位：人

岁　组	2000 年	2010 年	2020 年	2030 年	2040 年	2050 年
6～9	68802131	71599323	77011405	73282554	59269224	59618974
10～14	81708926	38868930	39157100	36208116	28669459	29102367
15～19	14114989	5218625	3980093	3067137	1707741	473154.0
20～24	16306700	37576503	4282083	3439627	2263063	919656.0
25～29	28202489	13999085	5176950	3951463	3045957	1696246
30～34	37077957	16141772	37215067	4244357	3410732	2244672

续表

岁　组	2000 年	2010 年	2020 年	2030 年	2040 年	2050 年
35 ~ 39	27539525	27863850	13846905	5121569	3911698	3016393
40 ~ 44	26436734	36515081	15914485	36704824	4188898	3368012
45 ~ 49	38631073	26989239	27326968	13604058	5027562	3844186
50 ~ 54	32941579	25604576	35497080	15495952	35721284	4082343
55 ~ 59	21990855	36762676	25880338	26225907	13084668	4825988
60 ~ 64	18761378	30387277	23811625	33277860	14535912	33458966
65 +	29099016	43826322	75522782	83457544	24664925	69303813

数据来源：笔者估算。

表 7 - 2 - 3　2000 ~ 2050 年主要年份分年龄的初中教育人口数量

单位：人

岁　组	2000 年	2010 年	2020 年	2030 年	2040 年	2050 年
6 ~ 9	27616	0	0	0	0	0
10 ~ 14	42082284	45207600	50789010	52376957	43271483	45560302
15 ~ 19	57958703	38640252	31853631	25398047	14982835	5172254
20 ~ 24	50025697	45219360	33834239	27960005	19185943	8592108
25 ~ 29	61513568	57463678	38333216	31624575	25222720	14882074
30 ~ 34	63992259	49499102	44787886	33536215	27725164	19030080
35 ~ 39	51524551	60731323	56810188	37924912	31306413	24977991
40 ~ 44	29808358	62939229	48767202	44183225	33098178	27378037
45 ~ 49	27443374	50384258	59481709	55760892	37233631	30766341
50 ~ 54	15603769	28779985	61037442	47426106	43029850	32256652
55 ~ 59	10108762	26010953	48108001	56939020	53533514	35753637
60 ~ 64	5675105	14308628	26576257	56909770	44371550	40394265
65 +	6622562	14284200	38210688	80344192	25081993	168053910

数据来源：笔者估算。

表 7 - 2 - 4　2000 ~ 2050 年主要年份分年龄的高中阶段教育人口数量

单位：人

岁　组	2000 年	2010 年	2020 年	2030 年	2040 年	2050 年
6 ~ 9	189	0	0	0	0	0
10 ~ 14	661266	0	0	0	0	0

续表

岁　　组	2000 年	2010 年	2020 年	2030 年	2040 年	2050 年
15～19	26422246	37664481	45863461	56259644	55627237	52512937
20～24	18519795	30295757	31947756	35631949	34998129	27048554
25～29	17270763	24021090	31157806	34475578	37979678	34040852
30～34	15623305	18325220	30007967	31666919	35333273	34714582
35～39	20595545	17049816	23743216	30826767	34129617	37612283
40～44	16930222	15364985	18055616	29606117	31254789	34892523
45～49	8638040	20123555	16696814	23292347	30267165	33543285
50～54	4669842	16356393	14899461	17563313	28842167	30464147
55～59	3594490	8193593	19177492	15979589	22329582	29070164
60～64	2664623	4278327	15128907	13890530	16444027	27099233
65＋	2693135	5830627	12350644	37575977	9310416	57838070

数据来源：笔者估算。

表 7 - 2 - 5　2000～2050 年主要年份分年龄的高等教育人口数量

单位：人

岁　　组	2000 年	2010 年	2020 年	2030 年	2040 年	2050 年
6～9	0	0	0	0	0	0
10～14	0	0	0	0	0	0
15～19	3428256	4311167	6874435	10942362	15574758	15910431
20～24	8101042	8125894	13558581	22469990	31715496	35049542
25～29	7867235	5197932	10485844	17884902	28761018	36685828
30～34	7030882	8015172	8049012	13439748	22282084	31459140
35～39	5900874	7766341	5137344	10374897	17706033	28483660
40～44	3156249	6912265	7896049	7942025	13265765	22005340
45～49	2688195	5762248	7605099	5038296	10187824	17403523
50～54	1776176	3042994	6698549	7678788	7739254	12932681
55～59	1367527	2544677	5486512	7277577	4825604	9788266
60～64	1349526	1622153	2800747	6235717	7185791	7277293
65＋	1320799	2598312	4459611	9792622	2793404	19973638

数据来源：笔者估算。

2. 人口平均受教育年限的估算

如前所述，人口平均受教育年限是综合反映人口受教育程度的一个重要指标，其计算公式如下：

$$EN = \frac{\sum_{0.25}^{22} N_t \times PE_i}{P} \times 100\%$$

其中，EN 是指人口平均受教育年限，N_t 为受教育年数，$t = 22$，19，16，15，12，9，6，0.25，PE_i 为具有 i 级受教育人口数，P 为相应的人口总数。在本书中，小学教育受教育年数设定为 6 年，初中教育为 9 年，高中阶段教育为 12 年，高等教育由于分项数据缺失，统一采用 16 年来统计。在学人口的教育年限，统一依据各级教育毛入学率的分母口径，并统一取对应等级教育年限的平均值来计算，即 6 ~ 11 岁的小学教育人口，其教育年限为 3 年；12 ~ 14 岁的初中教育人口，其教育年限为 7.5 年；15 ~ 17 岁的高中阶段教育人口，其教育年限为 10.5 年，18 ~ 22 岁的高等教育人口，其教育年限为 14 年。按照上述估算方法，可以对 2001 ~ 2050 年人口的平均受教育年限进行估算，并以此衡量教育红利的变化过程与累积水平。

（1）人口平均受教育年限的综合估算

在人口平均受教育年限的计算过程中，根据分子与分母的不同，人口平均受教育年限有四种口径：第一，总人口的平均受教育年限 $EN_总$，以总人口的受教育程度总和为分子，以总人口为分母的平均值；第二，6 岁以上人口的平均受教育年限 EN_{6+}，以 6 岁以上人口的受教育程度总和为分子，以 6 岁以上人口为分母的平均值；第三，15 岁以上人口的平均受教育年限 EN_{15+}，以 15 岁以上人口的受教育程度总和为分子，以 15 岁以上人口为分母的平均值；第四，劳动力人口的平均受教育年限 $EN_劳$，以 15 ~ 64 岁人口的受教育程度总和为分子，以 15 ~ 64 岁人口为分母的平均值。按这四种口径，根据教育红利的预测数据，2000 ~ 2050 年我国人口平均受教育年限如表 7 - 2 - 6 所示。

由上可知，随着我国教育的持续发展与人力资本的积累，我国人口平均受教育年限逐步提高。2000 年，我国总人口平均受教育年限为 6.61 年，

表 7 - 2 - 6　2000～2050 年我国人口平均受教育年限

单位：年

年　份	$EN_总$	EN_{6+}	EN_{15+}	$EN_劳$
2000	6. 6108	7. 1881	7. 8282	8. 5168
2001	6. 6808	7. 2646	7. 9022	8. 6121
2002	6. 7540	7. 3408	7. 9437	8. 6762
2003	6. 7817	7. 3720	7. 9281	8. 6783
2004	6. 8429	7. 4425	7. 9780	8. 7521
2005	6. 9193	7. 5465	8. 0737	8. 8447
2006	6. 9675	7. 5909	8. 1029	8. 8799
2007	7. 0276	7. 6419	8. 1522	8. 9523
2008	7. 0792	7. 6866	8. 1866	9. 0072
2009	7. 1155	7. 7175	8. 1843	9. 0293
2010	7. 1875	7. 7982	8. 2774	9. 1215
2011	7. 2315	7. 8628	8. 3397	9. 1898
2012	7. 2744	7. 9114	8. 3830	9. 2636
2013	7. 4006	7. 9570	8. 5428	9. 4891
2014	7. 3612	8. 0007	8. 4846	9. 4559
2015	7. 4298	8. 0881	8. 5869	9. 5708
2016	7. 4907	8. 1527	8. 6599	9. 6674
2017	7. 5417	8. 1945	8. 7082	9. 7785
2018	7. 5883	8. 2317	8. 7547	9. 8967
2019	7. 6278	8. 2624	8. 7915	10. 0130
2020	7. 7144	8. 3477	8. 8967	10. 1482
2021	7. 7696	8. 4126	8. 9759	10. 2634
2022	7. 8183	8. 4520	9. 0217	10. 3791
2023	7. 8255	8. 4515	9. 0183	10. 4327
2024	7. 8974	8. 5264	9. 0980	10. 5507
2025	7. 9254	8. 5593	9. 1296	10. 6076
2026	7. 9584	8. 6122	9. 1564	10. 6373
2027	7. 9678	8. 6126	9. 1764	10. 6919
2028	7. 9911	8. 6297	9. 1910	10. 8479
2029	7. 9383	8. 5588	9. 0625	11. 0130

续表

年　份	$EN_总$	EN_{6+}	EN_{15+}	$EN_劳$
2030	8.4564	9.0013	9.5312	11.1687
2031	8.5160	9.0844	9.6154	11.3078
2032	8.5692	9.1394	9.6499	11.4142
2033	8.6168	9.1875	9.6761	11.5572
2034	8.6561	9.2264	9.6833	11.7088
2035	8.6949	9.2646	9.7203	11.9087
2036	8.7192	9.2962	9.7543	12.1376
2037	8.7364	9.3100	9.7827	12.2863
2038	8.7546	9.3248	9.8142	12.3937
2039	8.7609	9.3269	9.8086	12.4781
2040	9.0660	9.6737	10.2301	12.6064
2041	9.1411	9.7644	10.3391	12.6799
2042	9.1718	9.7865	10.3636	12.7392
2043	9.1446	9.7469	10.3202	12.6771
2044	9.2089	9.8052	10.3787	12.7858
2045	9.2149	9.8026	10.3821	12.8090
2046	9.2169	9.8075	10.3794	12.8562
2047	9.2105	9.7968	10.3668	12.9365
2048	9.2005	9.7820	10.3494	13.0136
2049	9.1888	9.7654	10.3298	13.0864
2050	9.5816	10.1953	10.8591	13.2375

数据来源：笔者估算。

劳动力人口平均受教育年限为 8.52 年，到 2050 年，总人口的平均受教育年限将提升到 9.58 年，劳动力人口平均受教育年限提升到 13.24 年。从劳动力人口来看，2008 年劳动力人口的教育程度达到初中毕业水平，到 2035 年左右达到高中毕业水平。

（2）分性别人口平均受教育年限的估算

人口平均受教育年限在性别方面的差异也是影响教育红利持续积累的重要因素之一。从 2000 年来看，不同统计口径的人口平均受教育年限的性别差别都是十分明显的，女性普遍比男性低 1 年左右。因此，要缩小人口平均受教育年限的性别差异，就需要从源头上开始着手。若假定男女在入学率上平等，则可以渐进地缩小差距。本书假定在后续的教育发展中，各级教育的入学率无性别差异，也即坚持男女有着平等的受教育机会的原则，通过模拟测算，我国不同统计口径的分性别的人口平均受教育年限如表 7-2-7 所示。

表 7-2-7　2000~2050 年我国分性别人口平均受教育年限

单位：年

年　份	$EN_{总男}$	$EN_{总女}$	$EN_{6+男}$	$EN_{6+女}$	$EN_{15+男}$	$EN_{15+女}$	$EN_{劳男}$	$EN_{劳女}$
2000	7.0736	6.1448	7.7171	6.6578	8.4873	7.1726	9.1372	7.8942
2001	7.1239	6.2118	7.7683	6.7345	8.5285	7.2497	9.1995	7.9901
2002	7.1904	6.2924	7.8335	6.8223	8.5522	7.3102	9.2442	8.0754
2003	7.2168	6.3354	7.8603	6.8726	8.5249	7.3240	9.2344	8.1094
2004	7.2639	6.3985	7.9130	6.9475	8.5486	7.3847	9.2780	8.1964
2005	7.3385	6.4778	8.0140	7.0553	8.6343	7.4914	9.3527	8.3082
2006	7.3698	6.5360	8.0363	7.1142	8.6343	7.5407	9.3582	8.3638
2007	7.4306	6.6037	8.0881	7.1735	8.6804	7.6030	9.4237	8.4541
2008	7.4747	6.6637	8.1248	7.2271	8.7066	7.6468	9.4659	8.5229
2009	7.5026	6.7077	8.1470	7.2661	8.6928	7.6548	9.4732	8.5586
2010	7.5675	6.7890	8.2197	7.3572	8.7754	7.7605	9.5482	8.6706
2011	7.6012	6.8440	8.2735	7.4332	8.8214	7.8394	9.6000	8.7561
2012	7.6347	6.8971	8.3136	7.4913	8.8545	7.8937	9.6591	8.8455
2013	7.6675	6.9505	8.3498	7.5474	8.8828	7.9467	9.7180	8.9382
2014	7.7017	7.0054	8.3835	7.6019	8.9347	8.0182	9.8239	9.0667
2015	7.7572	7.0879	8.4568	7.7041	9.0172	8.1407	9.9154	9.2058
2016	7.7956	7.1626	8.4963	7.7841	9.0617	8.2312	9.9842	9.3182
2017	7.8472	7.2232	8.5394	7.8359	9.1122	8.2903	10.0941	9.4446
2018	7.8838	7.2805	8.5664	7.8844	9.1477	8.3488	10.1971	9.5791
2019	7.9127	7.3284	8.5860	7.9237	9.1728	8.3947	10.2974	9.7076
2020	7.9834	7.4344	8.6529	8.0312	9.2582	8.5239	10.4132	9.8677
2021	8.0256	7.5033	8.7022	8.1122	9.3205	8.6206	10.5156	9.9967
2022	8.0664	7.5608	8.7335	8.1607	9.3581	8.6757	10.6182	10.1265
2023	8.1000	7.6133	8.7623	8.2084	9.3890	8.7266	10.7116	10.2461

续表

年　份	$EN_{总男}$	$EN_{总女}$	$EN_{6+男}$	$EN_{6+女}$	$EN_{15+男}$	$EN_{15+女}$	$EN_{劳男}$	$EN_{劳女}$
2024	8.1266	7.6603	8.7892	8.2554	9.4142	8.7740	10.7629	10.3267
2025	8.1444	7.6991	8.8122	8.2990	9.4340	8.8182	10.8049	10.3996
2026	8.2635	7.7435	8.8240	8.3635	9.5926	8.8585	11.0215	10.4473
2027	8.1658	7.7636	8.8435	8.3754	9.4555	8.8918	10.8540	10.5209
2028	8.1782	7.7983	8.8490	8.4047	9.4568	8.9202	10.9922	10.6955
2029	8.1098	7.7618	8.7605	8.3519	9.3067	8.8137	11.1299	10.8892
2030	8.6153	8.2925	9.1859	8.8115	9.7553	9.3023	11.2714	11.0600
2031	8.6625	8.3650	9.2554	8.9087	9.8231	9.4032	11.3965	11.2140
2032	8.7116	8.4228	9.3072	8.9673	9.8538	9.4423	11.4870	11.3370
2033	8.7541	8.4759	9.3511	9.0202	9.8749	9.4742	11.6130	11.4981
2034	8.7875	8.5213	9.3850	9.0646	9.8766	9.4874	11.7478	11.6675
2035	8.8202	8.5668	9.4175	9.1089	9.9071	9.5314	11.9294	11.8867
2036	8.8103	8.5984	9.4129	9.1479	9.9018	9.5728	12.0862	12.1479
2037	8.8475	8.6231	9.4486	9.1693	9.9552	9.6088	12.2602	12.3140
2038	8.8582	8.6491	9.4558	9.1921	9.9790	9.6484	12.3546	12.4353
2039	8.8567	8.6497	9.4498	9.1879	9.9646	9.6358	12.4254	12.5114
2040	9.1261	9.0046	9.7582	9.5875	10.3443	10.1145	12.5317	12.6862
2041	9.1877	9.0935	9.8334	9.6940	10.4361	10.2408	12.5965	12.7691
2042	9.2193	9.1233	9.8573	9.7144	10.4638	10.2625	12.6464	12.8384
2043	9.2426	9.1464	9.8725	9.7277	10.4820	10.2767	12.6573	12.8657
2044	9.2560	9.1610	9.8772	9.7324	10.4824	10.2746	12.6777	12.9015
2045	9.2612	9.1678	9.8744	9.7301	10.4863	10.2778	12.6954	12.9306
2046	9.2344	9.1715	9.8486	9.7367	10.4507	10.2758	12.6951	12.9820
2047	9.2533	9.1672	9.8653	9.7278	10.4692	10.2647	12.8140	13.0676
2048	9.2413	9.1592	9.8488	9.7150	10.4502	10.2490	12.8827	13.1540
2049	9.2270	9.1503	9.8296	9.7010	10.4281	10.2320	12.9499	13.2329
2050	9.5660	9.5975	10.2004	10.1901	10.8913	10.8268	13.0874	13.3989

数据来源：笔者估算。

　　由上可知，在坚持男女平均受教育机会的原则下，我国男女人口平均受教育年限的差异将逐渐缩小。例如，在总人口的平均受教育年限中，

2000年女性低于男性0.93年，到2050年，女性人口平均受教育年限反而要高于男性0.03年；在劳动力人口中，2000年，女性低于男性1.35年，到2035年左右，男女劳动力人口平均受教育年限基本持平。显然，上述预测是在男女入学率无差异条件下的情况，而实际上要真正达到这个目标，无论在实现时间上，还是在实现水平上仍可能存在一定的滞后性。

（3）分年龄人口平均受教育年限的估算

在人口年龄结构中，为表达直观，常用人口年龄金字塔示意图来反映人口的年龄结构。本课题借用这种分析思路，以人口的年龄为纵轴，以男女人口平均受教育年限为横轴，构建人口平均受教育年限的年龄金字塔示意图。

在人口平均受教育年限的统计口径中，以劳动力人口（15～64岁）的平均受教育年限为例，2000年、2010年、2020年、2030年、2040年和2050年我国劳动力人口平均受教育年限的年龄结构金字塔分别如图7-2-1、图7-2-2、图7-2-3、图7-2-4、图7-2-5和图7-2-6所示。

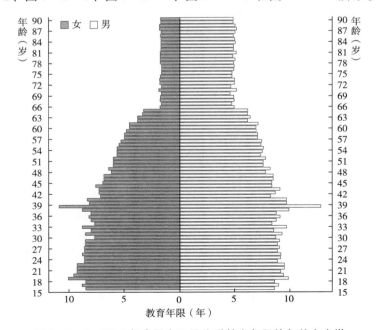

图7-2-1 2000年我国人口平均受教育年限的年龄金字塔

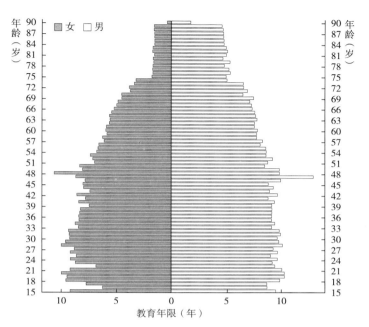

图 7－2－2　2010 年我国人口平均受教育年限的年龄金字塔

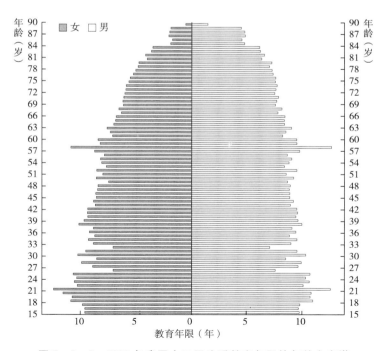

图 7－2－3　2020 年我国人口平均受教育年限的年龄金字塔

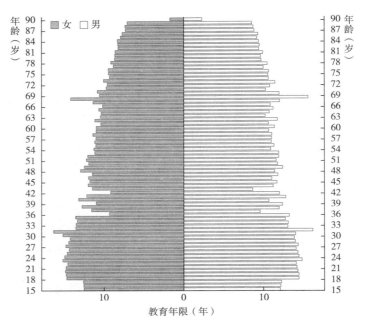

图 7 - 2 - 4　2030 年我国人口平均受教育年限的年龄金字塔

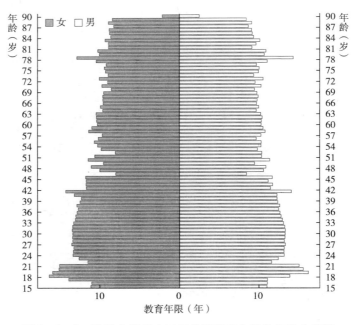

图 7 - 2 - 5　2040 年我国人口平均受教育年限的年龄金字塔

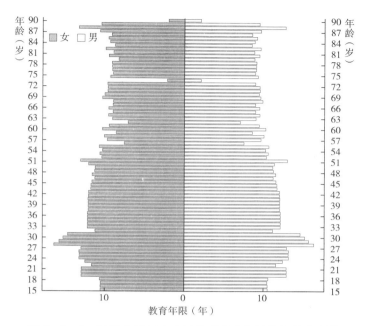

图 7 - 2 - 6 2050 年我国人口平均受教育年限的年龄金字塔

由上述不同年份的人口平均受教育年限的年龄金字塔示意图可知，在我国劳动力人口中，随着教育红利的累积，劳动力人口的平均受教育年限稳步上升。2000 年劳动力人口的分年龄教育年限呈明显的金字塔结构，即劳动力人口的平均受教育年限随着年龄的增长而逐渐降低，由于持续的教育红利累积，每年新增加的劳动力人口教育年限均高于上一年，因而随着时间的推移，劳动力人口平均受教育年限在年龄之间的差异逐渐缩小，到 2050 年，不同年龄的劳动力人口平均受教育年限差别已很小，劳动力人口的总体受教育程度普遍得到提高。

3. 不同教育等级的教育人口占劳动力人口的比例

在教育红利的估算中，还有一种指标是采用不同教育等级的教育人口占劳动力人口的比例来衡量。即分别为小学教育人口占劳动力人口的比例 $t_{小学}$，初中教育人口占劳动力人口的比例 $t_{初中}$，高中教育人口占劳动力人口的比例 $t_{高中}$ 以及高等教育人口占劳动力人口的比例 $t_{高等}$。在这个指标中，若教育等级较高的指标所占比例越大，说明劳动力人口的教育结构越趋向高级。根据教育红利的测算数据，2000～2050 年我国不同教育等级的教育人口占劳动力人口的比例如表7－2－8和图7－2－7所示。

表7－2－8　2000～2050年不同教育等级的教育人口占劳动力人口的比例

单位：%

年　份	$t_{小学}$	$t_{初中}$	$t_{高中}$	$t_{高等}$
2000	30. 22	43. 10	15. 56	4. 92
2001	29. 91	43. 44	16. 00	4. 88
2002	30. 04	43. 52	16. 31	4. 85
2003	30. 91	43. 05	16. 26	4. 78
2004	30. 22	43. 29	16. 82	4. 81
2005	29. 52	43. 65	17. 54	4. 84
2006	28. 75	43. 74	18. 08	4. 80
2007	28. 10	43. 94	18. 50	4. 95
2008	27. 43	44. 03	18. 82	5. 13
2009	26. 74	43. 94	19. 01	5. 27
2010	26. 15	44. 15	19. 50	5. 42
2011	25. 50	44. 29	19. 94	5. 57
2012	24. 83	44. 44	20. 43	5. 68
2013	24. 55	45. 28	21. 17	5. 96
2014	23. 48	44. 79	21. 42	6. 05
2015	22. 79	44. 97	22. 06	6. 23
2016	22. 10	45. 04	22. 66	6. 41
2017	21. 34	45. 07	23. 22	6. 65
2018	20. 65	45. 11	23. 76	6. 92
2019	19. 96	45. 07	24. 24	7. 19
2020	19. 35	45. 10	24. 75	7. 48
2021	18. 80	45. 06	25. 20	7. 78
2022	18. 25	44. 96	25. 63	8. 08
2023	17. 77	44. 85	26. 04	8. 39
2024	17. 38	44. 70	26. 43	8. 71
2025	16. 96	44. 44	26. 78	9. 02
2026	16. 59	44. 14	27. 14	9. 34
2027	16. 08	43. 57	27. 44	9. 67

续表

年　份	$t_{小学}$	$t_{初中}$	$t_{高中}$	$t_{高等}$
2028	15.60	43.06	27.91	10.07
2029	15.18	42.70	28.57	10.54
2030	14.68	42.23	29.24	11.05
2031	14.10	41.65	29.89	11.57
2032	13.55	41.12	30.49	12.12
2033	12.90	40.43	31.06	12.67
2034	12.32	39.81	31.53	13.25
2035	11.72	39.16	32.34	13.85
2036	11.22	38.61	33.24	14.48
2037	10.74	37.98	34.17	15.04
2038	10.29	37.35	34.94	15.78
2039	9.85	36.62	35.31	16.55
2040	9.51	36.07	35.80	17.42
2041	9.16	35.35	36.09	18.26
2042	8.86	34.68	36.52	18.90
2043	8.57	33.93	36.90	19.54
2044	8.30	33.17	37.14	20.18
2045	7.89	32.43	37.52	20.84
2046	7.80	31.64	37.86	21.52
2047	7.55	30.72	38.16	22.29
2048	7.31	29.88	38.44	23.18
2049	7.03	28.87	38.78	24.08
2050	6.62	27.75	39.56	25.17

数据来源：笔者估算。

　　由上述表图可知，在 2000~2050 年中，随着我国教育红利的累积，我国小学教育人口与初中教育人口占劳动力人口的比例呈下降趋势，而高中阶段教育人口与高等教育人口占劳动力人口的比例呈上升趋势。2000 年，在不同教育等级的教育人口占劳动力人口的比例中，小学占 30.22%，初中占 43.1%，高中占 15.56%，高等教育占 4.92%，小学与初中教育程度的人口占绝对比重。到 2050 年，劳动力人口的教育结构发生显著性的转

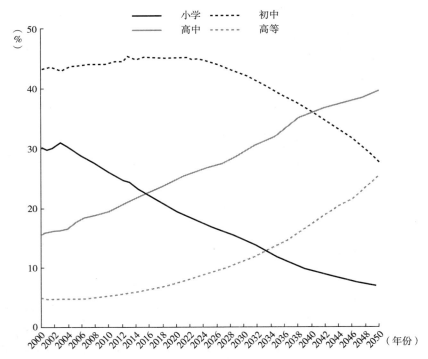

图 7 - 2 - 7   2000~2050 年不同教育等级的教育人口占劳动力人口的比例变动图

变，小学占 6.62%，初中占 27.75%，高中占 39.56%，高等教育占 25.17%，高中阶段教育人口与高等教育人口的劳动力人口比重占到 64% 左右，劳动力人口的教育程度得到显著提高。

第八章　教育人口的分布分析

　　教育人口分布是分析教育人口的重要维度之一。教育人口分布的现状与特征反映了当前教育人口在地理空间上的基本状况，对深入了解教育人口的内部构成，把握当前教育人口研究领域具有重要的指导作用。教育人口分布从空间角度解释教育人口形成的原因与机制，对深化理解教育人口在地域空间中的分布格局及其变动趋势均有重要意义。教育人口的分布分析就是采用人口学的方法，结合当代地理空间科学的最新技术，对教育人口的分布进行全面系统的研究，揭示教育人口分布的基本特征与发展趋势，并在此基础上探讨教育人口分布对经济社会其他领域可能产生的影响。

第一节　教育人口分布现状与分析框架

　　教育人口分布变动是教育人口变动的重要方面，是分析教育人口现状的重要维度之一。与人口分布类似，教育人口分布主要按照人口分布的分类框架，重点描述教育人口的空间分布演变轨迹与现状特征，揭示教育人口分布形成的机制与原因，探讨未来教育人口分布的变动趋势，以及综合判断教育人口分布的合理性，等等。教育人口分布与人口分布紧密相连，但其分布格局又不同于一般的人口分布，本节分别按教育人口的不同分类，对教育人口分布现状及具体的分析框架进行简述。

一　教育人口分布现状

　　教育人口分布现状，就是要分析接受过各级教育人口的分布情况与基本特征。根据我国人口统计的特点，从第二次人口普查起，历次人口普查均有分省域的人口受教育程度的数据统计项目，以上述数据为基础，可以全面分析我国教育人口分布的现状及变化轨迹。如前所述，由于教育人口分布涉及不同的分类，而且教育人口本身又分为小学、初中、高中/中专、高等教育等不同的分类。在不同类别的教育人口分布中，需要确定两个分析层次：一是分析的地域单元，即以什么样的单元作为分析对象，在全国教育人口分布中，一般是以省域为单元进行的，而若在更小范围作为分析对象，则其分析单元就要更小；二是分析的对象，由于教育人口分类很多，需要确定不同的教育人口分类进行分析。从当前研究结果来看，不同层次的教育人口分布格局是不一致的，若要全面系统分析不同类别教育人口分布，内容庞大，篇幅较多，详细的分析另待研究，本书以高等教育人口为例，分析高等教育人口的分布现状与基本特征。

（一）中国高等教育人口地域结构的演变与特征

描述我国高等教育的人口地域结构，由于受数据的限制，此处仅分析1964 年、1982 年、1990 年和 2000 年的高等教育人口地域结构及其演变历史。在指标选取上，根据人口地域结构主要统计量，在此确定两个重要的指标：一是高等教育人口密度，它是指在单位土地面积上的高等教育人口数量，它反映的是高等教育人口的地域分布特征，用人/平方公里来表示；二是每十万人口中的高等教育人口数，它是反映各地区人口素质的重要指标。

1. 我国高等教育人口地域结构的主要历史数据

通过对我国历次人口普查数据、人口统计年鉴以及教育事业统计年鉴数据的整理，按上述的指标定义，本书整理出我国高等教育人口地域结构的历史原始数据，其中，表征我国高等教育人口地域结构的重要指标值如表 8 - 1 - 1 所示。

表 8 - 1 - 1　1964 ~ 2000 年我国高等教育人口地域结构的重要指标值

地　区	P1964	P1982	P1990	P2000	M1964	M1982	M1990	M2000
北　京	19.62	26.74	59.90	136.00	4339.71	4866.09	9301.36	16838.63
天　津	—	14.89	34.48	74.45	—	2282.83	4670.03	8996.25

续表

地 区	P1964	P1982	P1990	P2000	M1964	M1982	M1990	M2000
河　北	0.91	1.25	3.10	9.58	395.94	442.09	953.62	2697.89
山　西	0.43	0.97	2.55	7.11	374.89	597.33	1382.76	3421.72
内蒙古	0.04	0.09	0.27	0.75	381.85	570.76	1479.03	3815.19
辽　宁	1.25	2.47	6.94	17.53	682.26	1019.16	2593.68	6181.44
吉　林	0.54	1.06	2.83	7.05	641.28	877.75	2151.36	4931.97
黑龙江	0.26	0.49	1.66	3.83	590.32	687.25	2139.63	4805.94
上　海	37.85	65.35	138.43	284.92	2204.89	3471.59	6536.84	10939.80
江　苏	1.68	3.77	9.64	27.90	386.05	639.49	1474.52	3918.58
浙　江	0.79	1.79	4.77	14.42	284.40	468.35	1171.38	3195.82
安　徽	0.58	1.45	3.55	9.77	258.18	407.96	882.66	2311.72
福　建	0.59	1.27	2.98	8.17	438.79	606.16	1227.84	2967.14
江　西	0.39	0.95	2.54	6.26	311.84	479.27	1123.63	2586.20
山　东	0.59	1.69	5.27	19.24	167.19	353.64	975.05	3335.22
河　南	0.56	1.47	4.34	14.61	184.83	329.52	848.27	2673.83
湖　北	0.68	1.62	4.55	12.48	375.47	630.63	1565.53	3899.68
湖　南	0.46	1.16	3.26	8.74	262.74	454.66	1137.37	2926.46
广　东	0.72	1.33	4.68	16.86	381.96	478.44	1338.35	3556.85
广　西	0.22	0.57	1.41	4.42	228.70	367.59	791.68	2387.75
海　南	—	—	2.41	7.09	—	—	1246.92	3179.83
重　庆	—	—	—	10.44	—	—	—	2818.74
四　川	0.04	0.76	1.82	4.20	30.07	431.09	961.08	2475.65
贵　州	0.22	0.63	1.42	3.83	231.04	388.43	773.68	1914.64
云　南	0.12	0.27	0.76	2.16	232.18	331.17	807.62	2012.65
西　藏	—	0.01	0.01	0.03	—	424.00	565.44	1282.61
陕　西	1.08	1.22	2.67	7.22	1070.27	866.30	1672.70	4202.02
甘　肃	0.24	0.24	0.54	1.48	864.43	552.83	1105.46	2676.36
青　海	0.02	0.04	0.09	0.32	632.53	808.52	1488.97	3243.57
宁　夏	0.16	0.50	1.45	3.91	382.77	661.58	1610.32	3691.54
新　疆	0.02	0.05	0.17	0.57	563.52	639.52	1846.16	5127.23
全　国	0.30	0.63	1.64	4.59	412.05	598.80	1393.83	3542.55

　　说明：P1964 是 1964 年高等教育人口密度；P1982 是 1982 年高等教育人口密度；P1990 是 1990 年高等教育人口密度；P2000 是 2000 年高等教育人口密度；M1964 是 1964 年每十万人口中的高等教育人口数；M1982 是 1982 年每十万人口中的高等教育人口数；M1990 是 1990 年每十万人口中的高等教育人口数；M2000 是 2000 年每十万人口中的高等教育人口数；其中我国港澳台地区的数据暂缺，全国的数据是指各地区指标的均值；—表示该项数据当时没有统计。

　　数据来源：根据二普、三普、四普及五普数据资料整理计算。

2. 我国高等教育人口地域结构的特征分析

由表 8-1-1 可知，1964～2000 年我国高等教育人口地域结构的基本特征如下：①高等教育人口密度上升且地域差异明显。从总体来看，全国高等教育人口密度在上升，但总量依然偏小。1964 年，全国高等教育密度是 0.3 人／平方公里，到 2000 年，全国高等教育人口密度达到 4.59 人／平方公里。另外，高等教育人口密度地域差异明显，2000 年，我国高等教育人口密度最高的地区是上海，其高等教育人口密度达到 284.92 人／每平方公里，而同期高等教育人口密度最低的地区是西藏，其高等教育人口密度只有 0.03 人／每平方公里。以 2000 年为例，全国各地区的高等教育人口密度方差为 3044.64，区域差异明显。②每十万人高等教育人口数持续上升，但地域差异性依然明显。从总体来看，全国每十万人高等教育人口数在不断上升，人力资源的存量在增大。1964 年，全国每十万人高等教育人口只有 412.05 人，到 2002 年，每十万人高等教育人口数为 3542.55 人，增幅明显。另外，每十万人高等教育人口数的地域差异明显。2000 年，我国高等接受教育人口水平最高的地区是北京，其每十万人高等教育人口数为 16838.63 人，而同期的西藏地区，其每十万人高等教育人口数只有 1282.61 人。以 2000 年为例，全国各地区的每十万人高等教育人口数的方差为 9400572.67，区域差异明显。

（二）2000 年中国高等教育人口地域结构的分布

2000 年第五次人口普查的数据十分丰富，有关高等教育的数据也很完整，本书尝试利用"五普"的丰富数据，对 2000 年中国高等教育人口地域结构进行较为系统的分析。

1. 高等教育人口的总体特征

高等教育人口的地域结构分布反映的是高层次人力资源在地理空间上的分布状态。高等教育人口的分布受人口本身因素的影响，同时也与气候、经济、地理位置等非人口因素密切相关。下面是根据"五普"数据整理而得的关于高等教育人口地域结构的重要指标值（表 8-1-2）。

表 8 - 1 - 2　2000 年中国高等教育人口地域结构的重要指标值

地　区	高等教育人口密度（人/每平方公里）				每十万人高等教育人口数（人）			
	总　和	专　科	本　科	研究生	总　和	专　科	本　科	研究生
北　京	136.00	10.28	64.42	61.31	16838.63	1272.40	7975.97	7590.25
天　津	74.45	2.02	29.87	42.57	8996.25	244.09	3608.86	5143.30
河　北	9.58	0.10	2.88	6.61	2697.89	27.02	809.53	1861.33
山　西	7.11	0.08	2.01	5.02	3421.72	38.35	968.70	2414.68
内蒙古	0.75	0.01	0.20	0.55	3815.19	29.37	1003.66	2782.16
辽　宁	17.53	0.32	5.73	11.47	6181.44	112.97	2021.92	4046.55
吉　林	7.05	0.12	2.60	4.34	4931.97	80.59	1816.94	3034.43
黑龙江	3.83	0.05	1.14	2.64	4805.94	66.27	1429.04	3310.64
上　海	284.92	12.09	124.56	148.27	10939.80	464.34	4782.50	5692.96
江　苏	27.90	0.57	9.23	18.10	3918.58	79.63	1295.92	2543.03
浙　江	14.42	0.30	4.73	9.39	3195.82	65.81	1048.71	2081.30
安　徽	9.77	0.12	3.05	6.60	2311.72	29.00	720.79	1561.93
福　建	8.17	0.13	2.68	5.36	2967.14	46.71	972.56	1947.87
江　西	6.26	0.05	1.84	4.37	2586.20	21.57	758.34	1806.29
山　东	19.24	0.25	5.90	13.08	3335.22	43.49	1023.72	2268.02
河　南	14.61	0.13	3.60	10.88	2673.83	23.74	658.43	1991.67
湖　北	12.48	0.29	3.92	8.27	3899.68	90.11	1226.01	2583.56
湖　南	8.74	0.12	2.42	6.21	2926.46	39.87	808.73	2077.85
广　东	16.86	0.43	5.05	11.38	3556.85	91.08	1064.70	2401.07
广　西	4.42	0.05	1.17	3.21	2387.75	26.37	629.17	1732.21
海　南	7.09	0.13	2.02	4.94	3179.83	57.45	904.86	2217.52
重　庆	10.44	0.18	3.52	6.75	2818.74	47.32	949.32	1822.10
四　川	4.20	0.08	1.30	2.83	2475.65	44.67	764.04	1666.94
贵　州	3.83	0.02	1.17	2.64	1914.64	11.85	583.84	1318.95
云　南	2.16	0.03	0.67	1.46	2012.65	28.30	622.51	1361.84
西　藏	0.03	0.00	0.01	0.02	1282.61	13.00	380.77	888.85
陕　西	7.22	0.16	2.62	4.44	4202.02	92.17	1524.73	2585.11

续表

| 地 区 | 高等教育人口密度（人/每平方公里） | | | | 每十万人高等教育人口数（人） | | | |
	总 和	专 科	本 科	研究生	总 和	专 科	本 科	研究生
甘 肃	1.48	0.02	0.43	1.03	2676.36	35.85	777.93	1862.58
青 海	0.22	0.00	0.06	0.15	3243.57	19.45	961.99	2262.12
宁 夏	3.91	0.02	1.24	2.64	3691.54	20.49	1174.53	2496.53
新 疆	0.57	0.00	0.14	0.42	5127.23	33.38	1296.37	3797.48
全 国	4.59	0.09	1.47	3.02	3542.55	71.14	1138.79	2332.63

数据来源：根据二普、三普、四普及五普数据资料整理计算。

由表8-1-2可知，我国高等教育人口在地域结构上的总体特征有两点：一是地区差异明显，无论是高等教育人口密度，还是每十万人高等教育人口数，区域差异性都十分明显；二是高等教育人口地域分布存在中心极的现象，基于地理面积的高等教育人口分布，它呈现出明显的中心极特征。基于总人口数的高等教育人口地域分布，中心极的特征也存在，但从整体上呈现出多极的趋势。总体来说，我国高等教育人口的地域结构分布的总特征可概括如下："两个中心极"，两个潜力区，五个发展层次。""两个中心极是指京津极与上海极。北京与天津两直辖市的高等教育人口密度以及每十万人高等教育人口数都十分集中，呈现出一个明显的中心极形态。另外，上海市也是一个中心极。在这两个中心地带，土地面积仅占全国总面积的0.036%，但却汇聚着11.28%的高等教育总人口数。"两个潜力区"分别指新疆维吾尔自治区和辽宁省。新疆维吾尔自治区的高等教育人口密度受地理面积的影响虽处于较低的水平，但按每十万人高等教育人口数计算，该地区的高等教育人口水平高居全国第五，另外，辽宁省若按每十万人高等教育人口数计算，其高等教育人口水平居全国第四，从高等教育的角度分析，笔者认为这两个地区的发展是充满潜力的。"五个发展层次"的划分是根据表8-1-2的两个维度共8个变量的指标值，剔除"两个中心极"与"两个潜力区"的地区，通过对原始数据的正态标准化，利用SPSS软件，采用系统聚类方法对之进行聚类，得出聚类的结果如图8-1-1所示。

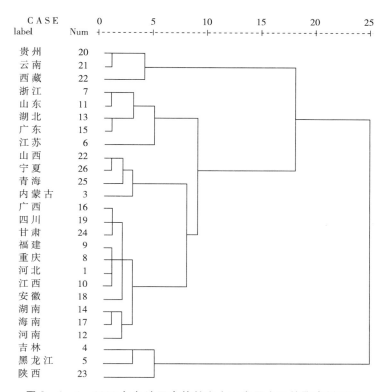

图 8 - 1 - 1　2000 年各地区高等教育人口发展水平的聚类树形图

由图 8 - 1 - 1 可知，结合我国高等教育人口地域结构分布的总体特征，我国高等教育人口地域分布特征如表 8 - 1 - 3 所示。

表 8 - 1 - 3　我国高等教育人口地域结构分布的总体特征

类　别	名　称	包括的地区	基本特征
两个中心极	京津极	北京、天津	相比较于其他地区，高等教育人口密度极高，每十万人高等教育人口极多
	上海极	上海	
两个潜力区	第一潜力区	辽宁	高等教育人口密度较高，每十万人高等教育人口数较多
	第二潜力区	新疆	高等教育人口密度较低，但每十万人高等教育人口数较多

续表

类　别	名　称	包括的地区	基本特征
五个发展层次	第一发展层次	浙江、山东、湖北、广东、江苏	高等教育人口密度高，每十万人高等教育人口数多
	第二发展层次	吉林、黑龙江、陕西	高等教育人口密度低，但每十万人高等教育人口数较多
	第三发展层次	山西、宁夏、青海、内蒙古	高等教育人口密度较低，但每十万人高等教育人口数较多
	第四发展层次	广西、四川、甘肃、福建、重庆、河北、江西、安徽、湖南、海南、河南	高等教育人口密度一般，每十万人高等教育人口数一般
	第五发展层次	贵州、云南、西藏	高等教育人口密度低，每十万人高等教育人数少

2. 高等教育人口密度的基本特征

高等教育人口密度是基于地理面积的一个反映高等教育人口地域结构的重要指标。从指标本身来说，它是表征高等教育地域结构的较好指标，但从实际情况来看，由于我国各行政区的区域划分的非均衡性，特别是由于我国人口分布本身的非均衡性，所以在使用此指标时也要注意到我国各区域地理面积的悬殊对人口分布特征的影响。本小节尝试根据表 8 - 1 - 2 的数据，详细地对我国 2000 年各区域的高等教育人口密度特征进行实证分析。

总体来看，我国高等教育人口密度在总体上也呈现出"两个中心极"，其中上海市的高等教育人口密度高达 284.92 人/平方公里，而京津地区的高等教育人口密度也较为突出，北京市为 136 人/平方公里，天津市为 74.45 人/平方公里。而从其他地区来看，高等教育人口密度的差异并不显著，同样，根据表 8 - 1 - 2 的数据，剔除"两个中心极"的地区，通过对原始数据的正态标准化，利用 SPSS 软件，采用系统聚类方法对其进行聚类，得出聚类的结果如图 8 - 1 - 2 所示。

由图 8 - 1 - 2 可知，考虑到高等教育不同层次的人口密度变化，我国高等教育人口密度的地域结构呈现出一个"金字塔式"的发展过程。结合

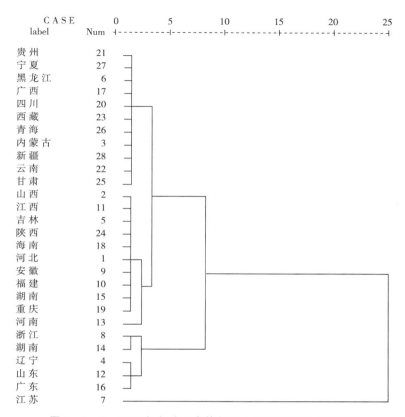

图 8－1－2 2000 年各地区高等教育人口密度的聚类树形图

表 8－1－2 的指标值，2000 年我国高等教育人口密度的地域结构如图 8－1－3 所示。

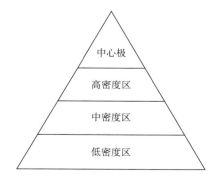

类别	包括的地区
中心极	北京、天津、上海
高密度区	江苏、广东、山东、辽宁、湖北、浙江
中密度区	河南、重庆、湖南、福建、安徽、河北、海南、陕西、吉林、江西、山西
低密度区	甘肃、云南、新疆、内蒙古、青海、西藏、四川、广西、黑龙江、宁夏、贵州

图 8－1－3 2000 年我国高等教育人口密度的地域结构图

203

3. 每十万人高等教育人口数分布的基本特征

每十万人高等教育人口数是基于人口总数来表征人口素质的一个重要指标，用此指标来反映高等教育地域结构的分布，是从质量的角度来分析高等教育人口的地域结构。比较于高等教育人口密度指标，每十万人高等教育人口数更能反映出高等教育人口的内部结构以及此地区的发展潜力。当然，在现实层面，由于高等教育人口的流动以及非高等教育因素的影响，这种潜力的发挥是有条件的。从总体来看，每十万人高等教育人口数在总体上也呈现"中心极"现象，但其发展趋势是向多极化发展。比较于高等教育人口密度，每十万人高等教育人口数在地域分布上更表现出层次性。同样，根据表8-1-2的数据，剔除"两个中心极"的地区，通过对原始数的正态标准化，利用SPSS软件，采用系统聚类方法对其进行聚类，得

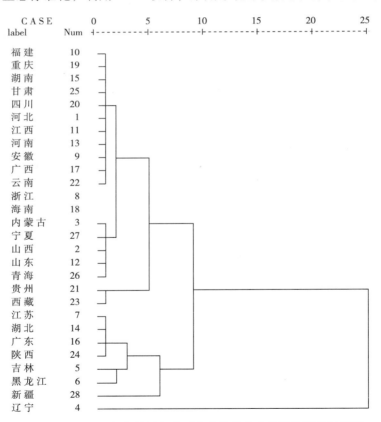

图8-1-4 2000年各地区每十万人高等教育人口数的聚类树形图

出聚类的结果如图 8 - 1 - 4 所示。由图 8 - 1 - 4 可知，我国每十万人高等教育人口数在地域结构的分布上呈现出"两端小，中间大"的梭形结构。具体结构如图 8 - 1 - 5 所示。

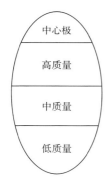

类别	层次	包括的地区
中心极		北京、天津、上海
高质量	第一层次	辽宁
	第二层次	新疆
	第三层次	黑龙江、吉林
	第四层次	陕西、广东、湖北、江苏
中质量	第一层次	浙江、海南
	第二层次	福建、重庆、湖南、甘肃、四川、河北、东西、河北、安徽、广西、云南
低质量	第一层次	内蒙古、宁夏、山西、山东、青海
	第二层次	贵州、西藏

图 8 - 1 - 5 2000 年我国每十万人高等教育人口数的地域结构图

总体而言，我国高等教育人口的地域分布无论是在数量维度，还是在质量维度，都存在明显的层次性。在层次的两端，数量与质量维度的地区具有同步性。如两个中心极的一致性，西藏与贵州地区的低密度与低质量的一致性。另外，我国高等教育人口在中间层次上的数量与质量地域分布具有异步性。也就是说，在高等教育人口密度较低的地区，其人口质量却不一定较低，如新疆维吾尔自治区的高等教育人口密度较低，但其人口质量却较高。

4. 高等教育人口与经济的地域分布的关联分析

高等教育人口的地域分布是否完全与经济分布一致呢？为比较两种不同量纲指标之间发展的关联性，本书以各地区在各自指标上的序位（排序的位置）变化作为比较标准，中国高等教育人口的地域结构序位变化与经济的地域结构序位变化如表 8 - 1 - 4 所示。

表 8 - 1 - 4 中国高等教育人口与经济地域结构的序位关系

地 区	R1964	R1982	R1990	R2000	E1982	E1990	E2000
北 京	1.5	1.5	1.5	1.5	14	15	15
天 津	0	3	3	3	22	22	22

续表

地 区	R1964	R1982	R1990	R2000	E1982	E1990	E2000
河　北	8.5	17	18.5	17.5	9	8	6
山　西	16.5	15.5	15.5	15.5	15	20	21
内蒙古	19.5	20.5	19.5	19.5	23	23	24
辽　宁	4.5	4.5	4.5	5	5	5	7
吉　林	10	10.5	10	12.5	16	18	19
黑龙江	13	15.5	13.5	15.5	11	12	13
上　海	1.5	1.5	1.5	1.5	6	10	8
江　苏	7.5	7.5	8.5	6.5	2	2	2
浙　江	13	12.5	12.5	13	10	7	4
安　徽	16.5	17	18	20	13	13	14
福　建	10	12.5	15.5	17	18	14	11
江　西	17.5	17.5	19	22.5	17	16	17
山　东	18.5	17	14	10	1	1	3
河　南	19	19	18	16	7	6	5
湖　北	12.5	10	9.5	10	8	9	9
湖　南	17.5	17.5	15.5	17	12	11	12
广　东	11	14.5	11.5	10	4	3	1
广　西	22	23.5	26	24	19	19	16
海　南	0	0	17.5	18	0	27	28
重　庆	0	0	0	16	0	0	23
四　川	26	20.5	21.5	24	3	4	10
贵　州	22	22.5	26	27.5	24	24	26
云　南	22.5	26	26	27.5	20	17	18
西　藏	0	26	30	31	29	30	31
陕　西	4	10	12	12	21	21	20
甘　肃	11.5	20.5	23.5	25	25	25	27
青　海	16.5	17.5	20	23	27	28	30
宁　夏	17.5	15.5	15.5	17.5	28	29	29
新　疆	18	18.5	17.5	17	26	26	25

数据来源：第二至第五次人口普查资料；中国统计年鉴。指标说明：R1964 指 1964 年中国高等教育人口的地域序位，为高等人口密度地域序位与每十万人高等教育人口数地域序位的均值，余皆类推；E1982 指 1982 年各地区经济序位（以国民收入或 GDP 值来测算），余皆类推；0 表示该项数据当时没有统计。

由表 8 - 1 - 4 可知，中国高等教育人口的地域结构与经济的地域结构在整体上具有相对稳定性。从演进过程来看，可以得出以下几点特征：①中国各地区的高等教育人口序位与经济序位构成一种内在的相对稳定关系，突破这种相对稳定性，构成了各地区在人力资本存量与经济发展之间进退的总体构架。②中国多数地区的高等教育人口序位与经济序位变化具有同步性，保持同步性的地区多数保持了原有结构的相对稳定性，如北京、上海、宁夏、新疆等地区；但在部分地区，高等教育人口序位不变，经济序位却发生了较大的变化，如广东省高等教育人口序位由 1964 年到 2000 年增加一位，而经济序位则由 1982 年的第 4 位一跃升为第 1 位；浙江省、福建省也呈这种特征。由此说明，在突破相对稳定高等教育人口与经济的结构过程中，接受过高等教育的人口数与经济发展之间并不完全一致，但其间的具体作用方式还有待进一步研究。

可见，与中国高等教育人口地域结构的"两个中心极，两个潜力区，五个发展层次"基本格局相比较，我国经济的地域结构呈现了一种结构上的连续性，经济的地域结构一般以中心城市、流域、交通线路而串联为一体，从而构成一种辐射状的空间布局。而从中国高等教育人口的地域结构来看，它则更多地呈现出对文化传统、历史积淀的高度继承，以及与政治中心保持紧密联系等特色。从长远来看，这种差异性足以解释文化圈与经济圈之间的交叉但不重合、交融但不趋同等社会现象。总之，中国高等教育人口的地域结构演进研究是从空间角度分析人力资本（高素质部分）存量与流量的有效尝试，把飘浮于中国各大区域（地域、流域、区划）上的数字落到大地上后，这些数字将会变得更为绚丽多彩，把历史的变迁与空间的结构有效整合，或许对问题的研究是有利的。本书初步研究表明：中国高等教育人口存量的增幅明显，但在地域结构的演进上具有相对稳定性，正是对这种相对稳定性的突破，从而构成了各地区的进与退，并与之关联到其他社会经济地域结构的复杂变化。

二　教育人口分布的分析框架

教育人口的分布研究目前在国内尚属空白，有关此领域的深入研究仍待加强。作为一个新的研究领域，无论是在研究内容，还是研究方法上，均需要不断创新。本书提出教育人口分布分析，构建如下基本分析框架，具体的深入研究仍待完善。

（一）揭示教育人口分布的变化轨迹与特征

对教育人口分布的研究，需要按时间与空间交叉进行。从时间角度来看，与一般研究类似，教育人口分布也存在一个时间维度的历史分析。梳理中国教育人口在地域上的演进过程，概括其演进特征，揭示其历史变化规律或者经验，都属于此部分的研究内容。从空间角度来看，中国教育人口的分布本身就包含了空间的因素，对教育人口进行空间分析将凸显地域条件的重要性。一般来说，当前的空间分布格局既是历史的形成结果，也是未来发展的基础。用恰当的方法把教育人口的区域分布格局勾画出来，也是教育人口分布研究的重要内容。

（二）合理解释教育人口分布的成因与机制

教育人口分布形成的原因是什么，以及各种原因之间存在怎样的关系，是深化教育人口分布研究的必然。教育人口地域性的时空特征，是多种因素的综合结果。在历史分析与空间分析中，着重于描述其"是什么"，而成因与机制的研究则要研究它是"为什么"以及"何以如此"之类的问题。显然，在研究过程中，历史分析与空间分析中也包括了成因与机制的问题，此处单列旨在明晰分析路径。

（三）创新教育人口分布研究结果的应用

教育人口分布研究结果，要与教育与社会发展规划衔接，创新研究结果的应用。教育人口分布研究的结论，应充分在教育规划编制中得到体现，让教育人口分布分析与教育规划编制联动。要建立科学评价教育人口分布的合理性标准，合理的评价是建立在对规律的充分掌握的基础之上的。怎样评价我国教育人口的地域分布，只有在对前述历史与空间分析，成因与机制的充分理解基础上才能做出判断。教育人口在地域上是不断变迁的，如何预测与分析中国教育人口地域分布的未来趋势，也是需要回答的一个重要问题。

第二节　教育人口分布分析的应用

教育人口分布研究在很多领域都有应用，包括教育规划、城市规划等主要规划，在教育人口分布研究结论的应用中，需要先解决教育人口分布合理性标准问题，本节以高等教育人口为例，着重分析高等教育人口分布合理性评价标准，并据此预测未来中国高等教育人口分布格局。

一　高等教育人口分布合理性评价标准

关于高等教育人口地域性的评价标准，前人尚未见研究，是一个新的领域。如何对我国高等教育人口的地域性进行评价，以及采用怎样的方法进行评价，对于高等教育人口地域性的评价结果有着重要的影响。综观人口与高等教育地域性的评价标准，可以看出评价的测度指标与评价方法对最终的评价结果影响明显。因此，对我国高等教育人口地域性进行评价，需要分别对其评价的测度指标和评价方法进行选择与说明。

（一）评价指标

对我国高等教育人口地域性进行评价，其测度指标主要包括两大类：一是以绝对量作为测度的指标，即直接以高等教育人口数作为测度，它反映了区域高等教育人口总量的差异；二是以相对量作为测度的指标，它是以高等教育人口数作为分子，以高等教育人口分布的外部影响因素作为分母，以其相对比值作为测度的指标。一般来说，影响高等教育人口地域性的外部因素包括自然环境、经济条件和教育因素等，因此，高等教育人口地域性的相对测度指标也就包括了以上述因素为分母的各类指标。据此，我国高等教育人口地域性评价的测度指标说明如表 8 – 2 – 1 所示。

表 8 – 2 – 1　高等教育人口地域性的评价测度指标

测度指标	指标含义	指标单位
高等教育人口数（h）	表示区域高等教育人口的总量差异。	人
高等教育人口密度（d）	单位面积中的高等教育人口数，表示高等教育人口与土地面积的关系。	人/平方千米

续表

测度指标	指标含义	指标单位
高等教育人口比例 1（t）	单位总人口中的高等教育人口数，表示高等教育人口与总人口的关系。	
高等教育人口比例 2（hr）	每个高校在校生对应的高等教育人口数，表示高等教育人口与高等教育发展水平的关系。	
高等教育人口的公路密度（td）	每千米公路里程中拥有的高等教育人口数，表示高等教育人口与交通因素的关系。	人/千米
高等教育人口的经济密度（ed）	每亿元 GDP 中拥有的高等教育人口数，表示高等教育人口与经济因素的关系。	人/亿元

（二）评价方法

对高等教育人口地域性进行评价的方法有很多，选择的方法对评价结果的解释有着重要影响。因此，如何合理确定某种评价方法，是评价结果科学性的基本前提。我国高等教育人口的地域性是十分明显的，根据绝对量测度指标的研究已表明，我国高等教育人口分布呈现出东密西疏，且大量集聚在东南沿海地区等基本特点；而在高等教育人口的分布变动上，则保持一种相对稳定的格局。上述结论对认识我国高等教育人口地域性特征及成因有着重要启示。进一步地，如何合理评价我国高等教育人口分布的历史变化及其现状，即这种分布是否合理？在哪种程度上合理？这些问题就需要采用高等教育人口地域性的相对量测度指标来进行评价，即相对于某一种因素或多种综合因素来说，我国高等教育人口的地域性将呈现出何种特征。本书将分别采用 GINI 系数法和调和指数法对我国高等教育人口地域性的历史与现状进行评价，在评价之前，先分别对这两种方法做一简介。

1. GINI 系数法

基尼系数是国际上用来综合考察居民内部收入分配差异状况的一个重要分析指标，由意大利经济学家基尼于 1922 年提出。之后，这个系数也被广泛应用于衡量集合内部数据点的不平衡程度。基尼系数的具体模型如下：

$$GINI = \frac{1}{\mu N(N-1)} \sum_{i>j} \sum_j |y_i - y_j| \qquad (8-2-1)$$

其中，$GINI$ 为基尼系数，μ 为待考察集合内数据的算术平均数，N 为待考察集合内数据的个数，y_i、y_j 为待考察集合内的数据，称为衡量指标。$GINI$ 系数的取值范围是 $0 \sim 1$，国际上通用的基尼系数判断标准如表 8 - 2 - 2 所示，0.4 被视为是公认的危险警戒线。

表 8 - 2 - 2　国际通用基尼系数评判标准

基尼系数分布区间	数据分布平均状况	基尼系数分布区间	数据分布平均状况
$0 \sim 0.2$	绝对平均	$0.4 \sim 0.5$	差距较大
$0.2 \sim 0.3$	比较平均	$0.5 \sim 0.6$	较不平均
$0.3 \sim 0.4$	相对合理	$0.6 \sim 1.0$	绝对不平均

把基尼系数法应用于评价高等教育人口的地域性，它的直接目的就是要考察省域之间某一指标的不平衡性，即把这种不平衡性用基尼系数来表征，并与其判断标准进行比较，以此来评估我国高等教育人口分布的均衡性。显然，由于基尼系数的判断标准考察的是居民内部收入分配差距，对于我国高等教育人口分布的差距，这个标准仅具有参考意义。

2. 调和指数法

此方法借鉴王桂新教授对我国人口分布的合理性评价研究[①]。此方法适合于对高等教育人口的现状合理性进行评价，并有诸多假定：第一，不考虑制约高等教育人口各种外部影响因素的变化，即在评价阶段，影响高等教育人口变化的因素假定为静态的；第二，每个高等教育人口所需的基本要求是一样的，如培养成本、生活消费等；第三，假定全国高等教育人口与其制约因素之间的关系是调和的。在这些假定前提下，研究区域之间高等教育人口与其制约因素之间的关系是否调和。从本质上来看，调和指数是在相比较于全国平均水平来说，反映区域高等教育人口与其制约因素

[①] 王桂新：《中国人口分布与区域经济发展——一项人口分布经济学的探索研究》，华东师范大学出版社，1997，第 86 ~ 93 页。

之间的关系。

根据已有的研究，我国高等教育人口地域性直接由教育与经济两类因素所决定，可解释其总体的 93.8% [1]。按可量化原则，在使用调和指数法时，主要是考虑以高校在校生数为代表的教育因素和以 GDP 为代表的经济因素，即认为我国高等教育人口地域性的影响主要是受这两个因素影响的。

二 中国高等教育人口地域性的过程评价

本节采用基尼系数法对我国高等教育人口地域性的历史变化过程进行评价。如前所述，评价的测度指标包括绝对量和相对量两类。本小节将分别采用绝对量和相对量的指标，分析我国普查年份高等教育人口地域性的变化过程，探讨我国高等教育人口地域分布的平衡程度及其变化过程。

（一）指标说明与具体算法

测评我国高等教育人口地域性，既可采用绝对量的高等教育人口数作为指标，也可采用高等教育人口与自然环境、人口、经济和教育等制约因素的相对量作为指标。根据已有研究结果，以及遵守可量化及可得性原则，本小节对我国高等教育人口地域性的测度，分别采用高等教育人口数，高等教育人口密度，高等教育人口的公路密度，高等教育人口的经济密度和高等教育人口比例这五个指标。此外，为综合考虑各种制约因素的作用，可对各种影响因素进行加权，即采用高等教育人口数相对于单位面积、单位公路里程、单位人口总数、单位 GDP 和单位高校在校生数等因素的综合指标 y 来表示，其计算公式如下：

$$y = \frac{高等教育人口数}{地理面积 \times 人口总数 \times 公路里程 \times GDP \times 高校在校生数}$$

根据上述公式编制基尼系数的算法程序。本节基于 Visual FoxPro 7.0，以 1964 年高等教育人口数的绝对量作为测度指标，计算其基尼系数为例，其具体编制程序如下：

---

[1] 周仲高：《中国高等教育人口的地域性研究》，中国经济出版社，2009，第 174 页。

在程序中，各个指标的含义分别是：

h0——高等教育人口数，原始初值。

h——高等教育人口数的标准化值，规格化。

h1，h2——通算过程的中间值。

j—— $\sum\limits_{i>j}\sum\limits_{j}|y_i - y_j|$ 的计算结果。

v1——h 的算术平均数。

GINI——基尼系数。

```
SET TALK OFF
SET SAFE OFF
SET DEFA TO F：\基尼
CLEA ALL
CLEA
SET ALTE TO a
SET ALTE ON
SELE a
CREA TABL 数据表 FREE（x N（4），h0 N（16，8），h N（16，8），；
                 h1 N（16，8），h2 N（16，4））
APPEN FROM F：\基尼\1964
COPY to arra r field h0
CALCULATE max（h0）to m1
CALCULATE min（h0）to mm1
GO top
Do while.not.EOF（）
   REPLACE h with（（r（RECNO（））－mm1）／（m1－mm1））
    SKIP
ENDDO
COPY to arra t field h
CALCULATE avg（h）to v1
COPY TO arra q field h
GO top
REPLACE h1 with 0
```

```
SKIP
Do while.not.EOF ()
  k = 0
    FOR i = 1 to (recn () -1)
      s = ABS (q (RECNO ()) -q (i)) + k
      k = s
  ENDFOR
  REPLACE h1 with k
  SKIP
 ENDDO
 COPY TO arra e field h1
 GO top
 j = 0
Do while.not.EOF ()
 m2 = e (RECNO ()) + j
 REPLACE h2 with m2
 j = m2
  SKIP
ENDDO
 GINI = j / (v1 * RECCOUNT () * (RECCOUNT () -1))
SET ALTE TO
CLOSE ALTE
SET TALK ON
SET SAFE ON
RETU
```

（二）高等教育人口地域性的过程评价

　　根据上述算法，分别对我国 1964 年、1882 年、1990 年和 2000 年高等教育人口的地域性评价测度指标进行运算，求得不同年份不同指标的基尼系数值如表 8 - 2 - 3 所示。

表 8 - 2 - 3 不同测度指标的高等教育人口基尼系数

测度指标	1964 年	1982 年	1990 年	2000 年
高等教育人口数	0.4082	0.3440	0.3514	0.3529
高等教育人口密度	0.8648	0.8253	0.7981	0.7540
高等教育人口比例 1	0.6491	0.6991	0.5757	0.4553
高等教育人口的公路密度	—	0.7159	0.6408	0.5580
高等教育人口的经济密度	—	0.3862	0.3890	0.3461
高等教育人口比例 2	—	0.5056	0.3279	0.4240
综合因素	0.9284	0.9235	0.9104	0.9145

注：—表示此项数据缺失。

需要说明的是，表 8 - 2 - 3 的数据反映了高等教育人口地域性在不同测度指标下的平衡程度，但不能作为我国高等教育人口地域性合理程度的判断标准。也就是说，平衡的不一定合理，而合理的也不一定平衡。由前面的研究可知，我国高等教育人口地域分布的合理程度，需要对制约我国高等教育人口地域分布的外部因素进行综合考察。从表 8 - 2 - 3 可知，1964～2000 年我国高等教育人口的地域分布呈现出如下基本特征：

1. 以绝对量评价的高等教育人口数在我国区域间的分布是相对平衡的

研究表明，高等教育人口数的基尼系数基本上处于 0.4 以下，它说明我国高等教育人口数在不同省域之间的分布是相对平衡的。同时，从变化趋势来看，高等教育人口数的基尼系数呈下降趋势，区域不平衡性在不断减弱。

2. 高等教育人口密度的区域不平衡性明显，并呈不断减弱态势

相对于地理面积的高等教育人口密度，其基尼系数为 0.75～0.85，区域不平衡性明显。同时，从变化趋势来看，高等教育人口密度的基尼系数呈显著的下降态势，区域不平衡性趋向减缓。

3. 高等教育人口比例 1 的区域分布较不平衡，并呈先升后降态势

单位人口拥有的高等教育人口数的基尼系数由 1964 年的 0.6491 升至 1982 年的 0.6991，比照于高等教育人口地域分布的变化，说明在此阶段，我国人口分布的区域差异性增大，而高等教育人口的分布则趋向相对平衡。1982 年后，单位人口拥有的高等教育人口数的基尼系数呈大幅度下降态势，到 2000 年，基尼系数降至 0.4553，它说明我国高等教育人口分布与人口分布的调和性越来越高。

4. 高等教育人口公路密度的区域分布由极不平衡趋向较不平衡

相对于公路里程来看，高等教育人口数在区域之间的分布总体上是不平衡的，它说明公路里程本身在区域之间的差异性较大。从变化趋势来看，其基尼系数呈明显的下降趋势，高等教育人口公路密度的基尼系数由 1982 年的 0.7159 降至 2000 年的 0.558，这说明高等教育人口与公路里程（交通因素）的调和性也趋向一致。

5. 高等教育人口的经济密度在区域分布之间是相对平衡的

相对于 GDP 来说，我国高等教育人口数在区域间的分布是较为平衡的，其基尼系数均处于 0.4 以下。从变化趋势来看，高等教育人口经济密度的基尼系数呈下降趋势，这进一步说明经济因素与高等教育人口数之间的高度协调性。

6. 高等教育人口比例 2 的分布差异性波动显著，呈先降后升的态势

相对于高校在校生来说，高等教育人口数的分布情况变化较大，1982 年的基尼系数为 0.5056，分布较不平衡，到 1990 年，基尼系数大幅度降至 0.3279，到 2000 年又升至 0.424。比照于高等教育人口数的基尼系数变化，这说明我国高校在校生数的波动较大。但从总体来看，我国高等教育人口与高校在校生数的调和性还是较好的。

7. 综合各种因素考察的高等教育人口在区域间分布是极不平衡的，且其格局保持稳定

若综合考察影响高等教育人口数的外部制约因素，即总人口数、公路里程、地理面积、GDP 和高校在校生数，我国高等教育人口数的地域分布是极不平衡的，其基尼系数均在 0.9 以上。以综合因素为参照的高等教育人口的基尼系数偏大，进一步印证了我国区域之间的巨大差异性。这就要求在判断我国高等教育人口的分布时，必须详细考察其评价的参照标准。此外，从基尼系数的变化过程来看，它基本上是保持稳定的。

由此可见，测度我国高等教育人口的地域分布及其变化过程，需要考察其参照标准，不同参考标准下的高等教育人口地域性测度，其结论可能是大相径庭的。从总体来看，我国高等教育人口数，高等教育人口的经济

密度和高等教育人口比例 2 的基尼系数都相对较低，以这些指标测度的我国高等教育人口分布是相对平衡的；相反，若以总人口数、地理面积和公路里程这些指标作为参照标准，我国高等教育人口分布是不平衡的。此外，上述研究结论也从另一方面论证了高等教育人口数与影响其变化的各种因素之间的调和性，高等教育人口与经济、教育因素之间的调和性较高，而与总人口、地理面积和交通条件等因素的调和性较低。从总体来看，我国高等教育人口的地域分布是不平衡的，且一直保持这种相对稳定的格局。那么，这种不平衡性是否意味着不合理呢？下面将对这个问题进行研究。

三　中国高等教育人口地域性的合理性评价

高等教育人口分布的合理性，是指高等教育人口与制约其发展的主要因素之间的调和性、协调性或一致性。单纯以高等教育人口数本身来测度其合理性，显然是不科学的。如前所述，从可量化原则出发，影响高等教育人口分布的主要影响可归为教育因素的高校在校学生数与经济因素的GDP，上述这两类因素可以决定高等教育人口分布的 93.8%。因此，在评价我国高等教育人口地域性的合理性之前，首先要把这两类因素的影响程度测算出来；其次要根据测算的影响程度，计算高等教育人口地域性的调和指数，以此来评价分布的合理性。

（一）高等教育人口地域性影响因素的贡献度测算

如前所述，影响高等教育人口地域性的因素已归结为两类，即承载（或称负担，意指由不同因素负担的高等教育人口数，下面统一使用承载概念）我国高等教育人口数的因素有教育因素与经济因素。假定每承载 1 个高等教育人口（精确地讲，高等教育人口本身又包括了不同层次，在此假定全国各省域的高等教育人口内部结构相同）所需的教育因素和经济因素分别为 E_t 和 R_t，则 i 地区的教育因素值和经济因素值分别为 E_i 和 R_i，则在理论上，i 地区教育因素所能承载的高等教育人口数（$_eP_i$）和经济因素所能承载的高等教育人口数（$_rp_i$）可用下面公式来计算：

$$_eP_i = E_i/E_t \qquad\qquad (8-2-2)$$

$$_rP_i = R_i/R_t \qquad (8-2-3)$$

高等教育人口地域性是由教育与经济两类因素共同决定的，设经济因素决定的高等教育人口容量为$_rP_i$，由教育因素决定的高等教育人口容量为$_eP_i$，由经济和教育因素共同决定的高等教育人口容量为$_{er}P_i$。则

$$_{er}P_i = \alpha \cdot {_eP_i} + \beta \cdot {_rP_i} \qquad (8-2-4)$$

式中，α、β为参数，且二者之和为1。

若以求得的$_rP_i$和$_eP_i$为自变量，以实际的$_{er}P_i$为因变量（表8-2-4），可用下式作回归分析：

$$_{er}P_i = A + B(\alpha \cdot {_eP_i} + \beta \cdot {_rP_i}) \qquad (8-2-5)$$

式中，A、B为回归式的参数。

通过反复调整参数进行模拟，一直计算使得所求的回归式决定系数R^2为最大，即求得由教育因素与经济因素对高等教育人口分布的决定系数。经计算模拟（模拟程序见后），回归式的决定系数R^2最大可达到0.98，这时参数α、β分别为

$$\alpha = 0.21, \beta = 0.79$$

所求得的最佳回归模型为

$$_{er}P'_i = 373112.3 + 0.737(0.21 {_eP_i} + 0.79 {_rP_i}) \qquad (8-2-6)$$

根据式（8-2-6），可求得模拟的高等教育人口容量$_{er}P_i$（表8-2-4）。

表8-2-4 2000年中国各省域的高等教育人口容量

单位：人

省　域	$_eP_i$	$_rP_i$	实际的$_{er}P_i$	模拟的$_{er}P'_i$
北　京	2218715	1122479	2284850	1370376
天　津	942931	742366	886014	951470
河　北	1999355	2304479	1799072	2024839
山　西	989683	744381	1111075	959882
内蒙古	568908	634432	889829	830700

续表

省　域	$_eP_i$	$_rP_i$	实际的$_{er}P_i$	模拟的$_{er}P_i{}'$
辽　宁	2437585	2114332	2585350	1981940
吉　林	1432948	824706	1321871	1075292
黑龙江	1663518	1473085	1741554	1488620
上　海	1795335	2060937	1794969	1851408
江　苏	3576802	3886593	2862270	3190523
浙　江	1522811	2733489	1467861	2200925
安　徽	1518481	1375833	1363911	1409524
福　建	1091293	1775160	1011731	1575963
江　西	1176232	907068	1044759	1083516
山　东	2575213	3868348	3000752	3024829
河　南	2164269	2326532	2439521	2063215
湖　北	2831779	1936484	2320653	1939387
湖　南	2104464	1671827	1851690	1672640
广　东	2422450	4375433	3031323	3296516
广　西	979440	928383	1047134	1065463
海　南	151932	234788	240363	533381
重　庆	999626	719715	860075	947055
四　川	1944552	1815997	2038654	1731851
贵　州	631959	449909	674866	732991
云　南	759090	885341	852559	1006279
西　藏	43340	53190	33557	410802
陕　西	1937230	752129	1486043	1111095
甘　肃	653680	445304	672415	733672
青　海	106747	119364	156434	459159
宁　夏	138237	120260	202529	464557
新　疆	641537	617835	946461	832278

参数 α、β 模拟调整的程序如下：

```
SET TALK OFF

SET SAFE OFF

SET DEFA TO F：\系数分配
```

```
CLEA ALL

SET ALTE TO a

SET ALTE ON

SELE a

CREA TABL 数据表 FREE (x N (6), x1 N (16, 8), x2 N (16, 8), y N (16,
          8),;

          xa1 N (16, 8), xa2N (16, 8), x1i N (16, 8), x2i N (16, 8),;

          yi N (16, 8), x1c N (16, 8), x1y N (16, 8), x12 N (16, 8),;

          x2c N (16, 8), x2y N (16, 8), yc N (16, 8), z1 N (16, 8),;

          z2 N (16, 8), z3 N (16, 8), z4 N (16, 8), z5 N (16, 8),;

          z6 N (16, 8), rr N (16, 15), aa N (16, 8), bb N (16, 8),;

          b11 N (16, 8), b22 N (16, 8))

APPEN FROM F：\系数分配\基础数据

f = 0

FOR a = 0.1 to 0.999 step 0.01

    b = (1 - a)

    f = f + 1

    GO top

    Do while recn () < 32

        REPLACE xa1 with x1 * a

        REPLACE xa2 with x2 * b

        SKIP

    ENDDO

**代入参数

    GO top

    CALCULATE avg (xa1) to m1

    CALCULATE avg (xa2) to m2

    CALCULATE avg (y) to m3

******* 求平均值

    GO top

    Do while RECNO () < 32

        REPLACE x1i with (xa1 - m1)

        REPLACE x2i with (xa2 - m2)
```

220

```
    REPLACE yi with (y - m3)
    skip
  ENDDO
******** 求离差
  GO top
  Do while RECNO () < 32
    REPLACE x1c with x1i * x1i
    REPLACE x1y with x1i * yi
    REPLACE x12 with x1i * x2i
    REPLACE x2c with x2i * x2i
    REPLACE x2y with x2i * yi
    REPLACE yc with yi * yi
    SKIP
  ENDDO
******** 求协方差
  GO top
  h = 0
  Do while RECNO () < 32
    REPLACE z1 with h + x1c
    h = z1
    SKIP
  ENDDO
  GO 31
  z1t = z1

**********
  GO top
  h = 0
  Do while RECNO () < 32
    REPLACE z2 with h + x1y
    h = z2
    SKIP
  ENDDO
  GO 31
```

```
    z2t = z2
********
    GO top
    h = 0
    Do while RECNO ()  < 32
        REPLACE z3 with h + x12
        h = z3
        SKIP
    ENDDO
    GO 31
    z3t = z3
*******
    GO top
    h = 0
    Do while RECNO ()  < 32
        REPLACE z4 with h + x2c
        h = z4
        SKIP
    ENDDO
    GO 31
    z4t = z4
*********
    GO top
    h = 0
    Do while RECNO ()  < 32
        REPLACE z5 with h + x2y
        h = z5
        SKIP
    ENDDO
    GO 31
    z5t = z5
********
    GO top
```

```
    h = 0
    Do while RECNO ( )  < 32
        REPLACE z6 with h + yc
        h = z6
        SKIP
    ENDDO
    GO 31
    z6t = z6
*********求出总和
    b1 = ( z2t * z4t – z5t * z3t ) / ( z1t * z4t – z3t * z3t )
    b2 = ( z5t * z1t – z2t * z3t ) / ( z1t * z4t – z3t * z3t )
    r = ( b1 * z2t + b2 * z5t ) / z6t
    ? b1, b2
**********
    GO f
    REPLACE rr with r
    REPLACE aa with a
    REPLACE bb with b
    REPLACE b11 with b1
    REPLACE b22 with b2
    ? rr, aa, bb
ENDFOR
BROWSE
SET ALTE TO
CLOSE ALTE
SET TALK ON
SET SAFE ON
RETU
```

（二）高等教育人口地域性的合理性评价

根据前面的测算结果，下面可以对我国高等教育人口地域性进行合理性评价，在评价之前，先就一些评价的标准进行说明。

1. 评价标准

根据表 8 - 2 - 4 的结果，可以定义调和指数作为评价指标。由前述可知，调和指数包括教育因素决定的高等教育人口调和指数（$_eI_i$）、经济因素决定的高等教育人口调和指数（$_rI_i$）和由教育与经济因素共同决定的高等教育人口调和指数（$_{er}I_i$）三种。这些指数的计算公式如下：

$$_eI_i = _eP_i / _{er}P_i \qquad\qquad (8 - 2 - 7)$$

$$_rI_i = _rP_i / _{er}P_i \qquad\qquad (8 - 2 - 8)$$

$$_{er}I_i = _{er}P_i' / _{er}P_i \qquad\qquad (8 - 2 - 9)$$

根据上述调和指数，可以确定各省域高等教育人口与制约其发展的教育因素、经济因素以及教育与经济的综合因素的调和程度。若求得的调和指数等于 1，说明高等教育人口与各因素之间的关系是调和的；若求得的调和指数大于 1，说明与现实的高等教育人口容量比较，由教育因素、经济因素或两者综合决定的高等教育人口容量处于一定的过剩状态，还可以继续增加高等教育人口；若求得的调和指数小于 1，则说明此省域现实的高等教育人口容量已处于过剩状态。为方便划分，根据调和指数的大小，把我国各省域高等教育人口与教育、经济以及教育与经济综合因素的调和度划分为 A、B、C、D、E 五个等级，其划分标准如表 8 - 2 - 5 所示。

为进一步考察高等教育人口区域分布的合理程度，根据人口调和指数，还可以定义下列两个指标，即平均偏差（V）和相对偏差度（S）。它们均可测度高等教育人口区域分布合理性的程度。

$$V = 1/N \sum |I_i - I_0| \qquad\qquad (8 - 2 - 10)$$

$$S = V/I_0 \times 100 \qquad\qquad (8 - 2 - 11)$$

式中，I_i 为 i 省人口调和指数，I_0 为全国的高等教育人口调和指数，由于假定全国的高等教育人口分布是合理的，故设其值为 1，因此，公式（8 - 2 - 10），（8 - 2 - 11）还可以简化为：

$$V = 1/N \sum |I_i - 1| \qquad\qquad (8 - 2 - 12)$$

$$S = V \times 100 \qquad\qquad (8 - 2 - 13)$$

根据式（8 - 2 - 12）和（8 - 2 - 13），就可以测度全国高等教育人口区域分布的合理程度，即当 V 和 S 等于 0 时，说明高等教育人口分布是合理的；而当 V 和 S 大于 0 时，说明高等教育人口分布是不合理的，且 V 和 S 的值越大，说明分布的不合理程度越高。

表 8 - 2 - 5　高等教育人口与教育、经济及其综合因素的调和指数判断标准

等　级	I_i 的取值范围	主要特征
A	$[1.15,\ +\infty)$	现实高等教育人口容量明显不足
B	$[1.05,\ 1.15)$	现实高等教育人口容量存在一定程度的不足
C	$[0.95,\ 1.05)$	现实高等教育人口与理想要求基本持平
D	$[0.85,\ 0.95)$	现实高等教育人口容量有一定程度的过剩
E	$(-\infty,\ 0.85)$	现实高等教育人口容量明显过剩

2. 评价结果

根据上述分析，我国高等教育人口地域分布的合理性评价结果如表 8 - 2 - 6 所示。从我国高等教育人口与教育因素、经济因素以及教育与经济综合因素的调和度来看，它们具有如下特征：

（1）从高等教育人口与高校在校生数的调和度来看，北京、上海和浙江的高等教育人口容量基本合理，这说明这些省域的高等教育发展水平与其拥有的高等教育人口是基本匹配的；江苏、湖北、重庆、陕西、西藏等省域高等教育人口容量明显不足；内蒙古、广东、海南、贵州、云南和西北地区的高等教育人口容量则明显过剩，其原因在于上述这些地区的高等教育发展水平相对其拥有的高等教育人口来说是滞后的、不足的。从区域来看，东部地区高等教育人口容量存在一定程度的过剩，中部则相对不足，西部地区明显过剩；而南方的高等教育人口容量存在一定的不足，北方则显得有点过剩。也就是说，相对于高等教育发展程度来看，南方吸纳高等教育人口的空间要大于北方。

表 8 - 2 - 6　2000 年中国各省域和区域的高等教育人口调和指数及其等级

省　域	$_eI_i$	等　级	$_rI_i$	等　级	$_{er}I_i$	等　级
北　京	0.97	C	0.49	E	0.60	E
天　津	1.06	B	0.84	E	1.07	B
河　北	1.11	B	1.28	A	1.13	B

续表

省 域	$_eI_i$	等 级	$_rI_i$	等 级	$_{er}I_i$	等 级
山　西	0.89	D	0.67	E	0.86	D
内蒙古	0.64	E	0.71	E	0.93	D
辽　宁	0.94	D	0.82	E	0.77	E
吉　林	1.08	B	0.62	E	0.81	E
黑龙江	0.96	B	0.85	D	0.85	D
上　海	1.00	C	1.15	A	1.03	C
江　苏	1.25	A	1.36	A	1.11	B
浙　江	1.04	C	1.86	A	1.50	A
安　徽	1.11	B	1.01	C	1.03	C
福　建	1.08	B	1.75	A	1.56	A
江　西	1.13	B	0.87	D	1.04	C
山　东	0.86	D	1.29	A	1.01	C
河　南	0.89	D	0.95	D	0.85	D
湖　北	1.22	A	0.83	E	0.84	E
湖　南	1.14	B	0.90	E	0.90	D
广　东	0.80	E	1.44	A	1.09	B
广　西	0.94	D	0.89	D	1.02	C
海　南	0.63	E	0.98	C	2.22	A
重　庆	1.16	A	0.84	E	1.10	B
四　川	0.95	D	0.89	D	0.85	D
贵　州	0.94	E	0.67	E	1.09	B
云　南	0.89	E	1.04	C	1.18	A
西　藏	1.29	A	1.59	A	12.24	A
陕　西	1.30	A	0.51	E	0.75	E
甘　肃	0.97	D	0.66	E	1.09	B
青　海	0.68	E	0.76	E	2.94	A
宁　夏	0.68	E	0.59	E	2.29	A

续表

省　域	$_eI_i$	等　级	$_rI_i$	等　级	$_{er}I_i$	等　级
新　疆	0.68	E	0.65	E	0.88	D
东　部	0.99	D	1.20	A	1.05	B
中　部	1.05	B	0.85	D	0.89	D
西　部	0.76	E	0.95	C	1.05	C
南　方	1.05	B	1.15	A	1.08	B
北　方	0.95	D	0.85	D	0.92	D

注：东、中、西三地带和南北方的数值均是求和后进行测算的，不是算术平均值。

（2）从高等教育人口与 GDP 的调和度来看，安徽、广西和云南的高等教育人口容量基本合理，这说明这些省域的经济发展水平与其拥有的高等教育人口是基本匹配的；河北、上海、浙江、江苏、福建、山东、广东、西藏等省域高等教育人口容量明显不足，除西藏外，上述地区均是经济发展水平较高，而其高等教育人口容量则显得相对落后；北京、天津、山西、内蒙古、辽宁、吉林、湖北、湖南、重庆和大西北地区的高等教育人口容量则明显过剩，这说明上述这些地区的经济发展水平相对于其拥有的高等教育人口容量来说，是明显落后的。从区域来看，东部地区高等教育人口容量明显不足，中部则相对过剩，西部地区基本合理；而南方的高等教育人口容量也是明显不足，北方则显得有点过剩。从整体来看，若比照经济发展水平，我国东部、南方可以吸纳大量的高等教育人口，而西部地区已相对合理，中部地区和北方均显得有点过剩。

（3）从高等教育人口和高校在校生数与 GDP 综合因素的调和度来看，黑龙江、安徽、江西、山东和广西的高等教育人口容量基本合理；浙江、福建、海南、云南、西藏、青海和宁夏等省域高等教育人口容量明显不足，在这类地区中，青海、宁夏的分因素考察均属于高等教育人口容量过剩地区，综合后变为明显不足，这主要是由线性拟合引起的，事实上，上述这类地区的高等教育人口容量应属于过剩类型；北京、内蒙古、辽宁、湖北和西藏等省域的高等教育人口容量则明显过剩。从区域来看，东部地区高等教育人口容量存在一定程度的不足，中部则相对过剩，西部地区基本合理；而南方的高等教育人口容量也存在一定程度的不足，北方则显得有点过剩。从整体来看，我国东部、南方地区吸纳高等教育人口的空间仍然存在，而西部地区已相对合理，中部地区和北方均显得有点过剩。

表 8 - 2 - 7　中国高等教育人口区域分布的合理程度

单位：%

地　带	$S(_eI_i)$	$S(_rI_i)$	$S(_{er}I_i)$
东　部	6.79	2.27	2.71
中　部	13.20	9.54	13.12
西　部	3.49	2.41	0.54
南　方	3.37	1.78	1.97
北　方	2.32	1.24	0.38
全　国	0.69	0.37	0.16

（4）从综合考察我国高等教育人口区域分布的合理程度来看（表 8 - 2 - 7），我国高等教育人口整体分布是比较合理的，无论是从教育因素、经济因素还是综合因素来看，高等教育人口分布的相对偏差度均在 1% 以下；从区域分布来看，中部地区相对偏差度普遍较高，东部次之，西部较低。具体各项因素决定的高等教育人口分布的相对偏差在区域之间的差异如表 8 - 2 - 7 所示，在此不再一一说明。从表 8 - 2 - 7 中也可知，就整体而言，我国高等教育人口的区域分布是合理的，这也是本书对我国高等教育人口地域合理性现状的一个基本评价。

四　中国高等教育人口的分布变动

本书第七章第二节就 21 世纪中叶之前的高等教育人口变动进行了分析，那么，在此阶段，我国高等教育人口的分布将会呈现什么图景，什么样的分布是优化的分布，以及如何才能达到这种优化的分布，本节将对这些问题进行说明。在研究方法上，本节对未来我国高等教育人口分布变动调整的依据是前述关于高等教育人口分布合理性的评价标准。

（一）分布变动调整的基本思路

对未来我国高等教育人口分布的可能模式进行展望，取决于多种因素的综合。高等教育人口地域性是由自然环境、经济条件、教育因素、制度及文化等多种因素的综合结果，要展望未来高等教育人口的分布，从理论上来说就需要了解这些影响变量的变化趋势，但这在实际上是很难达到的。即使采用简化的模式，根据主要影响因素的变化来进行决定，其预测主要影响因素未来变化的误差之和也是很大的。为此，本书在对我国高等教育人口未来分布变动的可能模式进行展望时，采用合理性的评价标准作为未来分布的调整依据。调整的思路可分为两种：第一，假定未来的分布与 2000 年的分布相同。前面研究已表明，就整体而言，我国高等教育人口分布是合理的。因此，若假定未来的高等教育人口增加量按 2000 年的分布模式进行分配，就可以得到我国高等教育人口的未来分布模式。第二，根据 2000 年高等教育人口合理性的评价标准，假定影响高等教育人口分布的决定变量的权重不变，那么可以求出 2000 年高等教育人口的理想分布，即 $_{er}I_i = 1$，然后按这种理想分布的模式，对未来高等教育人口的新增量进行分配。

可见，上述两种调整思路都有几个重要的前提假定，第一种思路是假定未来分布模式与 2000 年相同；第二种思路是假定未来分布模式与 2000 年的理想分布模式相同。在实际的高等教育人口分布变动中，受影响的因素及诸种因素之间的关系变化是动态不定的，因此，根据这两种思路进行调整的分布模式仅是提供一种可能的模式。

（二）可能的分布变动模式

根据上述分析，若假定未来高等教育人口的分布模式与 2000 年相同，则不同年份的省域高等教育人口数可以根据各省域占总高等教育人口的比重求得，以中方案为例，2000 年、2020 年、2030 年、2040 年和 2050 年我国各省域的高等教育人口数如表 8 - 2 - 8 所示。

表 8 - 2 - 8　未来主要年份我国各省域的高等教育人口数

单位：人

省　域	2000 年	2020 年	2030 年	2040 年	2050 年
北　京	2284850	8061224	11420078	15285979	18628385
天　津	886014	3125963	4428452	5927563	7223673

续表

省　域	2000 年	2020 年	2030 年	2040 年	2050 年
河　北	1799072	6347341	8992075	12036054	14667837
山　西	1111075	3920005	5553346	7433254	9058596
内蒙古	889829	3139423	4447520	5953086	7254777
辽　宁	2585350	9121424	12922029	17296368	21078362
吉　林	1321871	4663719	6606941	8843510	10777216
黑龙江	1741554	6144411	8704590	11651250	14198892
上　海	1794969	6332865	8971567	12008604	14634385
江　苏	2862270	10098431	14306123	19149003	23336091
浙　江	1467861	5178789	7336625	9820204	11967473
安　徽	1363911	4812041	6817064	9124763	11119968
福　建	1011731	3569508	5056808	6768628	8248644
江　西	1044759	3686035	5221887	6989590	8517922
山　东	3000752	10587012	14998280	20075468	24465135
河　南	2439521	8606922	12193150	16320751	19889418
湖　北	2320653	8187541	11599027	15525507	18920287
湖　南	1851690	6532984	9255069	12388076	15096831
广　东	3031323	10694870	15151080	20279993	24714381
广　西	1047134	3694414	5233758	7005479	8537285
海　南	240363	848029	1201376	1608063	1959680
重　庆	860075	3034447	4298804	5754027	7012193
四　川	2038654	7192615	10189547	13638892	16621149
贵　州	674866	2381008	3373098	4514952	5502183
云　南	852559	3007930	4261238	5703744	6950915
西　藏	33557	118393	167724	224501	273590
陕　西	1486043	5242937	7427501	9941844	12115711
甘　肃	672415	2372360	3360847	4498554	5482200
青　海	156434	551918	781884	1046566	1275407
宁　夏	202529	714547	1012275	1354949	1651219
新　疆	946461	3339227	4730577	6331962	7716498
全　国	44020145	155308331	220020342	294501184	358896303

数据来源：笔者估算。

若假定未来高等教育人口的分布模式与 2000 年的理想分布模式相同，根据 2000 年理想分布模式中各省域占总高等教育人口的比重，则可求得不同年份的省域高等教育人口数，以中方案为例，2000 年、2020 年、2030 年、2040 年和 2050 年我国各省域的高等教育人口数如表 8 - 2 - 9 所示。

表 8 - 2 - 9　按理想模式调整的未来主要年份我国各省域的高等教育人口数

单位：人

省　　域	2000 年	2020 年	2030 年	2040 年	2050 年
北　京	1370376	4834850	6849377	9168014	11172677
天　津	951470	3356900	4755612	6365473	7757336
河　北	2024839	7143873	10120497	13546467	16508514
山　西	959882	3386578	4797657	6421750	7825919
内蒙古	830700	2930809	4151983	5557504	6772698
辽　宁	1981940	6992521	9906080	13259466	16158758
吉　林	1075292	3793758	5374496	7193860	8766857
黑龙江	1488620	5252029	7440381	9959084	12136720
上　海	1851408	6531988	9253659	12386188	15094531
江　苏	3190523	11256546	15946788	21345062	26012337
浙　江	2200925	7765126	11000605	14724508	17944143
安　徽	1409524	4972969	7045046	9429920	11491850
福　建	1575963	5560185	7876937	10543421	12848828
江　西	1083516	3822774	5415601	7248879	8833907
山　东	3024829	10671957	15118620	20236545	24661433
河　南	2063215	7279269	10312307	13803208	16821394
湖　北	1939387	6842389	9693393	12974781	15811824
湖　南	1672640	5901273	8360145	11190205	13637035
广　东	3296516	11630502	16476559	22054171	26876498
广　西	1065463	3759081	5325369	7128102	8686721
海　南	533381	1881832	2665931	3568396	4348656
重　庆	947055	3341323	4733545	6335936	7721340
四　川	1731851	6110177	8656092	11586335	14119783
贵　州	732991	2586080	3663616	4903816	5976076
云　南	1006279	3550272	5029557	6732153	8204194

231

续表

省　域	2000 年	2020 年	2030 年	2040 年	2050 年
西　藏	410802	1449358	2053260	2748325	3349269
陕　西	1111095	3920076	5553446	7433387	9058758
甘　肃	733672	2588482	3667020	4908372	5981628
青　海	459159	1619968	2294956	3071840	3743524
宁　夏	464557	1639012	2321937	3107954	3787534
新　疆	832278	2936376	4159870	5568061	6785563
全　国	44020148	155308331	220020342	294501184	358896303

数据来源：笔者估算。

按上述思路调整后求得的各省域高等教育人口数，是根据 2000 年各省域的经济与教育发展水平程度而确定的，事实上，由于不同年份各省域的经济与教育发展程度是动态变化的，因此，其理想的高等教育人口数也是动态变化的。正因如此，表 8 - 2 - 9 的数据是在既定条件下的一种可能模式，仅具参考价值。

参考文献

1. 英文类

[1] Bowlby J., W. *Post - secondary Education Attainment in Canada and the United States in the 1990s.* HRDC Publications Centre: Human Resources Development Canada 2002.

[2] Haaga J., *Educational Attainment in Appalachia.* Washington DC: Population Reference Bureau, 2004.

[3] Iyigun, M., "Geography, Demography and Early Development." *Population Economics*, 2005, (18): 301 – 321.

[4] Kuandachakupt, S., *The Impact of Population Change on Household Investment in Education in Thailand.* the University of Hawaii, 1995.

[5] Pilmpton L. *Indicators of Higher Education Attainment in Marine.* Augusta, Marine: Marine Development Foundation and Marine Community Foundation, 2006.

[6] Redding, S. and Venables, A. J., "Economic Geography and International Inequality." *Journal of International Economics*, 2004, 62 (1): 53 – 82.

[7] Reisman A., "Higher Education: A Population Flow Feedback Model", *science* 1966, (7): 89 – 91.

[8] UNESCO. Education and Population Dynamics: Mobilizing Minds for a Sustainable Future, EPD – 99/WS/1, March, 1999.

[9] U. S. Department of Commerce Economic and Statistics Administration Bureau of the Census. We the Americans: Our Education. Washington DC: Bureau of the Census, 1993.

［10］Wathne C. L. & W. J. Smith. ，*The Geography of Educational Attainment in the Atlanta Region.* ，George state University：Atlanta census 2000，census issue 9.

［11］Watts，A. L.，*Education and the Common Good*：*Social Benefits of Higher Education in Kentucky.* the University of New Mexico，2001.

［12］Xiao Hang Liu. Estimation of the Spatial Distribution of Urban Population Using High Spatial Resolution Satellite Imagery. the University of California，2003.

2. 中文类

［1］埃德蒙德·胡塞尔：《欧洲科学危机和超验现象学》，上海译文出版社，1997。

［2］爱德华·W. 苏贾：《后现代地理学——重申批判社会理论中的空间》，商务印书馆，2004。

［3］白新欢：《地理环境决定论新论》，《天府新论》2003 年第 2 期。

［4］鲍嵘：《学科制度的源起及其走向初探》，《高等教育研究》2002 年第 4 期。

［5］曹诗图、黄昌富：《“地理环境决定论”新析》，《经济地理》1989 年第 3 期。

［6］陈金芳、何侃：《教育与人力资源开发》，大象出版社，2005。

［7］陈列：《关于我国高等教育地理布局问题的探讨》，《教育科学》1992 年第 4 期。

［8］陈钊、陆铭：《金煜. 中国人力资本和教育发展的区域差异：对于面板数据的估算》，《世界经济》2004 年第 12 期。

［9］陈振明：《当代西方社会科学发展的整体化趋势：成就、问题与启示》，《学术月刊》1999 年第 11 期。

［10］D. 托马斯：《迁移差别研究实录》，《社会科学研究理事会会报》1938 年第 47 期。

［11］丹尼尔·W. 布罗姆利：《经济利益与经济制度——公共政策的理论基础》，上海人民出版社，1996。

［12］杜威：《明日之学校》，《杜威教育论著选》，华东师范大学出版

社，1981。

[13] 杜育红：《教育发展不平衡研究》，北京师范大学出版社，2000。

[14] 杜育红：《我国地区间高等教育发展差异的实证分析》，《高等教育研究》2000 年第 3 期。

[15] 范卫萍：《区域教育发展规划研究》，东北师范大学博士论文，2005。

[16] 房淑云：《教育的地域性与区域教育》，《教育理论与实践》1996 年第 1 期。

[17] 费孝通：《略谈中国的社会学》，《高等教育研究》1993 年第 3 期。

[18] 高爱华：《女性教育与人口身体素质》，《黄淮学刊》（哲学社会科学版）1998 年第 1 期。

[19] 高耀明：《高等教育通向农村研究》，黑龙江人民出版社，2002。

[20] 顾乃忠：《地理环境与文化——兼论地理环境决定论研究的方法论》，《浙江社会科学》2000 年第 3 期。

[21] 郭建如：《民办高等教育地域性发展的多维分析》，《高等教育研究》2004 年第 6 期。

[22] 郭志刚：《社会统计分析方法——SPSS 软件应用》，中国人民大学出版社，2005。

[23] 郭志刚：《人口理论与可持续发展理论中有关问题的思考——关于"人口"定义的反思》，《南方人口》1998 年第 3 期。

[24] 韩惠、刘勇、刘瑞雯：《中国人口分布的空间格局及其成因探讨》，《兰州大学学报》（社会科学版）2000 年第 4 期。

[25] 何敏：《中国高等教育区域发展差异研究》，暨南大学博士论文，2002。

[26] 何齐宗、戚务念：《教育人口学：一门亟待开拓的新学科》，《江西师范大学学报》（哲学社会科学版）2000 年第 2 期。

[27] 黑田寿男：《东亚人口转变与发展战略》，《国际政治研究》1995 年第 2 期。

[28] 华勒斯坦：《开放社会科学生活》，生活·读书·新知三联书店，1999。

[29] 华勒斯坦：《学科·知识·权力》，生活·读书·新知三联书店，1999。

[30] 胡鞍钢：《中国中长期人口综合发展战略（2000～2005）》，《清华大

学学报》（哲学社会科学版）2007 年第 5 期。

[31] 胡焕庸：《胡焕庸人口地理选集》，中国财政经济出版社，1990。

[32] 胡焕庸：《中国人口之分布——附统计表与密度图》，《地理学报》1935 年第 2 期。

[33] 胡焕庸：《研究人口应该重视地理环境的作用》，《人口研究》1986 年第 2 期。

[34] 胡建雄：《学科组织创新》，杭州大学出版社，2001。

[35] 黄家泉、邵国良、吴开俊等：《教育区域化发展研究》，山西人民出版社，2002。

[36] J. L. 西蒙：《人口增长经济学》（中译本），北京大学出版社，1984。

[37] 基俊：《试论我国的人口与教育》，《教育研究》1982 年第 3 期。

[38] 纪宝成：《关于"高等教育毛入学率"问题》，《中国教育报》1999 年 1 月 16 日。

[39] 简明不列颠百科全书编写组：《简明不列颠百科全书》（第六卷），中国大百科全书出版社，1986。

[40] 荆建华：《试论教育对人口的影响》，《河南教育学院学报》（哲学社会科学版）1994 年第 3 期。

[41] 卡德威尔：《生育率下降理论》，顾宝昌编《社会人口学的视野》，商务印书馆，1992。

[42] 康德：《纯粹理性批判》，韦卓民译，华中师范大学出版社，2000。

[43] 李大钊：《李大钊选集》（下册），人民出版社，1984。

[44] 李竞能：《现代西方人口理论》，复旦大学出版社，2004。

[45] 李若建：《高等教育布局与区域发展研究》，《未来与发展》1994 年第 2 期。

[46] 李善同、侯永志：《中国大陆：划分 8 大社会经济区域》，《经济前沿》2003 年第 5 期。

[47] 李文利、闵维方：《我国高等教育发展规模的现状和潜力分析》，《高等教育研究》2001 年第 2 期。

[48] 李小建：《经济地理学》，高等教育出版社，2004。

[49] 李仲生：《人口经济学》，清华大学出版社，2006。

［50］联合国教科文组织：《当代学术通观：社会科学和人文科学研究的主要趋势》（社会科学卷），上海人民出版社，2004。

［51］联合国经济和社会事务部：《人口、教育和发展简要报告》，2003，纽约。

［52］梁启超：《学校总论》，《中国近代教育文选》，人民教育出版社，1994。

［53］梁燕玲：《教育人口预测初探》，《广西师范大学学报》（哲学社会科学版）2000年第1期。

［54］梁中堂：《人口学》，山西人民出版社，1983。

［55］刘惠林：《简论21世纪我国高等教育资源的空间配置》，《黑龙江高教研究》2001年第3期。

［56］刘精明：《教育与社会分层结构的变迁——关于中高级白领职业阶层的分析》，《中国人民大学学报》2001年第2期。

［57］刘隽亭：《我国人才布局现状分析》，《人才开发》2003年第8期。

［58］刘清泉、刘惠君、钟志楷等：《地理环境决定论的实质与根源》，《西南师范大学学报》（自然科学版）1959年第2期。

［59］刘晓艳：《我国西部地区人口素质与人力资本投资分析》，中南林学院博士论文，2003。

［60］刘昕：《教育的人口功能初探》，《吉林教育科学》（普教研究）1995年第3期。

［61］刘铮：《我国沿海地区小城镇经济发展与人口迁移》，中国展望出版社，1990。

［62］刘铮：《人口理论教程》，中国人民大学出版社，1985。

［63］刘铮：《人口学辞典》，人民出版社，1986。

［64］陆学艺：《当代中国社会阶层研究报告》，社会科学文献出版社，2002。

［65］罗明东、王庆龄：《世界教育发展地域性不平衡的地理学分析》，《云南大学学报》1999年第3期。

［66］罗明东：《教育地理学：一个崭新的研究领域》，《上海高教研究》1997年第6期。

［67］M. P. 托罗达：《第三世界的经济发展》，朗曼出版公司，1985。

[68] 马尔萨斯：《人口原理》，商务印书馆，1992。

[69] 马鹏嫒：《"高等教育－人口－经济"复合系统协调发展评价研究》，厦门大学硕士毕业论文，2008。

[70] 马寅初：《新人口论》，北京出版社，1980。

[71] 孟德斯鸠：《论法的精神》（上册），张雁深译，陕西人民出版社，2004。

[72] 米红、文新兰、周仲高：《人口因素与未来 20 年中国高等教育规模变化的实证分析》，《人口研究》2003 年第 6 期。

[73] 米红、周仲高：《中国高等教育发展影响因素的模式识别与实证研究》，福建教育出版社，2004。

[74] 南京师大教育系编《教育学》，人民教育出版社，1984。

[75] 潘璐璐、张炜、赵红星等：《我国东西部高等教育布局结构研究》，《数学的实践与认识》2005 年第 11 期。

[76] 潘懋元：《多学科观点的高等教育研究》，《高等教育研究》2002 年第 1 期。

[77] 潘懋元：《高等教育学》，人民教育出版社，1984。

[78] 潘懋元：《高等教育学讲座》，人民教育出版社，1985。

[79] 彭世华：《发展区域教育学》，教育科学出版社，2003。

[80] 乔观民、丁金宏、刘振宇：《1982～2000 年中国人力资本受教育程度的空间变化研究》，《人文地理》2005 年第 2 期。

[81] R. J. 约翰斯顿：《地理学与地理学家——1945 年以来的英美人文地理学》，商务印书馆，1999。

[82] 国家统计局人口和社会科技司社会处：《"人均受教育年限"计算方法探讨》，《统计制度改革研究》2003 年第 5 期。

[83] 沈兴漾：《教育、空间与权力》，《社会科学论坛》2005 年第 5 期。

[84] 石人炳：《人口变动对教育的影响》，中国经济出版社，2005。

[85] 舒尔茨：《论人力资本投资》，北京经济学院出版社，1990。

[86] 宋正海：《地理环境决定论的发生发展及其在近现代引起的误解》，《自然辩证法研究》1991 年第 9 期。

[87] 宋正海：《回归人类古老的生存信仰：地理环境决定论》，《山西大学师范学院学报》2000 年第 2 期。

［88］苏联百科词典编写组：《苏联百科词典》，中国大百科全书出版
社，1986。

［89］孙宝根：《论规律》，《江苏教育学院学报》（社会科学版）2008年第
5期。

［90］孙久文：《中国区域经济实证研究——结构转变与发展战略》，中国
轻工业出版社，1999。

［91］孙绍荣、尹慧茹、朱君萍：《高等教育与经济水平关系的国际比较研
究》，《中国高教研究》2001年第4期。

［92］孙中山：《孙中山选集下卷》，人民出版社，1956。

［93］谈松华：《中国教育现代化的区域发展》，广东教育出版社，2003。

［94］唐德海：《高等教育毛入学率计算中的分子与分母》，《有色金属高等
研究》1999年第4期。

［95］陶行知：《陶行知全集第二卷》，湖南教育出版社，1985。

［96］田方、张东亮：《中国人口迁移新探》，知识出版社，1989。

［97］田家盛、李利民：《论人口与教育》，《人文杂志》1982年第5期。

［98］田家盛、李利民：《试论中学的人口教育》，《教育研究》1984年第
5期。

［99］田家盛主编《教育人口学》，人民教育出版社，2000。

［100］田雪原、王金菅、周广庆：《老龄化——从"人口盈利"到"人口
亏损"》，中国经济出版社，2006。

［101］田雪原主编《人口学》，浙江人民出版社，2004。

［102］童玉芝：《延边教育适龄人口分布变化与教育布局相关性研究》，延
边大学博士论文，2003。

［103］王涤、范琪：《流动人口子女全纳教育研究——理论与实战》，吉林
人民出版社，2006。

［104］王恩涌：《"人地关系"的思想——从"环境决定认"到"和谐"》，
《北京大学学报》（哲学社会科学版）1992年第1期。

［105］王桂新：《中国人口分布与区域经济发展——一项人口分布经济学
的探索研究》，华东师范大学出版社，1997。

［106］王洪春、张占平、申越魁：《新人口学》，中国对外经济贸易出版

社，2003。

[107] 王金营：《利用人口普查数据编制教育生命表的技术处理》，《人口研究》2005 年增刊。

[108] 王梦奎、李善同等：《中国地区社会经济发展不平衡问题研究》，商务印书馆，2000。

[109] 王伟国、张胜芳：《当前我国人才流动的特征及原因探析》，《重庆职业技术学院学报》（综合版）2003 年第 1 期。

[110] 威廉邦奇：《理论地理学》，石高玉，石高俊译，商务印书馆，1991。

[111] 邬沧萍：《人口学在 21 世纪是一门方兴未艾的朝阳科学》，《人口研究》2002 年第 1 期。

[112] 邬沧萍主编《人口学学科体系研究》，中国人民大学出版社，2006。

[113] 吴国盛：《学科制度的内在建设》，《中国社会科学》2002 年第 3 期。

[114] 吴绍芬：《中国高等教育区域化研究》，华中师范大学博士论文，2001。

[115] 吴松：《饮冰室文集·点校第二集》，云南教育出版社，2001。

[116] 吴宣德：《中国区域教育发展概论》，湖北教育出版社，2003。

[117] 谢童伟：《中国县级教育水平与县人口迁移相互影响分析——基于 2004～2008 年 31 省（市）县级面板数据的实证研究》，《清华大学教育研究》2011 年第 1 期。

[118] 谢作栩：《中国高等教育大众化发展道路的研究》，福建教育出版社，2001。

[119] 新帕尔雷夫经济学大辞典编写组：《新帕尔雷夫经济学大辞典》（第四卷），经济科学出版社，1992。

[120] 薛颖慧、薛澜：《试析我国高等教育的空间分布特点》，《高等教育研究》2002 年第 4 期。

[121] 阎崇年：《中国市县大辞典》，中共中央党校出版社，1991。

[122] 阎耀军：《文化区域与区域文化性格的误别》，《社会心理科学》2006 年第 2 期。

[123] 叶澜：《教育概论》，人民教育出版社，1991。

[124] 叶忠海：《人才地理学概论》，上海科技教育出版社，2000。

[125] 尹文耀：《21 世纪中国人口变动与教育现代化目标预测论征和规划

建议》，载国务院人口普查办公室、国家统计局人口和社会科技统
计司编《转型期的中国人口》，中国统计出版社，2005。

[126] 余谋昌：《应如何正确理解与对待"地理环境决定论"》，《地理学与
国土研究》1991 年第 2 期。

[127] 俞培果、杨晓芳、沈云等：《我国高等教育需求预测与高等教育规
模的确定》，《预测》2002 年第 3 期。

[128] 原华荣、张志良、吴玉平：《中国少数民族人口文化分布的地域性
研究》，《民族研究》1994 年第 2 期。

[129] 原华荣：《中国人口分布的合理性研究》，《地理研究》1993 年第
3 期。

[130] 岳昌君：《高等教育人口比重的国际比较》，《比较教育研究》2004
年第 2 期。

[131] 翟振武、侯佳伟：《人口逆淘汰：一个没有事实根据的假说》，《中
国人口科学》2007 年第 1 期。

[132] 张红霞、肖玲：《中国智力资源空间分布及其影响因素研究》，《云
南地理环境研究》2005 年第 4 期。

[133] 张善余、毛爱华：《智力迁移与人才流动问题》，《市场与人口分
析》2006 年第 5 期。

[134] 张善余：《中国人口地理》，科学出版社，2003。

[135] 张田勘：《知识分子寿命短经不起推敲》，《新京报》2005 年 11 月
20 日。

[136] 张振助：《高等教育与区域互动发展论》，广西师范大学出版社，2004。

[137] 中国教育与人力资源问题报告课题组：《从人口大国迈向人力资源
强国》，高等教育出版社，2003。

[138] 中国社会科学院语言研究所词典编辑室编《现代汉语词典》（修订
版），商务印书馆，1997。

[139] 周贝隆：《以理智求自由——80 年代以来我国教育规划理论、方法
的若干进展》，《上海高教研究》1997 年第 10 期。

[140] 周仲高：《中国高等教育发展与人口结构变迁的关系研究（1953～
2000）》，厦门大学硕士论文，2004。

［141］周仲高:《高等教育人口刍议》,《江苏高教》2007 年第 3 期。

［142］周仲高:《教育人口研究新探》,《江南大学学报》（教育科学版）2009 年第 1 期。

［143］周仲高:《浙江省区域教育人口与经济的分布变迁及关联模式（1964～2000）》,《浙江社会科学》2006 年第 4 期。

［144］周仲高:《中国高等教育人口的地域性研究》,中国经济出版社, 2009。

［145］朱翔:《中国人才时期和人才地理研究》,《人文地理》2001 年第 5 期。

［146］朱雪文:《中国高等教育区域分布研究》,华东师范大学博士论文, 2002。

附录　教育人口的基础数据

1982 年中国教育人口基础数据

地　名	6 岁及以上人口（人）	教育人口（人）	教育人口占 6 岁及以上人口比例（％）
北　京	8472333	7181026	84.76
天　津	7055683	5815940	82.43
河　北	46850963	33739538	72.01
山　西	22446484	17384215	77.45
内蒙古	16904192	11582544	68.52
辽　宁	32017685	26305208	82.16
吉　林	20001399	15456252	77.28
黑龙江	28781656	22149004	76.96
上　海	10948406	9139080	83.47
江　苏	54657926	36483364	66.75
浙　江	34982554	24433900	69.85
安　徽	43914081	24007197	54.67
福　建	22479734	14295323	63.59
江　西	28553619	19195853	67.23
山　东	66770669	42919124	64.28
河　南	65611114	42435100	64.68
湖　北	42477477	29883031	70.35
湖　南	48099970	36364822	75.60
广　东	51759663	39092625	75.53
广　西	31153924	22387837	71.86
四　川	90926459	61152021	67.25
贵　州	24465580	12443165	50.86
云　南	27835209	13895795	49.92

续表

地　名	6 岁及以上人口（人）	教育人口（人）	教育人口占 6 岁及以上人口比例（％）
西　藏	1587500	407615	25.68
陕　西	25770214	17562016	68.15
甘　肃	17428803	9146886	52.48
青　海	3332749	1775541	53.28
宁　夏	3286901	1838104	55.92
新　疆	11214548	7638497	68.11
全　国	889787495	606110623	68.12

说明：1. 数据来源于对应年份的人口普查统计资料，数据统计口径与普查口径一致，下同。
2. 教育人口是指接受小学及以上教育的人口总和。

1990 年中国教育人口基础数据

地　名	6 岁及以上人口（人）	教育人口（人）	教育人口占 6 岁及以上人口比例（％）
北　京	9867772	8808112	89.26
天　津	7927278	6996003	88.25
河　北	52958191	42722978	80.67
山　西	25153456	21623598	85.97
内蒙古	18987292	15110121	79.58
辽　宁	35729586	31617311	88.49
吉　林	21950950	18870664	85.97
黑龙江	31497077	26914760	85.45
上　海	12340096	10721891	86.89
江　苏	60034888	47866421	79.73
浙　江	37696940	29682681	78.74
安　徽	49301034	34040162	69.05
福　建	25984614	20529758	79.01
江　西	32760827	25516862	77.89
山　东	74254854	58723149	79.08
河　南	74256647	59203476	79.73
湖　北	46770130	37479295	80.14
湖　南	53009388	44781773	84.48
广　东	54541152	46359481	85.00

续表

地　　名	6 岁及以上人口（人）	教育人口（人）	教育人口占 6 岁及以上人口比例（%）
广　西	36401016	30350880	83.38
海　南	5671396	4505671	79.45
四　川	96139799	77071176	80.17
贵　州	28081947	18390818	65.49
云　南	32236959	20946954	64.98
西　藏	1863057	551444	29.60
陕　西	28319382	21863562	77.20
甘　肃	19440503	12300103	63.27
青　海	3922085	2410039	61.45
宁　夏	4023231	2761358	68.64
新　疆	12968382	10514624	81.08
全　国	994089929	789235125	79.39

2000 年中国教育人口基础数据

地　　名	6 岁及以上人口（人）	教育人口（人）	教育人口占 6 岁及以上人口比例（%）
北　京	13023990	12395098	95.17
天　津	9381201	8814739	93.96
河　北	62335115	57197055	91.76
山　西	29741362	27830759	93.58
内蒙古	21834015	19481332	89.22
辽　宁	39632542	37343441	94.22
吉　林	25474107	23941829	93.98
黑龙江	34329762	32213865	93.84
上　海	15806710	14716871	93.11
江　苏	69220051	62995920	91.01
浙　江	43119938	38574266	89.46
安　徽	54781525	47290428	86.33
福　建	32031728	28953598	90.39
江　西	37026619	34146778	92.22
山　东	84523711	75390452	89.19
河　南	84816733	77887643	91.83

续表

地　名	6 岁及以上人口（人）	教育人口（人）	教育人口占 6 岁及以上人口比例（％）
湖　北	56343167	51326349	91.10
湖　南	59397047	55737879	93.84
广　东	78197935	73535405	94.04
广　西	40401357	37912744	93.84
海　南	6890266	6240397	90.57
重　庆	28254314	25707008	90.98
四　川	76182542	67910082	89.14
贵　州	31285200	25299379	80.87
云　南	38226672	31638467	82.77
西　藏	2310307	1088804	47.13
陕　西	33018083	29741309	90.08
甘　肃	23013261	18461703	80.22
青　海	4360863	3173853	72.78
宁　夏	4931879	4077984	82.69
新　疆	16808291	15278125	90.90
全　国	1156700293	1046303562	90.46

2010 年中国教育人口基础数据

地　名	6 岁及以上人口（人）	教育人口（人）	教育人口占 6 岁及以上人口比例（％）
北　京	18813279	18449509	98.07
天　津	12388491	12076179	97.48
河　北	66150575	63996877	96.74
山　西	33521349	32653126	97.41
内蒙古	23362679	22231408	95.16
辽　宁	41873047	40897511	97.67
吉　林	26136514	25499272	97.56
黑龙江	36619463	35705877	97.51
上　海	22085668	21391052	96.85
江　苏	74119475	70671255	95.35
浙　江	51484414	48111953	93.45
安　徽	55103738	49944882	90.64

续表

地 名	6 岁及以上人口（人）	教育人口（人）	教育人口占 6 岁及以上人口比例（%）
福 建	34366573	33176420	96.54
江 西	40413800	38731543	95.84
山 东	89358154	84031522	94.04
河 南	85563558	81033994	94.71
湖 北	53724341	50729922	94.43
湖 南	60715957	58703783	96.69
广 东	97649498	95037764	97.33
广 西	41837842	40249903	96.20
海 南	7949791	7559641	95.09
重 庆	26962605	25613886	95.00
四 川	75277913	70317480	93.41
贵 州	31837765	28523821	89.59
云 南	42475720	39083092	92.01
西 藏	2705849	1780612	65.81
陕 西	35187233	33550447	95.35
甘 肃	23912906	21463961	89.76
青 海	5184022	4483535	86.49
宁 夏	5798346	5379180	92.77
新 疆	19965557	19330310	96.82
全 国	1242546122	1180409717	95.00

后 记

　　教育人口学是人口学与教育学的交叉学科，该学科的创建既是现实问题解决的迫切需求，也符合学科发展的基本规律与趋势。在现代学科森林中，提出一门新的学科并不困难，但要把新学科从理念变成现实，从设想变为操作，则必须兼备知识拓展、问题导向以及学科制度的三重保障，才能够使得新生学科得到有序发展与壮大。

　　把人口与教育结合在一起进行研究，是我的学术起点，自硕士始，我就把兴趣点聚焦于人口与教育的关系研究。感谢厦门大学教育研究院的跨学科视域与学术自由的氛围，让我从高等教育的学科体系中"稳健地走出"，在这个时期，潘先生家的学术沙龙、米红导师的现实情怀以及谢作栩教授的细致严谨，给我的学术起点打下了深深烙印。博士期间，我继续把兴趣点投射于人口与教育的关系研究，首次把"高等教育人口"作为一个研究对象，并从学理上对人口与教育的内在规律进行了梳理。在此期间，浙江大学人口所为我的研究提供了宽广的平台，原华荣导师爱生如子，他求索真理与坚守学术的勇气让我体会到学者的自信，田雪原教授、王嗣均教授的大家风范令人神往，人口所尹文耀教授、周丽平教授、姚引妹教授、班茂盛教授、张海勇老师和李芬老师的指点与帮助令我受益匪浅。在此期间，也要感谢国家哲学社会科学规划办公室、浙江省哲学社会科学规划办公室对我研究的支持，国家社会科学青年基金和浙江省社会科学规划重点基金的立项资助，保障了我的研究顺利开展，更让我对人口与教育的关系研究充满信心。

　　2008 年，我入职广东省社会科学院，作为省委省政府的思想库和智囊团，社科院坚持基础理论研究与应用研究并重，在转型改革过程中形成了以科研为主线的科学管理体系。2008 年，"教育人口学"成为我院首批获

248

得资助的青年课题。同年，教育人口学作为我院人口学硕士研究生的必修课，纳入研究生课程教学体系。在此期间，我院原院长梁桂全研究员、副院长刘小敏研究员、社会学与人口学研究所原所长郑梓桢研究员、人事处处长游霭琼研究员、原科研处处长梁军副研究员、科研处处长赵细康研究员以及社会学与人口学研究所的同事们均对本书研究给予了支持和帮助。在2008~2012年主讲教育人口学课程中，与我院人口学硕士研究生的共同研讨也为本书增色不少。另外，在此书稿作为院青年课题结项和出版资助的评审中，共有5位匿名专家对此书研究做出了充分肯定，并提出了宝贵的修改建议。在此一并致以诚挚的谢意！

　　初生之物，其形必丑，作为一门新的学科，虽努力尝试把现有关于人口与教育的关系研究内容纳入一个学科体系，但作为一个新的研究领域，书中缺点错误在所难免，诚望广大读者批评指正。

周仲高

2013 年 9 月 13 日于广州

图书在版编目（CIP）数据

教育人口学／周仲高著．—北京：社会科学文献出版社，2014.5
ISBN 978 - 7 - 5097 - 5338 - 5

Ⅰ.①教…　Ⅱ.①周…　Ⅲ.①教育学－人口学　Ⅳ.①G40－05

中国版本图书馆 CIP 数据核字（2013）第 278996 号

教育人口学

著　　者／周仲高

出 版 人／谢寿光
出 版 者／社会科学文献出版社
地　　址／北京市西城区北三环中路甲 29 号院 3 号楼华龙大厦
邮政编码／100029

责任部门／经济与管理出版中心（010）59367226　　　责任编辑／许秀江　王婧怡
电子信箱／caijingbu@ ssap. cn　　　　　　　　　　　责任校对／李　红
项目统筹／许秀江　　　　　　　　　　　　　　　　　责任印制／岳　阳
经　　销／社会科学文献出版社市场营销中心（010）59367081　59367089
读者服务／读者服务中心（010）59367028

印　　装／三河市尚艺印装有限公司
开　　本／787mm×1092mm　1/16　　　　　　　　印　　张／16.5
版　　次／2014 年 5 月第 1 版　　　　　　　　　　字　　数／260 千字
印　　次／2014 年 5 月第 1 次印刷
书　　号／ISBN 978 - 7 - 5097 - 5338 - 5
定　　价／59.00 元